1781

Eva Herman

Vom Glück des Stillens

Körpernähe und Zärtlichkeit zwischen
Mutter und Kind

Hoffmann und Campe

1. Auflage 2003

www.hoffmann-und-campe.de
Schutzumschlaggestaltung: sander köhn wehrmann
Foto: getty images/Karan Kapoor
Satz: Dörlemann Satz, Lemförde
Druck und Bindung: Clausen & Bosse, Leck
Printed in Germany
ISBN 3-455-09405-8

HOFFMANN
UND CAMPE

Ein Unternehmen der
GANSKE VERLAGSGRUPPE

Für Achim

Zwei Dinge können wir unseren
Kindern auf den Weg mitgeben:
Wurzeln und Flügel

Jean Liedloff

Mein Dank geht an alle, die mich bei der Arbeit für dieses Buch unterstützt haben. Für die große Hilfe von Gitta Hülsmeier, Dr. Michael Abou-Dakn, Prof. Dr. Peter Riedesser, Priv.Doz. Dr. Gabriele Haug-Schnabel, Gabriele Borgdorf-Albers, Stephan Valentin und Anke Brockmeyer möchte ich mich besonders bedanken. Dies gilt ebenso für Prof. Dr. Dieter Neumann, ohne den ich niemals so viel über die Geschichte und das Verhalten des Menschen begriffen hätte.

Wenn die Kinder gehen mit nackten Füßen
Eilig und so voller Leichtigkeit
Ist es für die Erde wie ein Grüßen
Ein Berühren voller Zärtlichkeit.
Von der Nähe heller Paradiese
Hat sie in der eigenen Nacht geträumt,
So, als ob noch jedes Kindchen wiese
In die Welt, die die Geburt umsäumt.
Denn es hat ja noch im Bau der Glieder
Dieses Heimatland, aus dem es kam,
Die gelenken, zarten spiegeln wider
Jenen Stoff, den Gott zur Schöpfung nahm.

Monica von Miltitz

Inhalt

Vorwort

Wie es zu diesem Buch kam!

Als ich im sechsten Monat schwanger war, traf ich meine Kollegin Hanni Vanhaiden im NDR. Sie genießt bei Medizinern, Verhaltensforschern, Journalisten und Zuschauern den Ruf, als »Baby-Expertin« für das Fernsehen wichtige Aufklärungsarbeit in Bezug auf den Umgang mit Kindern und Säuglingen geleistet zu haben.

Sie war gerade dabei, einen Film zu drehen über Frühgeburten und die Beziehung der Eltern und der Ärzte zum Baby in diesem sensiblen Stadium.

Als sie meinen bereits stattlichen Bauch erblickte, lautete ihre erste Frage: »Wirst du das Baby stillen?«

Ich hatte keine Ahnung. Natürlich hatte ich schon gehört, wie wichtig es sei, dem Säugling die Brust zu geben. Es würde sich positiv auf die Gesundheit des Kindes auswirken, das Allergierisiko sei niedriger. So viel wusste ich zu diesem Zeitpunkt immerhin.

Aber welche Folgen würde es bei mir haben? Würde ich jemals wieder meine ursprüngliche Figur zurückbekommen? Wie würde meine Brust nach einigen Wochen oder Monaten aussehen, nachdem das Baby täglich daran gesaugt hatte? In einem Zeitungsartikel hatte ich gelesen, dass fast jede stillende Mutter mindestens einmal eine Brustentzündung bekommt.

Außerdem wollte ich schnell ins Berufsleben zurückkehren. Ich war gerade dabei, mir etwas Neues aufzubauen, und wollte keinesfalls den Anschluss verpassen. Konnte ich das als stillende Mutter leisten? Wie sah es mit meiner Rolle als selbstständige und unabhängige Frau aus? Bedeutete die Mutterschaft in Verbindung mit dem Stillen einen Verlust meiner mühevoll erworbenen Autonomie?

Und schließlich: Wie würde mein Mann reagieren, wenn ständig das Kind an meiner Brust lag? Vielleicht würde er eifersüchtig werden. Ich hatte bereits von Männern gehört, die die andauernde Nähe zwischen stillender Mutter und Kind nicht ertragen und das Haus darauf für immer verlassen hatten.

Natürlich hatte ich auch positive Bilder, Vorbilder im Kopf. Meine Freundin und Kollegin Bettina Tietjen hatte knapp vier Monate vorher ihre Tochter Pia bekommen und stillte sie immer noch voll. Ihren Sohn Theo hatte sie auch neun Monate lang gestillt.

Aber es gab auch andere Beispiele: So hatte sich gerade eine Bekannte entschieden, ihre Tochter überhaupt nicht zu stillen, weil sie Angst um ihre Figur hatte.

Ich war unsicher, und so antwortete ich, dass ich die Sache auf mich zukommen lassen und aus der Situation heraus entscheiden wolle. Vielleicht würden sich ja in den nächsten Wochen ganz intuitiv und von alleine Antworten einstellen wie ein Zauberhauch, der mich umweht?

Hanni sah mich einen Augenblick länger an und sagte dann: »Eventuell kann ich dir bei der Entscheidung helfen. Wenn du möchtest, stelle ich einen Kontakt zu einer Stillberaterin her. Sie wird dir einige Informationen zu diesem wichtigen Thema geben.«

Stillberaterin? Ich hatte bis zu diesem Zeitpunkt noch nie von dieser Berufsgruppe gehört.

Wenige Tage später kam die Expertin zu mir ins Haus. Und

ein paar Stunden danach, als sie mich wieder verließ, hatte sich meine Einstellung zum Stillen grundlegend verändert. Die Stillberaterin hatte an mein »altes Wissen« appelliert, an die Verbindung zur Natur, die in jedem Menschen vorhanden ist.

Sie stellte mir zunächst nur Fragen. Als ich die Antworten gab, bemerkte ich, dass sie fast ausnahmslos ein Plädoyer für das Stillen waren.

Mit ihren umfangreichen Kenntnissen polierte sie daraufhin meinen Kenntnisstand gehörig auf. Sie berichtete nicht nur von zahlreichen medizinischen Vorteilen sowohl für die Mutter als auch für das Neugeborene, sondern auch von der Bindung, die zwischen beiden hergestellt wird.

Dieses so genannte Bonding wird nicht nur durch das Stillen, sondern auch durch einen ausgeprägten Haut- und Körperkontakt zwischen dem Säugling und seiner Mutter und natürlich auch seinem Vater erzeugt. Es ist genauso wichtig wie das Stillen und besonders bei jenen Müttern von großer Bedeutung, bei denen es mit dem Stillen nicht klappt.

Sie erzählte auch, dass viele Frauen, genau wie ich, verunsichert seien und die Einrichtung »Mutterinstinkt« heutzutage meist nicht mehr wie selbstverständlich funktioniere.

Und dann versicherte sie mir, dass meine Figur, insbesondere der Busen, nicht nur nicht unter dem Stillvorgang leiden würde, sondern – im Gegenteil – die Brust nur durch das Saugen des Kindes komplett rückgebildet werden könne. Das gilt übrigens auch für die Gebärmutter. Eine sinnvolle Einrichtung der Natur!

Nach dem Besuch der Stillberaterin konnte ich kaum abwarten, dass mein Kind zur Welt kam; ich war auf wundervolle Weise in scheinbar verborgene »Geheimnisse« der Natur eingeweiht worden. Plötzlich fühlte ich die mütterliche Verantwortung, die sich schon seit einiger Zeit ihren Platz in meinem Gemüt gesucht hatte, wie eine stete, warme Quelle in mir, die sich vermischte mit großer, leuchtender Vorfreude.

Immer seltener meldete sich diese diffuse Verunsicherung, die in jeder werdenden Mutter von Zeit zu Zeit aufkeimt und die ihr Grundverständnis vom Leben ordentlich durcheinander rüttelt. Das ist vermutlich auch ein Mechanismus der Natur, der einen zwingt, die eigene Situation grundlegend zu überdenken und sich vorzubereiten auf die lebensverändernde, neue Sach- und Gemütslage.

Das Verhältnis zum Stillen und insbesondere die Vorbereitung darauf, so stellte ich in den restlichen Wochen bis zur Geburt fest, klären sich zum großen Teil im Kopf. Der Wissensstand der Mutter ist ungemein wichtig. Und auch das Unterbewusstsein übernimmt keine zu unterschätzende Funktion.

Wichtig war für mich, zu erfahren, wie meine Mutter es damals mit ihrem Baby, mit mir, gehalten hatte: War ich gestillt worden? Und wie lange? Welches Verhältnis hatte ich zu meiner Mutter, als ich ein Säugling war? War sie eine zärtliche Frau, und hatte sie den körperlichen Kontakt zu mir gesucht oder nicht? Würde ich als Mutter schließlich sein wie sie?

Oder wollte ich eine bewusste, eigene, eine andere Entscheidung für den Umgang mit meinem Baby treffen?

Ich lernte, dass die Einstellung und die innere Haltung nachhaltig geprägt werden von den längst vergessenen Erfahrungen aus der eigenen Kindheit. Der Mensch ist zu jedem späteren Zeitpunkt die Summe dessen, was er erlebt hat. Wer mit Zärtlichkeit und Liebe aufgezogen wurde, dem fällt es nicht schwer, diese Zuwendungen, ohne nachzudenken, weiterzugeben. Wer negative Erfahrungen sammeln musste, kann mit der Bewusstmachung dieses Zustands größtenteils verhindern, diese seinen Kindern zu vermitteln.

Dass ich so viele innere Stillblockaden im Laufe der Jahre unbewusst angesammelt hatte, erschreckte mich zutiefst.

Doch je mehr Aufschluss ich über das Thema erhielt, um so selbstbewusster wurde ich. Und so spürte ich von Tag zu Tag mehr, was ich für mein Kind und für mich wollte und was nicht.

Je mehr Literatur ich las und je häufiger ich Gespräche zu diesem Thema führte, um so mehr erfuhr ich. Mir fiel dabei auf, dass es zwar eine ganze Reihe von sehr guten Büchern zum Thema Stillen und Mutter-Kind-Beziehung gibt, doch handelt es sich meist entweder um allgemein gehaltene Ratgeber, die etwa Stilltechniken erklären, oder um sehr fachspezifische Bücher, die einzelne Details beleuchten.

Ein Buch, das die vielfältigen Aspekte des Stillens – seien es medizinische, psychologische, kulturelle oder wirtschaftliche – beschrieb, suchte ich vergeblich.

Ich durfte den großen Segen erfahren, meinen Sohn ein gutes Jahr lang zu stillen. Von mir aus hätte diese innige Phase noch länger dauern können, aber er wollte nicht mehr. Die Stillzeit war eine besondere Phase in meinem Leben, die ich unglaublich genossen habe und die mit Sicherheit als ein Fundament für eine ausgesprochen innige Verbindung zwischen meinem Kind und mir dienen wird. Trotzdem: Mit meinem heutigen Informationsstand hätte ich manche Fehler und Missverständnisse vermeiden können.

Einige Zeit nachdem ich abgestillt hatte, wurde ich von der Initiative »Stillfreundliches Krankenhaus« der Weltgesundheitsorganisation WHO und des Kinderhilfswerks der Vereinten Nationen, UNICEF, gebeten, einem Krankenhaus, das in Hamburg von den genannten Organisationen als »Stillfreundliches Krankenhaus« ausgezeichnet werden sollte, das internationale Qualitätssiegel, zusammen mit der Picasso-Grafik »Maternity«, im Rahmen einer Feier zu überreichen.

Es war eine beeindruckende Veranstaltung. Aus ganz Deutschland waren »stillfreundliche« Frauen und Männer angereist, sowohl Ärzte als auch Stillberaterinnen der WHO/UNICEF-Initiative, von der La Leche Liga und der Nationalen Stillkommission, um dem Krankenhaus zu gratulieren, das sich zum Ziel gesetzt hatte, Mütter in jeglicher Weise dabei zu unterstützen, ihr Baby so lange wie möglich zu stillen.

Inzwischen gibt es rund 15 000 »Stillfreundliche Krankenhäuser« in über 130 Ländern, hierzulande sind es zurzeit vierzehn Kliniken.

Bei dieser Veranstaltung erfuhr ich, dass in Deutschland etwa 9,8 % aller Mütter ihre Kinder bis zum sechsten Lebensmonat voll stillen. Eine verheerende Quote, wenn man weiß, dass die WHO und UNICEF mindestens sechs Monate Vollstillzeit empfehlen bis hin zu einer Stillzeit von zwei Jahren.

Als eine Vertreterin der WHO/UNICEF-Initiative »Stillfreundliches Krankenhaus« berichtete, dass jedes Jahr weltweit 1,5 Millionen Kinder sterben, weil sie nicht gestillt werden, konnte ich es kaum glauben. Aber diese Zahl ist bestätigt und wahr! Sie ist unter anderem auf die Verbreitung von Milchersatznahrung zurückzuführen, und die wiederum auf die aggressiven und weitgehend verbotenen Vermarktungsmethoden der internationalen Babynahrungshersteller.

Ich erfuhr auch einiges über die Geschichte des Stillens und darüber, welche kulturellen und gesellschaftlichen Strömungen für die Zerstörung unserer Stillkultur verantwortlich sind. Die Fachleute sprachen von Veränderungen in der Gesellschaft wie der – auch beruflichen – Emanzipation der Frau in den siebziger Jahren. Sie berichteten, dass Mütter, die auch nicht oder nur kurz gestillt worden waren, mitunter deswegen ein zwiespältiges Verhältnis dem Thema gegenüber hatten, weil es eine weiterzugebende »Stillerfahrung« zumeist nicht mehr gibt.

Diese Stillunwilligkeit entwickelte sich im Wesentlichen nach dem Zweiten Weltkrieg, als nach vielen Jahren des Elends und der Entbehrungen das Zeitalter der Maschinen in den deutschen Haushalten eingeläutet wurde. Neben glorreichen Erfindungen wie der Waschmaschine und dem Fernseher gehörte schließlich auch die »hygienische Babyglasflasche« zur Grundausstattung.

Immer wieder wurde ich mit Studien konfrontiert, die belegen, dass sich bei gestillten und liebevoll umhegten Kindern Offenheit, Selbstbewusstsein und Intelligenz besser und leichter entwickeln als bei Kindern, die derartige Zuwendungen nicht erleben. Ich las von vielen mir neuen, wundervollen Aspekten und Auswirkungen für Mutter und Kind, die nur durch das Stillen sowie eine gute Mutter-Kind-Bindung entstehen können.

Die Vorteile der Muttermilch sind für die Funktionen des menschlichen Körpers und Organismus eindeutig belegt, sowohl für das Baby als auch für die Mutter. Das betrifft nicht nur den Körper, sondern auch die Seele. Sie wird beim gestillten Neugeborenen auf eine Weise gefestigt, wie es mit einer Babyflasche aus Glas oder Plastik niemals gelingen kann.

Eltern haben viele Ratgeber. Experten, die herausgefunden haben wollen, dass es bessere Einrichtungen gibt als die Natur, die beispielsweise künstliche Muttermilch herstellen und uns glauben machen wollen, sie sei besser, weil zeitsparender, und sie verschaffe der Mutter Unabhängigkeit.

Es gibt Schulen, auf denen wir Lesen, Schreiben und Rechnen lernen. Wenn wir den Führerschein machen wollen, müssen wir eine Prüfung bestehen. Aber für die Betreuung eines neugeborenen Babys können wir als Eltern keine Eignungsqualifikation ablegen. Es gibt weder ein Studium noch Diplome oder Zertifikate.

Die Melodie der Natur, die aufgrund einer Jahrmillionen alten Erfahrung eigentlich von selbst anklingen müsste, wenn der neugeborene Säugling in unseren Armen liegt, wird immer leiser. Wir haben in vielen Situationen verlernt, auf unsere

Intuition, die innere Eingebung der Natur, zu hören, die seit einer Ewigkeit den Kreislauf des Lebens auf der Erde und im Kosmos aufrecht erhält.

Bei den anderen Säugern, den Tieren, auch den Fischen und Vögeln, gibt es keinen industriellen Fortschritt, der das Denken beeinflusst und »Wissen« schafft. Sie kennen keine Berater, die alles besser wissen, sondern sie reagieren und agieren eigenständig aus einem Instinkt heraus. Und alles hat seine Ordnung.

Doch in unseren Herzen entsteht neben der Freude über das Baby häufig die Befürchtung, dass das anstrengende Berufsleben mit dem meist straff durchorganisierten Privatleben nur noch schwer zu koordinieren ist.

Die Großfamilie mit erfahrenen Großmüttern und -vätern, mit Tanten und Schwestern, die mit Rat und Tat einer jungen Mutter zur Seite stehen, existiert kaum noch. Dafür nimmt die Zahl allein erziehender Mütter stetig zu. Ein Kind und seine Versorgung stellt für manche Frauen ein schier unüberwindbares Problem dar.

Einige Wochen nach der Veranstaltung im Krankenhaus beschloss ich, ein Buch über das Stillen zu schreiben. Die Wissenschaftler und Stillexperten, die ich dort kennen gelernt hatte, sicherten mir ihre Unterstützung zu. Sie waren sich einig, dass dies ein guter Weg sein könnte, um mehr Menschen zu erreichen.

Denn so wichtig ihnen ihre Arbeit ist, die sie – vielfach ehrenamtlich und sehr engagiert – seit Jahren verrichten, so schwierig ist es auch, öffentliche Aufmerksamkeit für ihr Ziel zu erlangen. Denn Stillen ist kein Thema, das sich für glitzernde Abendshows, Top-Events und Schlagzeilen eignet.

Als ich mit der Recherche begann, merkte ich, dass eine gewisse Gefahr bestand, mit diesem Buch zwischen die Fronten zu geraten:

Zum einen gibt es zahlreiche Organisationen wie UNICEF, WHO, La Leche Liga, die Nationale Stillkommission (die in Kooperation mit dem Gesundheitsministerium arbeitet), die Aktionsgruppe Babynahrung und auch unzählige Stillberaterinnen und -berater, Ärzte und Hebammen, die im Interesse von Mutter und Kind aufklären und allesamt dafür plädieren, möglichst lange zu stillen.

Auf der anderen Seite gibt es eine starke, weltweit operierende Babynahrungsindustrie, die – um ihre Produkte verkaufen zu können – in den vergangenen Jahrzehnten eine Menge dazu beigetragen hat, die Mütter zu verunsichern.

Und schließlich gibt es Wissenschaftler und Ärzte, die vor einer so genannten Stillideologie warnen und betonen, dem Stillen nicht die zentrale Bedeutung zukommen zu lassen, wie sie die genannten Organisationen postulieren, und die stattdessen auf die Wichtigkeit der intensiven Beziehung zwischen Mutter und Baby verweisen, die noch ganz andere Aspekte beinhalte als nur das Stillen.

Dieses Buch soll dazu dienen aufzuklären. Es ist kein »Stillratgeber«, der stillwilligen Müttern erklärt, welches Rezept bei auftretenden Problemen angewandt werden kann. Es hat vielmehr den Charakter eines Nachschlagewerkes, das über die verschiedenen Aspekte dieses Themas Auskunft gibt. Im Anhang gibt es aber auch praktische Informationen, die von der La Leche Liga zusammengetragen wurden und die am häufigsten verbreiteten Stillprobleme beleuchten.

Das Buch soll werdenden Müttern und Vätern helfen, sich zu entscheiden, wie sie mit ihrem Baby leben, wie sie es ernähren wollen und welche Rolle es im Leben spielen soll.

Ich habe die Informationen zusammengestellt, die für mich bei meiner eigenen Suche wichtig und hilfreich waren – ich hoffe, dass dieses Buch vielleicht Hilfe leisten kann, wenn guter Rat teuer ist.

Natürlich gibt es immer Mütter, die nicht stillen. Die folgenden Kapitel sollen diese Frauen auf keinen Fall diskreditieren. Im Gegenteil. Gründe, aus denen heraus gestillt werden kann, gibt es viele. Und eine Mutter, die ihr Kind nicht stillen kann, ist deswegen ja keine schlechtere Mutter. Wenn sie ihrem Baby Liebe und Zuwendung gibt und ihm zeigt, dass es willkommen auf dieser Erde ist, wird sich ihr Kind geborgen fühlen.

Kapitel 1

Die Bedeutung des Stillens und der Körpernähe

Stillen ist die Urform der Kommunikation, die allen späteren Beziehungen im Leben eines Menschen Substanz, Lebendigkeit und Farbe verleiht!

Stillen ist ein Bestandteil der wichtigsten Einrichtung der Natur, nämlich der innigen Beziehung zwischen Mutter und Kind.

Stillen vermittelt Lebensfreude und Kraft, einen liebevollen und zärtlichen Austausch zwischen zwei Menschen – und großes Glück.

Und Muttermilch ist natürlich die gesündeste Nahrung für das Baby.

»Alles kam von ihr«, erinnert sich ein ostafrikanischer Kikiyn-Häuptling an die Hautnähe der Mutter. Die Wendung »Alles kam von ihr« beinhaltet Wärme, Schutz, Sicherheit, die Stillung von Hunger und Durst – eben die Befriedigung, die jeder Säugling an der Brust der Mutter erlebt.

Die Liebe zwischen Mutter und Kind ist ein wechselseitiges körperliches Aufeinander-Bezogen-Sein, das für den Säugling die Quelle allen Urvertrauens ist. Dabei ist der Hautkontakt zwischen Mutter und Kind besonders wichtig.

Lange Zeit wurde die Haut als Organ unterschätzt. Zwischen Mutter und Kind ist sie das erste Medium für den Austausch von Gefühlen, und der mit der Haut verbundene Tastsinn spielt als Ursprung aller Empfindungen eine entscheidende Rolle.

Ashley Montagu, renommierter Anthropologe britischer Herkunft und einer der vielseitigsten Wissenschaftler Amerikas, der sich auf experimentelle Befunde aus dem Tierreich und auf Beobachtungen an Säuglingen und Kleinkindern stützt, vertritt in seinem Buch *Körperkontakt*[1] die These, dass eine ausreichende taktile Befriedigung, also eine Befriedigung durch Berührungen, während der Säuglingszeit und auch noch in der Zeit danach die Grundlage für eine gesunde psychische Entwicklung des Menschen ist.

Ein Mangel an Hautkontakten hat nach seiner Erfahrung bei Mensch und Tier gleichermaßen schwerwiegende Folgen: Verhaltensauffälligkeiten und Defizite besonders in der Entwicklung all der Funktionen, die für die Wahrnehmung von Zusammenhängen wichtig sind. Außerdem sind das Kontakt- und Sozialverhalten gestört, das menschliche Miteinander also.

Eine ausreichend lange Stillzeit ist also, nach dieser Auffassung, schon deshalb gut, weil sie die Bedürfnisse des Kindes nach Hautkontakt und Berührungen, die sich aus der Natur der Stillbeziehung ergeben, in idealer Weise erfüllt.

Die amerikanische Verhaltenspsychologin Aletha J. Solter vertritt in ihrem Buch *Warum Babys weinen*[2] die Ansicht, dass die Bedürfnisse des Babys nach der Geburt das vorgeburtliche Leben widerspiegeln.

Die Neugeborenen genießen jede Stimulation, die einer Erfahrung im Mutterleib ähnlich ist: etwa Wärme, Bewegung, Körperkontakt, Herzschlag und auch Nahrung aus dem Körper der Mutter. Durch Stillen und Tragen der Babys werden diese Bedürfnisse am besten befriedigt.

Studien über Säuglinge, die in Institutionen aufwachsen, zeigen laut Solter, dass eine »bemutternde« Fürsorge für die Entwicklung des Kindes äußerst wichtig ist. Babys, die zwar ausreichend Nahrung, aber keine ausreichend liebevolle Betreuung erhalten haben, die also nicht gestreichelt und liebkost wurden, wiesen eine hohe Sterblichkeitsrate auf. Und diejenigen, die lebten, waren in fast allen Entwicklungsstadien zurückgeblieben.

Die Entbehrung der mütterlichen Zuwendung und Liebe kann, diesen Studien zufolge, sogar das Körperwachstum des Kindes behindern und zu Zwergenwachstum führen.

Im späteren Leben, so die Weltgesundheitsorganisation, können diese Kinder enorme Persönlichkeitsstörungen aufweisen, unter anderem die Unfähigkeit entwickeln, lang andauernde, tiefe Bindungen einzugehen.

Eine weitere Untersuchung, die Solter zitiert, belegt, dass zu wenig Körperberührung Ursache für ein gewalttätiges Verhalten sein kann.

»In Gesellschaften, in denen Säuglinge berührt, getragen und gehalten werden, sind Gewalttaten seltener als in Gesellschaften, in denen die Betreuung des Babys auf das Füttern und Waschen beschränkt ist.«

Dafür gibt es möglicherweise eine neurologische Erklärung, die in den achtziger Jahren erstmals in Amerika vorgestellt wurde:

Bewegungen und Berührungen aktivieren die Nervenzellen des Kleinhirns. Und die wiederum aktivieren jene Teile des Gehirns, die für die Gefühle verantwortlich sind. So kann ein Säugling, der diese frühe Stimulation nicht erfährt, die Teile des Gehirns, die auch Freude vermitteln, nicht voll entwickeln. So ein Mensch wird Schwierigkeiten haben, Glück zu empfinden, und neigt möglicherweise zu Unzufriedenheit und Gewalt.

Nach der Geburt alle Bedürfnisse stillen

Über die Situation eines Säuglings unmittelbar nach der Geburt berichtet die bekannte amerikanische Verhaltensforscherin Jean Liedloff, die mehrere Jahre bei den Yequana-Indianern im venezolanischen Urwald gelebt und über dieses unkriegerische Volk das beeindruckende Buch *Auf der Suche nach dem verlorenen Glück*[3] geschrieben hat.

Sie stellt fest, dass der Vorgang der Geburt für das Kind einen folgenschweren Übergang bedeutet: von der völlig lebendigen Innenwelt des mütterlichen Körpers zu einer nur teilweise lebendigen Welt außerhalb.

Obwohl der Körper der Mutter für das Kind immer noch da ist, ihre Arme den Säugling umfassen können, wird sein Körper von fremdartiger Luft berührt. Doch das Baby scheint darauf vorbereitet zu sein. Der Platz in den Armen der Mutter ist der erwartete Platz, ja, nach seinem innersten Gefühl ist es sein Platz! Und das, was der kleine neugeborene Mensch erfährt und spürt, während er gehalten und getragen wird, erfüllt seine gegenwärtigen Bedürfnisse genau und fördert seine Entwicklung auf die richtige Weise.

Jean Liedloff, die heute als Psychotherapeutin und Journalistin in Kalifornien arbeitet, plädiert mit allem Nachdruck für einen intensiven Körperkontakt zwischen Mutter und Kind, und natürlich auch zwischen Vater und Kind und anderen Bezugspersonen des Säuglings.

Sie geht über die Forderung des üblichen Rooming-in auf Entbindungsstationen hinaus. Liedloff vertritt die Ansicht, dass jeder Säugling einen Anspruch auf das Bedding-in hat, also bei der Mutter im Bett schlafen sollte, dicht an ihrem Körper, beschützt in jeder Situation.

Darüber hinaus sollte das Kind möglichst ununterbrochen getragen werden, also nicht im Kinderwagen oder im Kinderbettchen eingehüllt in fremdartige Stoffe liegen, sondern sich im Rhythmus des mütterlichen Körpers wiegen, ihren Herzschlag spüren, den es neun Monate stärker als seinen eigenen fühlte, sie begleiten, stets bei ihr sein.

Eine Forderung, die in allen Naturvölkern erfüllt worden ist: Die Säuglinge wurden gestillt, am Körper der Mutter getragen und schliefen ausnahmslos in der mütterlichen Schlafstätte, Körper an Körper mit ihr.

In der heutigen Zeit erscheint uns das kaum realisierbar.

Wenn wir uns aber die Folgen für das Kind vor Augen führen und uns klar machen, wie wichtig die Zeit nach der Geburt für die Ausprägung des Selbstbewusstseins und des Selbstwertgefühls ist, dann sollten wir darüber nachdenken, was wir für unsere Kinder im Babyalter leisten können und wollen.

Natürlich ist es schwierig, wenn die Mutter allein für ihr Kind da sein soll, und das auch noch neben Haushalt und möglicherweise einem Beruf, den sie nur für kurze Zeit oder im schlimmsten Fall überhaupt nicht unterbrechen kann. Aber wenn der Vater, die Großeltern, befreundete Mütter in der Nachbarschaft oder im Freundeskreis sie helfend unterstützen können, sieht es schon viel besser aus.

Wenn das Umfeld der Mutter dem Stillen und der intensiven Beschäftigung mit dem Kind wohlgesonnen gegenübersteht, wenn die junge Mutter umsorgt und ihr der Rücken freigehalten wird, dann ist es jedenfalls leichter für sie, Nähe und Zärtlichkeit, eine intensive Mutter-Kind-Beziehung herzustellen.

Das Stillen selbst ist für die Frau sicher so natürlich, dass sie keine Schwierigkeiten hat, ihrem Baby das zu geben, was es braucht. Die Psychiaterin Luca Waletzky schreibt dazu für La Leche Liga:

»Die intime Körpersprache der Stillsituation führt zu einer psychologischen Einheit zwischen Mutter und Kind, die es der Mutter erlaubt, ihr eigenes Anlehnungsbedürfnis (das Bedürfnis, umsorgt und geliebt zu werden) gleichzeitig dann zu befriedigen, wenn sie für das Kind sorgt.

Der Wunsch einer Mutter nach liebevoller Unterstützung kann nach der Geburt infolge von Schmerzen, Müdigkeit und durch den psychologischen Stress der Anpassung an die neue Mutterschaft größer sein als im Normalzustand. Wenn ihre eigenen Bedürfnisse auf diese Weise befriedigt werden können, wird auch ihr Widerstand gegen die Abhängigkeit des Kindes (oft ein ernst zu nehmendes Problem) geringer, und die positiven mütterlichen Gefühle können ungehindert fließen.«

Das Erlebnis, an der Brust gestillt zu werden, ist für das Kind die Grundlage für alle mitmenschlichen Beziehungen. Und je häufiger es getragen wird, desto intensiver fühlt es, dass es »richtig, gut und willkommen« ist. Je früher und je öfter das Kind dieses Gefühl vermittelt bekommt, desto stärker wird sein Selbstbewusstsein. Ohne die Erfahrung der Nähe, so Liedloff, ist ein Mensch – in welchem Alter auch immer – verkrüppelt durch einen Mangel an Selbstgefühl, Spontaneität und Würde.

Babys können nur durch die Art, wie sie behandelt werden, erfahren, dass sie gut sind. Liedloff schildert, wie wenig ein Neugeborenes Gefühle bestimmen oder einordnen kann. So kann es nicht fühlen, dass »Mutter gleich wieder da sein wird«, wenn sie aus dem Zimmer geht und das Kind alleine lässt. Die Welt ist dann plötzlich falsch geworden, die Situation unerträglich.

Wenn man ein Kind in so einem Augenblick zu lange weinen lässt, stellt sich äußerste Trostlosigkeit ein, in der es weder Zeit noch Hoffnung gibt. Es gibt nur noch ein ungestilltes Verlangen und nichts, woran das Kind wachsen kann, nichts, was sein Bedürfnis nach Erfahrung erfüllt. Durch nichts ist es darauf vorbereitet worden, allein gelassen zu werden, im Schlaf wie im Wachzustand, und schon gar nicht weinend und ohne eine Antwort zu bekommen.

Ohne das Gefühl des »Richtigseins« hat kein Mensch ein Gespür dafür, wie viel Wohlgefühl, Sicherheit, Hilfe, Liebe oder Freude er beanspruchen kann.

Was er in der Zeit nach seiner Geburt erfährt, gilt für den Rest seines Lebens, jede seiner Erfahrungen prägt ihn, fräst sich gewissermaßen in seine Seele ein. Wer als Säugling einen Mangel erleidet, wird diesen als einen leeren Fleck sein Leben lang spüren.

Liedloff berichtet vom Selbstverständnis der Yequana, die ihre Kinder in den ersten Monaten bis zum Krabbelalter in jeder Lebenssituation bei sich tragen. Von Geburt an werden die Säuglinge überallhin mitgenommen.

Die Menschen des Stammesvolkes denken nicht darüber nach, was sie tun. Es ist die ungebrochene Tradition, der Instinkt, der die Kinder sofort an einem aktiven Leben teilnehmen lässt. Zumeist schläft das Baby, doch schon im Schlaf gewöhnt es sich an die Stimmen seiner Angehörigen, an Stöße und Püffe, an unerwartete Bewegungen. Der Mensch, der das Kind mit sich trägt, geht ja seiner alltäglichen Arbeit nach. Dabei dreht und wendet er das Kind, wie es gerade bequem für ihn und für die Verrichtung seiner Tätigkeit notwendig ist. Das Baby gewöhnt sich an den Rhythmus von Tag und Nacht und an das sichere Gefühl, einen lebendigen Körper zu spüren. Es fühlt sich richtig und hat daher nur selten das Bedürfnis, durch Weinen etwas zu signalisieren oder irgendetwas anderes zu tun als zu saugen oder zu lernen, wie es ist, am Leben zu sein.

Das Leben des Säuglings stimmt überein mit dem Leben, das von seinen Vorfahren gelebt wurde, und es erfüllt die Erwartungen seines Wesens. Seine Sinne werden mit einer riesigen Vielfalt von Ereignissen und Vorkommnissen konfrontiert, Botschaften an das Gehirn werden mit Körperfunktionen koordiniert, das Kind lernt das Leben kennen.

Man kann sich vorstellen, dass es ein gewaltiger Unterschied ist, ob ein Säugling die meiste Zeit zugedeckt und ruhig in seinem Bettchen oder Kinderwagen liegt und schläft oder ob er durch die Sinnesreize, die zum steten Kreislauf der Natur und der Menschheit gehören, ständig für das Leben stimuliert wird.

Liedloff dazu: »Die ersten Lebenserfahrungen für einen Yequana-Säugling betreffen vorwiegend den Körper seiner beschäftigten Mutter. Ihre Alltagsverrichtungen sind Ausgangspunkte für das Baby, den Rhythmus eines aktiven Lebens zu übernehmen. Er geht später in das eigene Selbst über, das er in der Phase des Getragenwerdens erworben hat.«

Was unterscheidet uns nun von den Ureinwohnern Venezuelas oder von anderen traditionellen Völkern? Auf den ersten Blick vieles, doch die wenigen tausend Jahre Zivilisation sind mit Blick auf die Evolution unbedeutend. In dieser kurzen Zeitspanne konnte kein relevanter oder sichtbarer Schritt stattfinden, der die Entwicklungsgeschichte des Menschen und seines inneren Verhaltens verändert hätte.

Demgemäss verfügen unsere Kinder, deren Geburt vielleicht in einem städtischen Krankenhaus künstlich eingeleitet wurde, über dieselben Erwartungen wie jene Babys im Urwald, deren natürliche Bedürfnisse weitgehend erfüllt werden.

Ihre Haut hofft der mütterlichen Haut entgegen, dem weichen, Wärme ausstrahlenden, lebendigen Körper, der mütterlichen Brust. Ihr Verlangen ist, die warme Milch zu trinken und sich sicher und richtig zu fühlen in den umhüllenden Armen der Mutter.

Aber diese Hoffnungen und Erwartungen werden in vielen Entbindungsstationen der westlichen Welt nicht erfüllt! Statt seine Zeit wie selbstverständlich auf dem warmen, feuchten Mutterkörper zu verbringen und sich den Weg an die Brust ohne Hast zu suchen, wird der Säugling häufig in trockene, sterile Tücher gehüllt und in einem eigenen Bett auf die Säuglingsstation zu anderen Neugeborenen gelegt.

Das Kind, so stellt Liedloff fest, ist einer qualvollen Leere und Trostlosigkeit ausgesetzt, keine lebendigen, natürlichen Töne umgeben es, keine liebenden Arme und kein wärmender Körper hüllen es ein. »Das einzige Geräusch, das es hören kann, ist das Geschrei anderer Babys, anderer Opfer, die ähnliche Höllenqualen erleiden. Dieses Geräusch jedoch ist dem Säugling gleichgültig: Er selbst schreit und schreit. Niemand nimmt Notiz davon. Seine Lungen, die nicht an Luft gewöhnt sind, werden von der Verzweiflung in seinem Herzen überanstrengt. Keiner kommt und rettet ihn. Da das Baby seiner Natur gemäß in die Richtigkeit des Lebens vertraut, tut es das Einzige, was es kann: Es schreit immer weiter. Schließlich schläft es erschöpft ein – ein zeitloses Leben später.«

Das Neugeborene wurde von der Natur auf den großen Schritt vom Mutterleib zum Platz in den Armen seiner Mutter vorbereitet. Überhaupt nicht vorbereitet hingegen wurde es auf einen viel gravierenderen Schritt:

»Zum Beispiel auf einen Sprung ins Nichts, ins Nicht-Leben, in einen Korb, mit Stoff ausgeschlagen, oder in ein Plastikkästchen, das sich nicht bewegt, keinen Ton von sich gibt, das weder den Geruch noch das Gefühl von Leben aufweist. Kein Wunder, wenn das gewaltsame Auseinanderreißen der Mutter-Kind-Beziehung, die sich während der Zeit im Mutterleib so stark ausprägte, sowohl Depressionen bei der Mutter als auch Todesangst beim Säugling auslöst.«

Ashley Montagu schildert das Leid des Neugeborenen ähnlich wie Jean Liedloff. Seiner Ansicht nach hat das Baby das gute Recht, eine Fortsetzung des Lebens zu erfahren, wie es innerhalb der Gebärmutter war, ehe es der Geburtsprozess abrupt unterbrach. Auch Montagu ist der Ansicht, dass der Empfang ziemlich kühl ist, den unsere hoch entwickelte Welt dem Neugeborenen bereitet:

»Wenn das Kind geboren ist, wird die Nabelschnur durchtrennt, das Kind wird seiner Mutter gezeigt und in vielen Fällen heutzutage immer noch von einer Schwester weggebracht, gewogen, gemessen, seine physischen und weiteren Eigenschaften aufgeschrieben.

Dann bekommt das Kind ein Bändchen um den Arm, worauf der Geburtstag und eine Nummer stehen, und dann wird es in die Säuglingsstation gebracht, die wohl deswegen so heißt, weil hier alles außer Säugen passiert.«

Darauf wird das Kind in ein Bettchen gebracht, und es kann sich sein Elend vom Herzen brüllen.

»Die beiden Wesen, die einander gerade in dieser wichtigen Periode so dringend brauchen wie nie zuvor und nachher, werden voneinander getrennt und können die Symbiose, in der sie miteinander leben sollten und die für die Entwicklung der beiden so ungeheuer wichtig ist, nicht fortsetzen.«

Wenn man sich vor Augen führt, dass in dem Bestseller *Jedes Kind kann schlafen lernen*[4] von Annette Kast-Zahn und Hartmut Morgenroth die Maßnahme empfohlen wird, ein Kind schreien und weinen zu lassen, bis es endlich einschläft, kann man eine Ahnung davon bekommen, wie viel Unglück sich in den Kinderzimmern in unserem Kulturkreis abspielt.

Bindung schafft Sicherheit

Auch Dr. Kurt Bischofberger, Chefarzt im »Stillfreundlichen Krankenhaus« St. Elisabethen in Lörrach, hat festgestellt, dass die Bindung zwischen Mutter und Säugling, das »Bonding«, im vor- und nachgeburtlichen Zeitraum Fundament und Muster bildet für alle zukünftigen Beziehungen.

Bonding bedeutet Liebe und Sicherheit und damit das Nicht-Vorhanden-Sein von Angst und Furcht. Falls diese Bindung in der Frühphase des Lebens nicht erlebt wird, kann für das neugeborene Kind die Beziehung zu sich selbst und anderen zerbrechlich und unsicher sein.

Perinatalpsychologen, die sich mit der Persönlichkeitsentwicklung des Kindes in den Tagen vor und nach der Geburt befassen, heben ebenfalls hervor, dass sich während der ersten acht Tage im Leben eines Menschen ein Beziehungsmuster herausbildet, das ein Leben lang hält. Das Kind braucht ein Gegenüber, um sein eigenes Ich zu entwickeln, und daher ist es überaus wichtig, von der ersten Lebenssekunde eines Kindes an sein Bedürfnis nach Liebe, Wärme und Zuwendung zu erfüllen, so gut es geht.

Die deutschen Psychologen Karin und Klaus Großmann begannen Mitte der siebziger Jahre in der *Regensburger Längsschnittstudie*[5] mit ihren Beobachtungen zur Eltern-Kind-Bindung über mehr als zehn Jahre. Hier einige wichtige Ergebnisse:

»Von der Theorie her heißt es, dass Neugeborene, auch Tiere, enge Bindungen brauchen, um geschützt, um versorgt zu werden und um die sozialen Spielregeln der Gemeinschaft zu erlernen.«

Doch wie teilt sich das Bindungsbedürfnis der Kinder mit?

»Das wichtigste Signal ist natürlich das Weinen. Ein Vorstadium noch vor dem Weinen ist das Rufen. Ein Säugling kann durch Kontaktlaute, wie man dieses Rufen bei den Tieren nennt, auf sich aufmerksam machen, um herauszufinden, ob die betreuende Person nahe ist. Später kann das Kind dem Erwachsenen selbstständig nachfolgen, um die Bindungsperson zu erreichen.«

Mit etwa sechs, sieben Monaten beginnt das Kind zu protestieren, wenn es von der Bezugsperson verlassen wird. Dieses Bindungsverhalten, das sich durch Rufen, Weinen, Nachfolgen, Anklammern äußert, zeigen die Kinder spontan immer dann, wenn sie die Zuwendung der Erwachsenen brauchen.

»Die Grundannahme der Bindungstheorie ist, dass ein Kind lernen muss, eine ungeheure Vielzahl von neuen Eindrücken zu verarbeiten. Das Kind muss also Neugier zeigen, um neue Reize zu erkunden. Neugierde ist jedoch auch eine äußerst anstrengende Angelegenheit, weil das Kind nie weiß, wie seine Erkundungen ausgehen werden. Die Bindungsperson stellt für das Kind dabei eine Art Sicherheitsbasis dar, von der geht es aus, und zu der kehrt es immer dann zurück, wenn die Verunsicherung die Neugier übertrifft.

Das ist der Kern der Theorie: Wenn das Kind mit entwicklungsspezifischen Aufgaben gefordert ist, die natürlich im Säuglingsalter etwas anders aussehen als im Kleinkindalter, dann braucht es Sicherheit, die im späteren Leben zu Selbstsicherheit wird, die es aber am Anfang erst erwerben muss. Und bei diesem Erwerb ist es absolut angewiesen auf die biologisch vorgesehene Sicherheitsbasis, also auf seine Bindungsperson.«

Ein wesentliches Ergebnis der Großmann-Studie ist: Erfahren Babys und Kleinkinder keine stabile Bindung an einen Erwachsenen, dann werden die negativen Erfahrungen verinnerlicht und können die weitere Entwicklung – bis hinein ins Erwachsenenleben – negativ beeinflussen.

Jedes Kind braucht die Anerkennung seines Wertes und das Gefühl der Sicherheit. Es braucht die Mutter, um sein eigenes Selbst zu entwickeln, denn Neugeborene verbringen im Wachzustand 80 % ihrer Zeit damit, die Mutter anzuschauen. Das Baby braucht die Anwesenheit der Mutter, um voll leben und sich bewegen zu können und um sein Dasein und seinen eigenen Wert zu spüren. Es weint, wenn die Mutter das Zimmer verlässt, weil damit gewissermaßen auch sein eigenes Dasein verschwindet.

Der gut behandelte Säugling erfährt, dass seine Bedürfnisse stets befriedigt werden. Wenn seinen Bedürfnissen Rechnung getragen, eine innige Beziehung zwischen Mutter und Kind hergestellt wird, bildet sich das heraus, was Verhaltensforscher Urvertrauen nennen.

Und Urvertrauen braucht der Mensch als Rüstzeug für ein ganzes Leben, als Basis für die Beziehungen, mit denen er konfrontiert sein wird, sei es im Kindergarten, in der Schule, im Beruf, in der Liebe.

In *Kinderwelten*[6] schreibt Dr. Gabriele Haug-Schnabel über neue Erkenntnisse der Entwicklungsforschung. Sie stellt fest, dass sich in den letzten Jahren die Hinweise darauf mehren, dass ein intuitives Elternprogramm und die darauf abgestimmte Behandlung des Säuglings als evolutionsbiologische Anpassung bezeichnet werden können, die während der gesamten Menschheitsgeschichte geleistet wurden. Die Natur hat den Menschen so geschaffen. Enger Kontakt und gegenseitige Kontaktsuche sind in uns angelegt.

»Das so genannte Attachment Parenting«, führt die Wissenschaftlerin aus, »steuert das Ziel kindlicher Selbstständigkeit an. Das Lebenswerk von William und Martha Sears basiert auf der Bindungstheorie und geht von einem bewusst aufeinander abgestimmten kontaktintensiven Beziehungsaufbau zwischen Kind und Eltern aus, das behutsam in die vom Kind selbst initiierte Selbstständigkeit führt. Der Lebensstart ist durch viel Nähe, wenige Trennungen, Stillen, Tragen, gemeinsames Schlafen, kurze Beruhigungslatenz, emotionale Ansprechbarkeit und eine zugewandte, liebevolle Erziehung geprägt. Nicht das unabhängige Kind wird angestrebt, sondern das interdependente, das die Bedeutung von Gemeinsamkeit erlebt, die Kraft der Interaktion und des Dialogs kennt und deshalb gegenseitige Abhängigkeit zu schätzen weiß. Über eine gute Bindung zu verfügen wird nicht als einschränkende Abhängigkeit verstanden, sondern genossen und als gestaltbarer Freiraum gesehen, der erst Aktivwerden und Autonomie möglich macht.

Eine lang behütete Zeit, um zu lernen und herauszufinden, wie die Welt beschaffen ist und wie man darin seinen Platz findet, ist vorgesehen.«

Menschen, die sich sicher und geliebt fühlen und dies als Grundgefühl in ihrem Sein von Anfang an mit sich führen, werden Auseinandersetzungen und Schwierigkeiten im Leben immer selbstbewusster und souveräner meistern können als Menschen, die unsicher und ängstlich sind.

Ein Mangel an Bindung führt zu Angst

Wir führen heute zahlreiche Diskussionen über die Entwicklung der Gesellschaft – im Fernsehen und in Talkshows, an politischen Rundtischen, im Kreise der Familie und unserer Freunde. Wir sprechen über nötige Veränderungen des Schul- und Bildungssystems und politische Weichenstellungen für eine bessere Zukunft. Über das Grundlegende aber wird wenig geredet. Dabei können wir alle, die wir Kinder haben, selbst einen wichtigen Teil dazu beitragen, die Menschen selbstbewusster und sicherer zu machen.

»Bitte stillen Sie Ihr Kind so lange wie möglich«, bat mich eine mir bis dahin unbekannte Psychologin, die mich beim Einkaufen auf meine Schwangerschaft ansprach. »Bitte bleiben Sie so oft und so lange bei Ihrem Kind, wie es überhaupt nur möglich ist, vornehmlich in den ersten drei Jahren. Und nehmen Sie es in den Arm, so häufig Sie können.«

Sie meinte es sehr ernst und erläuterte mir, dass sie vielen Menschen, die mit Problemen in ihre Praxis kämen, am Gang und an ihrer Haltung ansehen könne, ob sie eine liebevolle, stabile Beziehung zu ihrer Mutter und zu ihrem Vater hätten.

Jean Liedloff berichtet, dass nach ihren Erfahrungen das, was einem Säugling widerfährt, für seine weitere Gefühlsentwicklung unendlich wichtig ist. Es ist das, was für ihn das Gefühl für das Leben darstellt, so, wie es immer sein wird. Alle später gewonnenen Eindrücke können diese ersten Empfindungen – mehr oder weniger stark – nur noch abwandeln.

Die Beziehung zwischen Mutter und Kind wird über ihre

Körper hergestellt, über Haut- und Augenkontakt. Der Mangel an Berührung macht ängstlich vor Kontakten, löst aber gleichzeitig eine tiefe Sehnsucht nach Berührung aus.

Die Trennung von der Mutter oder fehlende Zärtlichkeit und Zuwendung kann dazu führen, dass ein Mensch ein ganzes Leben lang von dem Gefühl beherrscht wird, er müsste alleine und getrennt sein, um überleben zu können. Er zieht die bekannte Gefühlsumwelt, die durch Trennung und Entfremdung geprägt wurde, der Nähe vor.

Zu wenig Mutterbindung nach der Geburt kann im späteren Leben also zu Angst führen. Und Angst ist auch die Hauptursache für Gewalttätigkeit. Ihre Vorstufe ist ein nagendes Gefühl von Unsicherheit und Ablehnung.

Es gibt immer mehr Untersuchungen, die, so Dr. Bischofberger, das Fehlen positiver Bindungen mit Sucht, selbstzerstörerischem Verhalten, Angst vor Intimität und Angst auch vor Elternschaft in Verbindung bringen. Die Sehnsucht nach Sicherheit und Selbstwertgefühl kehrt offensichtlich häufig auch als Jagd nach Reichtum und materiellen Werten wieder. Ein ewig ungestilltes Verlangen!

Ein kontinuierlicher Kontakt zum Kind mildert diese Ängste. Ein Baby kann nicht zu sehr verwöhnt werden, zu keinem Zeitpunkt! Die Liebe, Zärtlichkeit und Zuwendungen, die dauerhafte Präsenz der Mutter und des Vaters oder einer liebenden, umhegenden Bezugsperson dienen nur der Entwicklung des Urvertrauens, niemals aber sind sie, wie häufig verbreitet wird, ein sinnloses Verzärteln des Säuglings.

In einer amerikanischen Studie von 1972 wurden Mütter und Säuglinge im ersten Jahr beobachtet. Jene Säuglinge, die in den ersten drei Monaten häufig in den Arm genommen wurden, entwickelten am Ende dieses Jahres eine große Unabhängigkeit. Obwohl sie es gern hatten, auf dem Arm gehalten zu werden, spielten sie einfach weiter, wenn man sie wieder hinlegte.

Auf der anderen Seite protestierten die Babys, die vorher nicht regelmäßig auf den Arm genommen worden waren, nicht nur, wenn sie wieder hingelegt wurden, sondern sie reagierten schon auf dem Arm unzufrieden und waren kaum in der Lage, ein unabhängiges Spiel zu entwickeln (Aletha J. Solter[2]). Ein Beweis dafür, dass die Babys, die »verwöhnt« reagieren, tatsächlich nicht genügend Beachtung finden.

Auch Experimente mit Affen, die miteinander aufwuchsen, bestätigten die enorm wichtige Funktion sozialer Körperkontakte. Waisen waren in der Lage, die fehlende Mutter bis zu einem gewissen Grad zu ersetzen. Wenn sie in kleinen Gruppen aufwachsen, verbringen sie viele Stunden am Tag miteinander, dicht zusammengedrängt und aneinander geklammert. Werden sie an diesen Kontakten gehindert, indem man sie zwar im selben Raum, jedoch in Einzelkäfigen unterbringt, sind die emotionalen Vorteile wesentlich geringer: Sie können sich zwar sehen, hören und riechen, trotzdem verursacht das Fehlen früher sozialer Körperkontakte tiefgreifende Störungen (K. E. Banard und T. B. Brazelton, *»Touch«*[7]).

In anderen Tierexperimenten untersuchten die Autoren Auswirkungen auf das Immunsystem und das Wachstum, die eine Trennung von Mutter und Kind bewirken. Affenbabys geraten in höchste Not, wenn sie von ihren Müttern getrennt werden. Sofort steigen die Stresshormone an, längere Phasen der Trennung unterdrücken sogar das Funktionieren des Immunsystems. Dieser Effekt lässt sich wieder rückgängig machen, wenn Mutter und Kind innerhalb von zehn Tagen wieder vereint sind. Bleiben sie jedoch für längere Zeit getrennt, scheint die Konsequenz unumkehrbar zu sein: Noch im Alter von sechs Jahren leidet das Kleine unter Immunschwächen.

Diese Erkenntnisse gelten praktisch für alle Säugetiere. Körperkontakte sind unverzichtbar für die Entwicklung des Neugeborenen ebenso wie für das Wachstum. Bei vielen Arten erfolgt dieser Kontakt durch das Lecken: Hunde, Katzen,

Schafe und Pferde lecken ihren Nachwuchs unmittelbar nach der Geburt ausgiebig und säubern jeden Zentimeter seines Körpers. Wie wichtig diese Versorgung der Neugeborenen ist, wird deutlich aus der Tatsache, dass die Säuglinge sterben, falls jene Behandlung ausbleibt, meist, weil Harn- und Verdauungstrakt versagen. Wird jedoch ein Neugeborenes vom Züchter oder dem Tierarzt ausgiebig abgerieben, trägt es keine gesundheitlichen Schäden davon (A. Montagu[1]).

Es ist unmöglich, ein Kind zu sehr zu lieben oder ihm zu viel Aufmerksamkeit zu geben. Diejenigen Babys, so Solter, die sich unzufrieden, weinerlich und anklammernd verhalten, sind verletzt worden, nicht etwa, weil sie zu viel, sondern weil sie zu wenig Aufmerksamkeit erfahren haben. Sie leiden darunter, dass ihre Bedürfnisse in den ersten drei bis sechs Monaten nicht befriedigt worden sind.

Stillen ist Rhythmus

Ashley Montagu erwähnt den bemerkenswerten Zusammenhang von Rhythmusgefühl und Stillerfahrungen. Im so genannten »Milkdance« bewegt sich das Kind an der Brust in einem rhythmischen Wechsel mit seiner Mutter. Dieses Erlebnis wirkt sich auf die späteren rhythmischen Neigungen und Stimmungen aus und führt zu unbewussten Erinnerungen an die frühkindliche Zeit. Wenn sie sich rhythmisch im Takt wiegen, erinnern sie sich unbewusst daran. Orale Frustration, also in diesem Kontext negative oder fehlende Stillerlebnisse, führen dazu, dass das schon größere Kind schaukelnd und rollend seinen einsamen »Milkdance« vollführt.

Montagu nimmt an, dass die Musik eines Bevölkerungsteils oder einer bestimmten Zeit und das vorhandene Rhythmusgefühl in sehr direkter Beziehung zu solchen frühen, formenden Erlebnissen stehen.

Und er zweifelt auch nicht daran, dass das Syndrom der »Mutterentbehrung« vor allem auf einen Mangel an körperlicher Zuwendung zurückzuführen ist. Er betont, dass die Haut der davon betroffenen Kinder nicht rosig und straff ist wie bei ausreichend versorgten Kindern, sondern blass, schlaff und oft mit den verschiedensten Leiden behaftet (z. B. mit neurodermitischen Erkrankungen).

René A. Spitz wirft in seinem Buch *Die Urhöhle*[8] dazu die Frage auf, ob Ekzeme als psychosomatisches Leiden eine Bemühung oder eine Abwehr von Seiten des Kindes darstellen. Ob also diese Form der Hautreaktion eine Aufforderung an die Mutter sein könnte, das Kind öfter zu berühren. Oder ob das Kind sich selbst die Reize verschafft, die die Mutter ihm vorenthält, in einer Form des narzisstischen Rückzugs.

Und Untersuchungen über die Ursache von körperlich-geistigem Kräfteverfall, dem Marasmus, ergaben, dass dieser relativ häufig in sozial abgesicherten Familien auftritt, in denen die Säuglinge bestens versorgt scheinen. Es stellte sich heraus, dass diese Kinder aufgrund vorherrschender körper- und berührungsfeindlicher Erziehungsmethoden häufig allein in ihren Bettchen liegen und unter einem Mangel an Ansprache und zärtlicher Berührung leiden. (Gabriele Borgdorf-Albers: *Über die Bedeutung des Stillens in der frühen Mutter-Kind-Interaktion*[9].)

Montagu beschreibt, dass Kliniken in New York das »regelmäßige Bemuttern« von Säuglingen in Form von ausgedehntem Körperkontakt einführten, um die Sterblichkeitsrate zu senken. Als die Babys herumgetragen und zärtlich in den Armen gewiegt und gestreichelt wurden, stellte sich tatsächlich der erhoffte Effekt ein.

Auch Solter weiß, dass beim Körperkontakt zusätzlich zur Befriedigung der körperlichen Bedürfnisse auch die Stimulation der Sinne wie Hören, Sehen und Berührung eine wichtige Rolle spielt. Das Baby muss die Gesichter der Eltern sehen.

Die Kommunikation geht zunächst vom Erwachsenen aus. Er soll sich in die Position des Kindes begeben und versuchen, die Welt von seinem Standpunkt aus zu sehen, das heißt, ohne dem Kind die eigenen Erfahrungen oder Interpretationen überzustülpen.

Liedloff geht hier noch weiter. Sie beschreibt die Fähigkeit des Säuglings, mit wachsendem Alter die Reaktionen der Mutter besser deuten zu können.

Eine Mutter, die ihr Kind nicht liebevoll behandelt, sondern eine abweisende Haltung einnimmt, weil das Baby zum Beispiel seine Windeln voll gemacht hat, die also mit spitzen Fingern und möglichst wenig Körperkontakt das Kind berührt und auch ihre Stimme mahnend klingen lässt, vermittelt ihrem Baby, dass es etwas falsch gemacht hat. In ihm wächst die Angst, der Mutter zu missfallen. Verwirrung entsteht, der Vorläufer von Furcht und Schuldgefühlen.

Die Verstimmung der Mutter wird im Laufe der Zeit immer häufiger ausgelöst, etwa, wenn das Baby sie an den Haaren zieht, sein Essen verschüttet, ihre Kleidung besabbert oder ihr die Finger in die Augen piekt. Das Kind kann diese Handlungen mit der Reaktion der Mutter nicht in Verbindung bringen. Es selbst hat nicht bemerkt, wie es sabbert oder das Essen verschüttet, dazu ist es noch nicht in der Lage. Es versteht nicht, was die Mutter plötzlich dazu bringt, wütend zu sein, wenn es an ihrer Halskette zieht. Es kann nicht begreifen, dass das Umstoßen des Breischüsselchens, womit es positive Aufmerksamkeit erregen wollte, das Gegenteil bewirkt.

Es spürt jedoch, dass es immer noch besser ist, auf diese Weise Interesse zu wecken, als gar nicht beachtet zu werden. Und kippt weiter die Schüsselchen um. Damit sucht es das Gefühl des Richtigseins: in der Gegenwart der Mutter, in sich selbst, in den Gegenständen. Ein positives Signal: Ich werde geliebt. Durch die ablehnende Haltung der Mutter kann es dieses Signal jedoch nicht empfangen.

Das Erstaunliche an dieser Situation ist, dass unsere eigenen Instinkte für das natürliche, liebevolle Verständnis unserer Kinder häufig von einer Erwartungshaltung überlagert werden, die von Seiten des Kindes niemals zu erfüllen ist. Wenn es nach uns geht, soll es brav auf dem Schoß sitzen und wie aus dem Bilderbuch essen. Geschieht dies nicht, meinen wir häufig, mahnen zu müssen – ohne zu ahnen, was wir damit auslösen.

Es ist nicht nur keine Schande, wenn ein Säugling nicht nach Knigge isst oder mehrmals täglich in die Windeln macht, sondern es ist natürlich und normal. Man kann mit dem Baby darüber sprechen, wie wundervoll es ist, dass seine Verdauung so gut funktioniert. Es wird, anstatt verstört zu sein, glucksend und lachend antworten.

Wenn wir uns nicht ständig klar machen, in welch hilfloser Situation unser Kind sich befindet, wenn wir es nicht auffangen und tragen, wird das nachteilige Auswirkungen haben. Die enttäuschten Erwartungen der Säuglingszeit, das Loch an der Stelle, wo Vertrauen und Sicherheit sein müssten, dieser kaum auszuhaltende Entfremdungszustand werden das Kind nachhaltig negativ beeinflussen, weil es kein Selbstwertgefühl entwickeln konnte.

Babys können noch nicht verstehen

Ein Säugling hat kein Bewusstsein und kein Verständnis für eine »unzulängliche« Mutter, die seine Zeichen nicht begreift und Bedürfnisse verneint, anstatt sie zu bejahen.

Wenn das Kind älter ist und sein Verstand sich entwickelt, kann es vielleicht »verstehen«, dass die Interessen seiner Mutter und die eigenen nicht immer identisch sind. Es wird jedoch nie ganz glauben können, dass seine Mutter es nicht bedingungslos liebt. Nichts kann das Kind in seiner innersten

Haltung davon abbringen, zu glauben, dass die Mutter es lieben muss.

Um sich zu retten, wird es später möglicherweise darum kämpfen, sich von ihr unabhängig zu machen. Ein mühevoller, weil aussichtsloser Kampf, denn die Erwartung des Kindes gegenüber der Mutter, doch geliebt zu werden, wird nicht versiegen. Es ist ein stetes Ringen um Anerkennung und Zuwendung, ein Verlangen nach ihr, das zwangsläufig fortbestehen wird.

Die Anpassung des Kindes an die elterlichen Bedürfnisse führt beim Kind oft zur Entwicklung der »Als-ob-Persönlichkeit« oder zu dem, was als das »falsche Selbst« beschrieben wird, konstatiert die Psychoanalytikerin Alice Miller in *Das Drama des begabten Kindes*[10]: »Das wahre Selbst kann sich nicht entwickeln, weil es nicht gelebt werden kann. Begreiflicherweise klagen diese Menschen später über Gefühle der Leere, Sinnlosigkeit, Heimatlosigkeit, denn diese Leere ist real. Es hat eine Entleerung, Verarmung stattgefunden, weil das Lebendige, Spontane abgeschnitten wurde.«

Richtig unabhängig kann ein Kind von der Mutter nur werden, wenn sie sich richtig verhält. Gesunde Unabhängigkeit entsteht nur durch die Mutter. Ein gesundes Selbstbewusstsein auch! Wenn die Mutter ihre Rolle wahrnimmt, wenn sie dem Kind die Zuwendung, Zärtlichkeit und Wärme gibt, die Erfahrung des Getragenwerdens gewährt, dann wird es selber den nächsten Schritt tun. Wenn sein Bedürfnis gestillt wird, kann es die geistige Gesundheit erlangen, selbstständig glücklich zu werden.

Intuitives Wissen

Das Bonding zwischen dem Kind und der Mutter – und natürlich auch dem Vater – beginnt also in der ersten Lebenssekunde. Je eindeutiger die Eltern ihre eigenen Impulse und Instinkte deuten und durchsetzen können, entgegen dem, was andere empfehlen oder raten, umso größer ist die Chance, dass sie eine glückliche Verbindung zu ihrem Kind aufbauen werden. Und umso sicherer wird der Säugling sich positiv entwickeln können, voller Selbstbewusstsein und Vertrauen.

In jedem von uns schlummern verschiedene Reaktionen auf die Signale eines Babys. Die einfachsten funktionieren noch ganz gut. So verstellt jeder im Umgang mit einem Baby seine Stimme, lässt sie höher klingen, spitzt die Lippen und benutzt Laute, die der Säugling mag und auf die er reagieren kann.

Unser im Laufe des Lebens erlerntes Wissen und unser Dasein im technischen Zeitalter verdecken allerdings einen großen Teil dessen, was wir eigentlich schon über neugeborene Babys wissen. Um genauer zu sein: In vielen Fällen haben wir unser intuitives Wissen »vergessen«.

Wenn man sich auf die Suche nach Lektüre zur Behandlung und Pflege von Babys macht, begegnet man einer Fülle erstaunlicher Werke: Da wird einem beispielsweise in einem Buch auf über zweihundert Seiten geraten, wie man ein Kind zum Durchschlafen bewegt – indem man es nämlich schreien lässt, bis ihm das Herz bricht und es aufgibt. Und damit endlich ein »artiges Kind« wird.

Das Eindrucksvolle an diesem Beispiel ist, dass diesem Rat unzählige Eltern folgen, im guten Glauben, es richtig zu machen. Sie haben jeglichen Anspruch auf ihre eigene, innere Stimme aufgegeben, sich von allen Instinkten und Intuitionen befreit. Wenn der Säugling durchschläft wie ein Erwachsener, sind sie stolz und glauben, alles richtig gemacht zu haben.

Liedloff resigniert an dieser Stelle: »Babys sind zu einer Art Feind geworden, den die Mutter besiegen muss. Weinen muss ignoriert werden, um dem Baby zu zeigen, wer der Herr ist.«

Die amerikanische Psychotherapeutin beschreibt mit dem Begriff Kontinuum-Konzept die Vorstellung, dass alle Menschen – insbesondere aber Babys –, um sich körperlich, geistig und emotional optimal entwickeln zu können, die Art von Erfahrungen brauchen, an die sich unsere Gattung während des langen Prozesses der Evolution angepasst hat.

Ich möchte auf den folgenden Seiten Auszüge einiger Empfehlungen von Jean Liedloff zitieren (aus: www.continuum-concept.de, Deutsch von Wolfgang Orlik), die sie in ihrem Kontinuum-Konzept dargestellt hat:

1. Habe Respekt, für das Kind, für die Natur, für dich selbst. Versuche das Richtige instinktiv herauszufinden, und handle danach.

Sei geduldig mit dir, mit dem Baby und allen anderen Personen und Situationen.

Glaube deinem unverbildeten Instinkt, und nicht den vermeintlichen Fachleuten.

Glaube deinem Baby, wenn es schreit, und nicht irgendwelchen Experten.

Das Baby ist ein größerer Experte als alle Fachleute (sein Instinkt ist unverbildet). Wir behandeln das Baby allzu oft wie einen Feind (schreien lassen, etc.).

Wenn Babys in die Wiege, das Bett oder den Kinderwagen abgelegt werden, beginnen sie oft zu schreien. Das ist eine natürliche Reaktion, weil sie die körperliche Nähe zum lebendigen Menschen suchen. Wir erwarten von den Babys aber, dass sie alleine liegen sollen, und lassen sie allein in der Wiege oder im Kinderwagen, auch während des Tages. Wir erwarten auch, dass sie sich zudem still verhalten, und wir versuchen, sie still zu halten durch wenig geeignete Maßnahmen wie z. B. Schaukeln in der Wiege oder im Kinderwagen, statt sie an den Körper zu nehmen.

Wenn Tierbabys schreien, akzeptieren wir, dass die Tiermutter zu den Babys kommt. Nur bei unseren Babys glauben wir, sie (wider die Natur) schreien lassen zu müssen.

Tipp gegen Baby-Schreien: Mit gespitzten Lippen ins Ohr zischeln, Luft schnell raus und rein blasen.

Respektiere die Natur und die menschliche Natur. Disziplin und Kooperation beim Kind werden sich dann einstellen, ohne diese fordern oder anlernen zu müssen.

2. Vermittle dem Baby/Kind stets das Gefühl, »wertvoll« und »willkommen« zu sein.

Mache nichts (sagen, spüren lassen; verbal oder non-verbal), was dem Kind das Gefühl vermittelt: Ich bin nicht »richtig«; Ich bin falsch (im Sinne von »nicht den Erwartungen entsprechend«); Ich bin schlecht; Ich bin böse, etc.

Schelte und diszipliniere dein Kind nicht (denn dies bedeutet: »Du bist schlecht; Du bist nicht richtig«), sondern ignoriere Fehlverhalten und dramatisiere nicht. Lebe das gewünschte Verhalten vor, denn Kinder wollen nichts anderes als nachmachen, um Mitglied der Gruppe zu werden.

Das Kind glaubt bedingungslos, was du über das Kind sagst und vermittelst (Gutes wie auch Schlechtes). Es glaubt dir mehr als sich selbst. Eltern sind in den Augen der Babys absolute und höchste Autoritäten. Alles, was Eltern sagen und tun, wird vom Baby als richtig anerkannt. Das eigene Verhalten wird als falsch bewertet oder angezweifelt. Babys schreien und drücken damit aus: »Bitte halte mich«. Die Mutter aber sagt: »Sei ruhig«, und vermittelt damit dem Baby das Gefühl: »Ich mag meine Mutter, aber sie mag mich nicht.« Dies bewirkt, dass sich Babys falsch fühlen, denn die Mutter hat ja als Autorität Recht. Und dieses gegen sich selbst gerichtete Gefühl wirkt bis ins Erwachsenenalter hinein.

Das Wichtigste ist, das Kind soll an sich selbst glauben (können).

Der Einfluss der Eltern ist wesentlich stärker als die Umgebungseinflüsse (Großeltern, Nachbarn, etc.), die eventuell nicht entsprechend den Kontinuum-Empfehlungen handeln.

Habe Geduld mit anderen Personen, die entsprechend Ihrer Prägung, Eltern- und Kindheitserfahrung dein Kind anders behandeln. Versuche, ihnen langsam die Kontinuum-Empfehlungen nahe zu bringen.

Auch wenn nur eine (1) nahe stehende Person dem Kind zeigt, dass es »richtig« ist, ist dies ausreichend für eine gute Entwicklung. Ideal wäre natürlich, wenn die ganze soziale Umgebung nach Kontinuum-Empfehlungen handelte.

Der Mensch soll sich stets wertvoll und willkommen fühlen, als Baby wie als Erwachsener. Die meisten Menschen in der zivilisierten Welt empfinden in unterschiedlicher Ausprägung, dass sie nicht gut genug sind, dass sie nicht »richtig« sind. Wer sich selbst nicht gut fühlt, wer sich selbst nicht mag, der wird sich auch antisozial verhalten.

Wir behandeln unsere Babys und Kinder oft unangemessen. So wie wir Babys und Kinder behandeln, können sie sich nicht willkommen und wertvoll fühlen, denn wir tun ihnen Gewalt an. Sogar in heilen Familien lassen sich die Eltern von Experten dreinreden, wie Kinder wider die Natur zu erziehen sind.

Trotz intensiven Bemühens schreit das Baby oft noch immer. Dadurch fühlen sich viele Eltern nicht »richtig« bzw. schuldig und werden verkrampft (»Ich mache alles für das Baby und trotzdem schreit es. Ich mache es nicht gut genug«). Dies überträgt sich auf das Kind, was dessen Schreien noch verstärkt. Die Ursachen dafür liegen oft in der eigenen Kindheit begründet, dem Verhalten der eigenen Eltern. Wir wurden von unseren Eltern dazu gebracht, uns schlecht / unrecht / nicht in Ordnung / falsch zu fühlen. »Bleib da«, »Bleib stehen«, »Hör auf zu schreien«, »Sei ruhig« – von Geburt an richten sich Eltern gegen Kinder, gegen die Natur. Aber jeder Mensch ist auf seine Weise »richtig« und wertvoll, doch die meisten Menschen zweifeln an sich selbst und haben Schuldgefühle, weil ihnen in der Kindheit eingetrichtert wurde, dass sie nicht »richtig« sind.

Wenn Kinder von Eltern schlecht behandelt werden, kann dies oftmals von den eigenen Verletzungen in der eigenen Kindheit stammen, und das »Baby im Erwachsenen« sagt: »Zuerst will *ich* zufrieden gestellt werden, und dann erst soll das Baby etwas davon kriegen«. Oder: »Wenn ich es (Liebe, Nähe, Respekt, etc.) nicht gekriegt habe, soll auch mein Baby dies nicht kriegen«. Ein Lösungsansatz wäre: Dem Kind »experimentell« all jenes geben, was man selbst gerne bekommen wollte (Liebe, Nähe, Körperkontakt, eine korrekte Mutter-Kind-Beziehung, etc.). Die Umwandlung der falschen Einstellung kann sich dann leichter vollziehen.

3. Ermögliche deinem Baby (im Idealfall) 24 Stunden Körperkontakt, zumindest solange das Baby nicht krabbelt.
Trage dein Baby den ganzen Tag am Körper (im Arm, im Tragetuch, Schlafen im Bett bei den Eltern, etc.). Auch andere Personen sollen dich dabei unterstützen.

Nicht nur in der ersten Stunde nach der Geburt ist der intensive (Haut-)Körperkontakt mit der Mutter für die Entwicklung des Babys wichtig (Bonding), sondern aus dem gleichen Grund ist dieser Körperkontakt natürlich auch im gesamten folgenden Lebensabschnitt von grundlegender und elementarer Bedeutung. Dies wird aber von den »Experten« und allen »wohlmeinenden Ratgebern« (Großeltern, Ärzte, Industrie, Werbung, etc.) nicht erkannt. Die Folgen des Alleinseins (Brutkasten, Kinderzimmer, Milchfertignahrung anstelle Stillen, im Gitterbett liegen, allein schlafen, schreien lassen, Kinderwagen fahren, künstliche Musik anstelle der mütterlichen Herztöne, Laufstall, etc.) hat das Baby sein Leben lang zu ertragen.

»Rooming-in« (mit Baby-Bett neben dem Mutter-Bett) ist unzureichend: Die Mutter weiß, wo das Baby ist, aber das Baby weiß nicht, wo die Mutter ist.

Ein Baby soll in der Tragephase (ca. 12 Monate) alle

Bedürfnisse erfüllt bekommen, denn es soll sich zu 100 % willkommen fühlen. Die vollständige Erfüllung der Bedürfnisse in einer Entwicklungsstufe ist die Voraussetzung für das »gesunde« Erreichen des nächsten Entwicklungsschrittes. Ein Kind wird dadurch ausgeglichener werden und nicht neidisch sein. Es wird eher von sich aus teilen und in natürlicher Weise kooperativ sein als jenes Kind, welches unerfüllte Bedürfnisse hat.

Fühle dich »richtig« und »okay«, wenn du das Baby trägst. Fühle dich nicht schuldig in irgendeiner Form dabei. Heiße das Baby willkommen, lass es sich wertvoll fühlen.

Seitliches Tragen ist sinnvoll, denn dabei kann das Baby alles beobachten und daraus lernen.

Bewege dich viel mit dem Baby, auch wenn es schläft (ins Freie gehen, laufen, tanzen).

Jeder Mensch muss Energie entladen (z. B. durch Bewegung, Sport, Sex, Arbeit, Tanzen, Hektik, etc.). Ein Säugling hat aber noch keine Möglichkeit (solange er nicht krabbelt), diese Energie durch Bewegung (außer zappeliges Strampeln) zu entladen, hat dies aber auch nötig. Beim Tragen des Babys am Körper und durch gemeinsames schnelles Bewegen kann die Mutter über das gemeinsame Energiefeld (durch Körperkontakt) die Energie für beide entladen. Mittelfristig ist dies ein wesentlicher Beitrag für ein ausgeglichenes Kind.

Verrichte all deine Tätigkeiten in normaler Weise gemeinsam mit dem Baby, so als wäre das Baby gar nicht an deinem Körper. Allzu sorgsames Tragen und Handhaben zeigt dem Baby: »Ich bin zerbrechlich«.

Lass das Baby immer am Geschehen teilhaben. Das Baby sollte überall dabei sein (mitten im Geschehen), um so viel wie möglich von seiner Umgebung und seinen Bezugspersonen zu lernen.

Richte deine Tätigkeiten und Handlungen auf die Erwachsenenwelt aus und nicht in besonderer Form abgestimmt auf das Baby. Das Baby soll die normale Erwachsenen-Welt kennen lernen und nicht eine auf das Baby konzentrierte Welt.

Laufe nicht hinter dem Baby her, sobald es krabbeln bzw. laufen kann, und konzentriere dein Handeln nicht auf das Baby. Das Baby selbst wird hinter der Mutter herlaufen, denn es möchte nicht allein, sondern Teil der Gruppe und mitten im Geschehen sein.

Was gut ist für das Baby, ist auch gut für die Mutter (so sollte es zumindest sein, wenn der Natur entsprechend gehandelt wird). Umgekehrt, was gut ist für die Mutter, ist auch gut für das Baby. Der Alltag mit dem Baby sollte Freude spenden und kein Kampf gegen das Kind sein.

4. Habe Vertrauen und Zutrauen zum Baby/Kind.
Vertraue auf die Fähigkeiten deines Babys/Kindes.

Was wir erwarten, wird auch eintreten (positiv wie auch negativ).

Erwarte von deinem Kind, dass es »gut« ist, und es wird »gut« sein. Belobige besonderes Verhalten nicht, sondern erwarte ganz einfach vertrauensvoll gutes Verhalten als Normalität.

Übertrage dem Kind mit Vertrauen viele Aufgaben. Wenn das Kind verweigert, ignoriere die Verweigerung und erledige die Aufgabe selbst. Durch die Ausgrenzung wird das widerspenstige Kind die Bedeutungslosigkeit seines Handelns erkennen.

Gib deinem Kind die Chance, seine Welt eigenständig in seinem eigenen Rhythmus zu erfahren.

Unterbrich bzw. beende nicht unnötig sein Spiel oder seine Handlungen.

Hilf deinem Kind nicht unnötig, interveniere nicht unnötig (außer bei Gefahr im Verzug).

Wenn dem Kind kein Zutrauen geschenkt wird, wird es kein Selbstvertrauen entwickeln. Ein ewiges »Pass auf!« ist schädlich und hinderlich für die Entwicklung des Selbstvertrauens.

Ein Beispiel: Ein ca. 18 Monate altes Kind klettert auf eine sehr schmale Mauer zwischen einem Kinderschwimmbecken und dem tiefen Becken. Jean Liedloff bittet die anwesenden Personen, nicht helfend einzuschreiten, nicht direkt hinzusehen und dem Kind keine offensichtliche Aufmerksamkeit zu schenken. Das Kind blickt sich um, ob jemand schaut. Da dies nicht der Fall ist, klettert es für seine Verhältnisse sicher auf der schmalen Mauer weiter bis hin zu einem Springbrunnen, an dem es sich aufrichtet. Als es wieder auf der schmalen Mauer mitten im Wasser umkehrt und ohne ins Wasser zu stürzen zurückklettert, nähert sich die nervös wirkende Mutter. Als das Kind die verängstigte Mutter erblickt, gibt es sein sicheres Verhalten auf, ruft »Oh Mami« und lässt sich hilflos in die Arme der Mutter fallen.

Erklärung: Das Baby glaubt der ängstlichen Mutter mehr als sich selbst (die Eltern sind die größte Autorität für das Kind), verliert plötzlich beim Anblick der Mutter das ihm eigene Selbstvertrauen und fällt in das Verhalten eines früheren und damit unsichereren Entwicklungsstadiums zurück (Regression = rückläufige Entwicklung). Es traut sich seine eigene, bisher erworbene Fähigkeit und Verantwortung plötzlich nicht mehr zu.

Schlussfolgerung: Wenn eine Bezugsperson nervös und unsicher agiert, kein Zutrauen in das Kind hat und damit dem Kind vermittelt »du schaffst es nicht«, glaubt auch das Kind, dass es für die zu bewältigende Aufgabe unfähig ist. Das Kind wird sich nicht trauen, lässt sich fallen oder wird stürzen, es fällt in einen Hilflosen-Zustand. Wenn ein Kind Neues erforscht oder erprobt, schaut das Kind oftmals zur Aufsichtsperson zurück und erfragt dadurch »Wie soll ich mich fühlen?«. Eine ängstliche und allzu beschützende Aufsichtsperson wird dabei das Kind immer hemmen, seine Fähigkeiten zu erweitern.

Wenn das Kind stürzt oder sich anschlägt, dem Kind keine Aufmerksamkeit bzw. Bühne geben (solange es vertretbar ist). Das Kind soll selbst die Verantwortung für sein Verhalten bzw. seine Sicherheit übernehmen. Oftmals schaut ein Kind erst zum Zuschauer, bevor es dann zu weinen beginnt.

Rasche Reaktionen der Eltern auf die Bedürfnisse ihrer Kinder fordert auch Dr. Gabriele Haug-Schnabel. Sie schreibt in ihrer Arbeit *Frühe Suchtprophylaxe*[11]: »Präsente Eltern sind gefragt, berührbare, ansprechbare Eltern, nicht nur anwesende. Eine hohe Antwortbereitschaft haben Eltern, die wenig Zeit zwischen den kindlichen Signalen und ihren Reaktionen darauf vergehen lassen. Was Eltern-Kind-Interaktionen zu besonders guten Eltern-Kind-Interaktionen macht, weiß man heute genau. Der Zauberschlüssel, um die kindliche Wechselbeziehung zu starten und Missverständnisse in der Kommunikation gering zu halten, ist bekannt:

Es ist die einfühlsame, passende, für die jeweilige erwachsene Person typische, also immer etwa gleichartige und prompte Antwortreaktion auf kindliche Verhaltenssignale.

Der Sender, das Kind, richtet seine weiteren Mitteilungen an der Antwortqualität seines Empfängers, der Mutter oder des Vaters, aus.

Eine gelungene Interaktion zwischen Eltern und Säugling ist dadurch gekennzeichnet, dass die elterlichen Verhaltensweisen

- zeitlich auf die des Säuglings bezogen sind, also ›passen‹ und nicht endlos auf sich warten lassen (eine schnelle Antwort macht das Baby zufrieden, denn sie erlöst es aus Unwohlsein und Unsicherheit),
- zuverlässig erfolgen, so dass das Kind sich darauf verlassen kann, dass eine Reaktion kommen und zudem noch, wie diese vermutlich aussehen wird. Bald kann das Kind die Antworten treffsicher der Mutter oder dem Vater zuordnen, der Wiedererkennungswert erleichtert den Umgang mit verschie-

denen Ansprechpartnern und macht die Unterhaltung spannender. Der Aspekt ›soziale Erfahrung‹ kommt hinzu.
- auf den Entwicklungsstand des Kindes und sein momentanes Befinden abgestimmt sind, somit dem Alter des Kindes entsprechen, wie auch Zeiten der Hochform oder Momente des Unwohlseins oder gar besonderer Unruhe bei der Antwortwahl berücksichtigen. Hier spielt sich auch das Erkennen der wirklichen Bedürfnisse und ihrer ›wirklichen‹ Befriedigung ab.«

Im Folgenden stellt Haug-Schnabel fest: »Leider kann es dennoch immer wieder zu Pannen kommen. Zu viel Einsamkeit, körperliche und psychische Überlastung, aus der eigenen Kindheit mitgeschleppte und immer noch auf Emotionen und Reaktionen einflussnehmende Angstgespenster können die intuitiven Fähigkeiten der Eltern behindern oder völlig blockieren. Die Aktionen und Bemühungen der Kinder, einen Kontakt anzubahnen, gehen ins Leere. Unter diesen Umständen verlernen Kinder ihre angeborenen Fähigkeiten zum gelungenen Dialog. Man kann nur hoffen, dass, bevor dies passiert, genügend Ansprech- und Gefühlspartner für Mutter und Kind zur Verfügung stehen und ein soziales Netz die beiden ›Interaktionspartner in Gefahr‹ auffangen kann. Oft braucht es dann auch professionelle Hilfe, um nachzuholen, was die Natur beim ersten Anlauf allein nicht bewirken konnte.

Bereits mit wenigen Wochen kann ein Säugling so eine Verbindung zwischen seinem Verhalten und den spannungsmildernden, beruhigenden Verhaltensweisen der Bezugspersonen herstellen. Wir dürfen sicher sein, dass genau diese Erfahrung wichtig ist, zeigt sie doch nun zum ersten Mal dem Baby, und das in so unterschiedlichen Situationen, immer wieder, dass es selbst, so klein es ist, einen Effekt erzielen kann, sich also nicht ohnmächtig und hilflos erleben muss.«

Ein Drittel aller Wechselspiele zwischen Mutter und Kind laufen sofort optimal ab, berichtete die Wissenschaftlerin. Der Sender erreicht mit seiner Botschaft den Empfänger. Ein sehr positives Ergebnis. Doch das ist noch nicht alles: 70 % aller nicht sofort passenden Interaktionen, also aller Missverständnisse, die während der Kommunikation passieren, werden innerhalb von 2 Sekunden repariert. »Dass ein Drittel aller Gespräche zwischen Mutter und Kind sofort harmonisch koordiniert sind, ist gut, doch langfristig mindestens genau so bedeutungsvoll für die Erfahrung des Kindes sind die vielen schnurstracks nachgebesserten Interaktionen. Die elterlichen Bemühungen zeigen ihm, wie wichtig es seiner Mutter, seinem Vater ist, es richtig zu verstehen. Diese Szenen melden dem Kind zurück, dass es durchaus über Fähigkeiten, sich klar auszudrücken, verfügt und es aktiv daran beteiligt ist, seine Bedürfnisse befriedigt zu bekommen.

Die Mitbegründerin der La Leche Liga, Marian Thompson, schrieb: »Ganz egal, wie weit sich unsere Welt technisch entwickelt, die Entscheidungen über die Anwendung jeder Technik müssen immer von Menschen getroffen werden. Deshalb ist es von größter Bedeutung für unsere Zukunft, welche Art von Menschen wir hervorbringen. Wenn wir unsere Kinder zu liebevollen, fürsorglichen Erwachsenen erziehen, ist dies der wichtigste Beitrag, den wir zum Fortschritt der Welt beitragen können.«

Stillen und Intelligenzentwicklung

Der Münchner Kinderarzt Professor Dr. Theodor Hellbrügge kritisiert, dass der frühen Kindheit grundsätzlich nicht genügend Bedeutung beigemessen wird. Er stellt das viel ausgeprägtere, länger andauernde Stillverhalten in den nordischen

Ländern in engen Zusammenhang zu dem günstigen Abschneiden dieser Regionen in der internationalen Pisa-Studie.

»Die Gehirnentwicklung ist für den Menschen von großer Bedeutung. Muttermilch enthält genau die richtigen Stoffe, um eine optimale Entwicklung des Gehirns und des Nervensystems zu gewährleisten. Bei Untersuchungen an frühgeborenen Kindern zeigten sich im Alter von etwa acht Jahren signifikant höhere Werte in Intelligenztests bei den mit Muttermilch ernährten«, so die La Leche Liga.

Eine große Zahl von Studien hat einen Zusammenhang zwischen uneingeschränkter mütterlicher Betreuung und einer positiven Intelligenzentwicklung (IQ) herausgefunden. Dasselbe gilt für das Konfliktverhalten des Kindes und die Entwicklung der allgemeinen, sozialen Kompetenz.

Man wisse von gestillten frühgeborenen Kindern, sagt Dr. Abou-Dakn, Gynäkologe am Vivantes Humboldt Klinikum in Berlin und Vorsitzender der Nationalen Stillkommission, dass sie vermutlich intelligenter sind als die nicht gestillten Kinder.

Im Jahre 2002 wurde dazu in dem renommierten englischen Medizinjournal *Lancet* eine Analyse veröffentlicht. »Die Beweisführung ist allerdings schwierig und nicht unumstritten«, sagt Abou-Dakn. »In der Analyse kommen die Forscher zu der Erkenntnis, dass in Deutschland und in anderen Industrieländern vor allem die Kinder sozial höher gestellter, einkommensstärkerer und gebildeterer Eltern gestillt werden. Natürlich kann man einwenden, dass diese Bevölkerungsgruppen unter Umständen sowieso die intelligenteren, wie intensiver geförderten Kinder haben. Man darf wissenschaftlich trotzdem mit Fug und Recht behaupten, dass gestillte Kinder intelligenter sind. Eine englische Studie, die an Frühgeborenen durchgeführt wurde, die durch Muttermilch per Sonde ernährt wurden, zeigte, dass diese Kinder später höhere IQ-Werte aufwiesen. Man vermutet also, dass die Muttermilch verschiedene Bestandteile enthält, die die Entwicklung des Nervensystems, das Hirnwachstum sowie die Hirnreifung begünstigen und einen positiven Einfluss auch auf die psychische Entwicklung haben.«

Natürlich ist klar, dass Intelligenz sich nicht ausschließlich aufgrund des Stillens entwickelt. Gabriele Haug-Schnabel von der Forschungsgruppe Verhaltensbiologie des Menschen schreibt dazu:

»Stillen und Muttermilch sind wesentliche Entwicklungsimpulse für die kognitive Entfaltung. Ganz eindeutig, doch stillende Mütter sind andere Mütter, die auch durch ihr sonstiges Verhalten das Kind anregen, sich weiterzuentwickeln und von sich aus aktiv zu werden. Sie haben oft andere Partner, und dadurch verläuft das Familienleben untypisch, sie besitzen abweichende Männer-Frauen-Vorbilder, die ihrerseits einen anderen Orientierungs- und Handlungsrahmen, auch geistigen Spielraum vorgeben, in dem das Kind ›intelligent machende‹ Erfahrungen sammeln kann.« (persönliche Mitteilung)

Die Ergebnisse der einschlägigen Zwillings- und Adoptionsstudien sprechen wiederum für einen hohen Erbanteil bei der Ausbildung der Fähigkeiten zur Intelligenzförderung. Unbestritten jedoch ist, dass eine gesunde Mutter-Kind-Beziehung die Entwicklung der Intelligenz beim Säugling äußerst positiv beeinflussen.

Klaus Großmann[5]: »Wir haben keine konkreten Belege dafür, dass die Intelligenz grundsätzlich von der Bindungsqualität beeinflusst wird. Aber ob unsichere Kinder in Belastungssituationen und unter Stress ihre durchaus vorhandenen Fähigkeiten ausschöpfen können, das scheint von den Gefühlen der Sicherheit bzw. der Unsicherheit beeinflusst zu werden.«

Stillen und Körperkontakt und die Entwicklung des Selbstbewusstseins

Beim Stillvorgang verständigen sich die Mutter und das Kind gleichsam von Körper zu Körper. Die Mutter empfängt die Gefühlsregungen des Kindes, und der Säugling registriert umgekehrt die Emotionen der Mutter. Es gibt also ein empathisches Verstehen, ein »Sich-in-den-anderen-Hineinversetzen-Können« auf frühester Stufe, hat Gabriele Borgdorf-Albers[9] herausgefunden.

Aufgrund der biochemischen Zusammensetzung der Muttermilch wird zudem der typische Saugrhythmus ausgelöst, in dessen regelmäßigen Pausen Mutter und Kind »ins Gespräch« kommen können.

Diese Erfahrungen gehen in die Persönlichkeit des Kindes, in das Körper-Ich ein und bestimmen zeitlebens Identität und Selbstgefühl. In der typischen Halte-Situation beim Stillvorgang, so ist sich Borgdorf-Albers sicher, wird der Prozess der Personalisierung und Integration gefördert, das Kind macht im Austausch mit dem mütterlichen Körper erste Ich-Erfahrungen.

Das Stillen ist eine Urform der Kommunikation, in der das Baby schon sehr früh lernt, andere zu verstehen. Beim Stillen schaut der Säugling nirgendwo anders hin als in das Gesicht seiner Mutter. Die ihm angeborene Faszination für ein menschliches Gesicht veranlasst ihn dazu, auch die geringsten mimischen Veränderungen wahrzunehmen und nachzuahmen, und auf diese Weise lernt er in Verbindung mit dem Körperkontakt und dem Sattwerden, alle Erlebnisse mit den mimischen Veränderungen seiner Mutter zu verbinden.

Das Kind ist ungeheuer aktiv, wenn es an der Brust liegt. Es muss sich beim Stillen viel mehr anstrengen als bei der Ernährung aus der Flasche. Das Kind kann den Flaschensauger kaum abwehren, es wird fast inaktiv und zur Nahrungsaufnahme gezwungen. An der Brust jedoch bringt das Baby die Milchquelle der Mutter zum Fließen. Und es liegt in der Natur der Stillbeziehung, dass das Kind die Menge, die es trinken will, selbst bestimmt.

Die innere Logik dieses wechselseitigen Verhaltens – das Kind saugt, die Mutter gibt, die Milch fließt – ermöglicht es dem Baby, die von vielen Psychologen als wesentlich hervorgehobene Erfahrung der Omnipotenz, des positiven Gefühls von Einflussnahme und Allmacht, zu entwickeln.

In der Stillbeziehung kann das Kind eine ganze Reihe von Gefühlen kennen lernen und ausleben. »Beim Angriff auf die mütterliche Brust und bei gleichzeitigem kontinuierlichem Anblick ihres Gesichtes macht es die Erfahrung, zu verschlingen, ohne selber verschlungen zu werden. Es greift in seiner Phantasie die Mutter an und erfährt, dass sie überlebt. Diese Erfahrung macht das Kind allmählich wagemutiger und trägt dazu bei, das Nebeneinander von Hass und Liebe im Inneren aushalten zu können.« (Borgdorf-Albers)

Stabile Mutter-Kind-Beziehung als Suchtprophylaxe

Ein Kind, das von Geburt an sicher und stark gemacht wurde, wird in späteren Jahren kritischer und resistenter auf Verlockungen reagieren, die Ersatzwohlbefinden wie übermäßiges Essen, Tabletten, Alkohol oder Drogen erzeugen sollen. Zu dieser Ansicht ist Gabriele Haug-Schnabel in ihrem Buch »Wie man Kinder von Anfang an stark macht«[12] gelangt.

Sie stellt fest, dass zeitgemäße Suchtvorbeugung nicht mehr mit Abschreckung und Angst arbeitet, sondern höchst erfolgreich mit einer Immunisierung im Vorfeld. Und die muss »spätestens« im Säuglingsalter beginnen. Die Zauberformel lautet: Das Angebot des Originals, bevor die Suche nach Ersatz beginnt.

»Ein Mensch muss von Anfang an seine biologischen und psychologischen Originalquellen für Wohlbefinden, Wirksamkeit und Angstbeseitigung spüren und erleben. Das Kind muss bereits im Säuglingsalter merken, dass es auf seine Bezugspersonen Einfluss nehmen, seine Umgebung mitgestalten kann, sich eben nicht ohnmächtig und ausgeliefert erlebt. Es muss die Erfahrung machen, dass es sein Befinden und seine Bedürfnisse äußern kann, dass diese verstanden und adäquat beantwortet werden. Denn nur dann kann es echte Befriedigungen erleben, eben keine Wohl-oder-übel-Ersatzbefriedigung, die angenommen werden muss, weil Besseres nicht kommt oder gar unbekannt ist.

Zusammenhänge wie diese lassen sich am besten mit einem Beispiel erklären:

Das Stillen, noch genauer das durch das Stillen unterstützte Beziehungsgeschehen zwischen Mutter und Kind, verdient in diesem Zusammenhang größte Aufmerksamkeit.

Was muss in einem Säugling vorgehen, der bei jedem Schreien die Brust oder die Flasche in den Mund gesteckt bekommt, mit der Aufforderung ›trink‹, damit er wieder still werde?

Vielleicht wollte er mit seinem Schrei etwas ganz anderes melden und verändern als Hunger und Magenfüllmenge, nämlich z. B. Einsamkeit, Zuwendungsdefizit, Lust, sich zu unterhalten oder zu spielen, Unmut, Langeweile oder gar Angst? Deshalb ist die Frage, wie auf Gefühlsäußerungen von Säuglingen reagiert wird, so wichtig. Mit Aufmerksamkeit und differenzierter Zuwendung, je nach Schreigrund, oder immer mit Stillen, gedacht als Nahrungsangebot?

Etwa die Hälfte aller Kontakte zwischen Kindermund und Brust oder Flasche sind non-nutritiv, dienen also nicht der Nahrungsaufnahme, sondern der Beruhigung. Hier handelt es sich um eine angeborene, biologisch bedingte orale Beruhigungsmöglichkeit höchster Priorität.«

Es scheint sich also zu lohnen, das Stillen näher anzuschauen. Gabriele Haug-Schnabel hat dies getan.[11]

»Das Stillen ist die naturgemäße Ernährung eines Säuglings:

- Es steigert seine Abwehrkräfte,
- ist eine anerkannte Prophylaxe gegen Allergien,
- die Muttermilch ist in Bezug auf Energie- und Nährstoffbedarf optimal zusammengesetzt
- und direkt an die Nieren- und Darmfunktion eines Säuglings angepasst.

Das Stillen ist ein geeigneter Startimpuls zum Aufbau einer tragfähigen Beziehung zwischen Mutter und Kind, da diese spezielle und einzigartige Art der Interaktion die Beziehungsaufnahme zwischen beiden erleichtert.

Selbstverständlich kann auch ein mit der Flasche genährtes Kind eine gute Bindung zu seiner Mutter aufbauen, genauso wie zu seinem Vater, dem die Starthilfe Stillen ja nie zur Verfügung steht. Hier kommt der Beziehungsaufbau ohne die erleichternden Voraussetzungen der Stillbeziehung zustande. Das emotionale Band zwischen Mutter und Kind ist die erste Beziehung, auf die sich ein Kind einlässt.

Bei einem gestillten Kind sind auch die Erfahrungen, die mit dem Stillen gemacht werden, daran beteiligt, Qualitätsstandards im Beziehungsgeschehen aufzustellen. Alle späteren Beziehungen werden damit verglichen. Diese Erfahrungsbilanz entscheidet mit, wie leicht es einem Kind im weiteren Leben fallen wird, Beziehungen einzugehen und diese auch nach seinen Vorstellungen und Bedürfnissen mitzugestalten.

So wichtige Aspekte wie gegenseitiges Kennenlernen, sich aufeinander abstimmen, Versuche gegenseitiger Einflussnahme und hierbei die Erfahrung, wirksam oder hilflos zu sein, spielen beim Stillen eine größere Rolle und heben seine Bedeutung außerhalb des Bereichs der Nahrungsaufnahme nochmals deutlich hervor.

Mit der Abkehr vom ›Füttern nach Plan‹ und der erfreulich häufigen Hinwendung zum ›Füttern nach Bedarf‹, also auf Verlangen des Säuglings, war ein erster großer Schritt getan, der dem Aspekt Beziehungsgeschehen beim Stillen entgegenkam.

Mit dem ›Füttern nach Bedarf‹ ist eine weit günstigere Regelung für Mutter und Kind gefunden worden. Die Mütter müssen sich nicht mehr nach statistischen Vorgaben bei der Ernährung ihres Kindes richten und das Geschrei aushalten, bis die Uhr die nächste Mahlzeit erlaubt. Und der Säugling muss nicht mehr seine ganze Kraft aufbieten, um gegen den für ihn unmissverständlichen Nahrungsaufschub anzuschreien, um schließlich festzustellen, dass seine Bedürfnisse nur mit großer Anstrengung oder gar nicht befriedigt werden. Hier entsteht ein Gefühl der eigenen Machtlosigkeit verbunden mit körperlichem Unwohlsein, eine höchst unbefriedigende Situation.«

Die Wissenschaftlerin weist in ihrer Arbeit immer wieder auf das Zusammenspiel zwischen Mutter (auch Vater) und Kind hin. Es gibt, nach ihrer Meinung, gleich nach der Geburt – von der Natur eingerichtet – ein hohes Maß an Übereinstimmung im gegenseitigen Verstehen. Bei Interaktionen zwischen Eltern und Kind neigen auch Vater und Mutter dazu, kindliche Verhaltensäußerungen nachzuahmen. Wie ein »biologischer Spiegel« formen die Eltern den Gesichtsausdruck nach, den das Baby gerade macht: das Lächeln, den Schmollmund, das Gähnen, immer unterstützt durch eine passende Gestik oder einen Laut, meist begleitet durch einen erklärenden Kommentar. Dabei übertreiben die Eltern nicht selten ein bisschen, wiederholen das Vorgeführte einige Male, wandeln es in Nuancen ab und reizen so das Kind zum erneuten Nachmachen und zur Korrektur der bisherigen Mimik.

Dr. Haug-Schnabel: »Wir wissen heute: Eltern tragen durch das Widerspiegeln kindlicher Verhaltensäußerungen auch zur Entwicklung der kindlichen Selbstwahrnehmung bei: Sie ermöglichen dem Kind, in ihrem Gesicht sich selbst zu erblicken!«

Neben der Wichtigkeit des Stillens als wesentlichem Aspekt für die Bindungsfähigkeit und als Vorbereitung für alle späteren Kontakt- und Beziehungsaufnahmen stellt sie jedoch klar, dass Stillen allein nicht für einen stabilen, gesunden und selbstsicheren Menschen sorgen kann.

»Stillen hat sehr viele Vorteile, jedoch ist Stillen nicht alles. Und auch ohne Stillen kann, wenn sicher auch mit etwas mehr Aufwand, eine gute, eine sichere Bindung erreicht werden.

Und Bindung ist auch nicht alles. Eltern müssen, wenn sie die Entwicklung ihres Kindes begleiten, damit dieses zum Entscheiden und zum selbsttätigen Handeln fähig wird, mehr als Bindungspartner sein. Sie werden als Sicherheitsbasis, als Ansprechpartner, als Gefühlsbeantworter, als Informationsquelle, als Anbieter von Lebensraum, als Spielpartner, als Kontaktvermittler, als Konfliktmanager, als Vermittler von Akzeptanz gebraucht. Nur Bindungspartner wäre bald zu wenig.

Stillen allein schützt nicht vor einem gewalttätigen Leben, vor der Flucht in Angst, Gewalt und Sucht.

Die Unterstützung der Eltern braucht das Kind viel länger, anhaltend und mitwachsend.«

Das bedeutet, dass das Stillen und eine stimmige »Unterhaltung« zwischen Eltern und Baby den ersten Sicherheitsschritt in das Leben eines Kindes darstellt.

Saugflasche fördert späteres Suchtverhalten

Einen weiteren wichtigen Aspekt in der Vorbeugung gegen Sucht sieht Gabriele Haug-Schnabel im Weglassen der Saugflasche.[11]

»Seit einigen Jahren beschäftigt sich die Suchtprävention mit den Nuckelflaschen. Wo setzen die Bedenken der Spezialisten an, und wie begründen sie diese?

Da gilt es zuerst die Frage zu klären, wie die Flasche in den Mund kam und zum Dauernuckel wurde. Ein Säugling bekommt die Brust oder Flasche, wenn er schreit, weil er hungrig oder unruhig ist. Wir nähren und beruhigen das Kind dadurch, dass wir ›stillen‹. Es gelingt recht leicht, ein Kind mit Brust oder Flasche zufrieden zu stellen, zumindest ruhig zu stellen. Wie wichtig es für ein Kind ist, zu lernen, zwischen Hunger und Erregung zu unterscheiden, wissen wir inzwischen. Der enge Kontakt beim Brustgeben erleichtert die Differenzierung, die leichte Handhabung der Flasche verleitet dazu, auf den Unterschied nicht mehr zu achten.

Für die Eltern wird das Kind mit Flasche pflegeleichter als ohne. Sie stellt recht zuverlässig das Schreien und Weinen ab, erspart lange Auseinandersetzungen und macht Aktionen, Besichtigungen, ausgedehnte Stadtgänge, endlose Einkaufsbummel etc. möglich, die ohne die Flasche nicht möglich wären. Sie verleitet aber auch dazu, nicht mehr genau hinzuhören. Sie erlaubt Unaufmerksamkeit gegenüber kindlichen Signalen, denn das Ergebnis ist in den meisten Fällen einfach Ruhe. Somit besteht auch keine Notwendigkeit mehr, sich genauer nach Bedürfnissen und Wünschen zu erkundigen.

Die Flasche scheint anfangs für das Kind von Vorteil zu sein. Es beruhigt sich und muss offensichtlich nicht mehr nach etwas anderem suchen. Doch hat es tatsächlich das bekommen, was es wollte und brauchte?

Das Kind macht die Erfahrung: Unangenehme Gefühle, Unruhe und Erregung gehen mit der Flasche weg. Sie hilft mir über schwierige Zeiten hinweg. Ich muss gar nichts tun, nur Flasche trinken. Etwas läuft mir die Kehle herunter, und schon wird es mir besser, ich werde ruhiger. Zu welchem Zeitpunkt, in welchem Alter dieses Kind das erste Mal versteht, dass die Flasche nur ein Tröster, aber keine echte Lösung ist, wissen wir nicht genau, zumal es hierbei von Kind zu Kind erhebliche Unterschiede geben wird.

Aber irgendwann wird es merken, dass sich an den Ursachen für sein Unwohlsein (falls es nicht Durst oder Hunger war) nichts geändert hat, kein primärer Wunsch durch die Flasche in Erfüllung ging.

Das ist desillusionierend und entmutigend. Denn womöglich hat das Kind bis dahin schon oft feststellen müssen, dass es nicht in der Lage ist, am Unwohlsein selbst etwas zu verändern oder mitteilen zu können, was ihm wirklich fehlt, um auf diesem Weg an einer Lösung beteiligt zu sein. Bis dahin kann es auch schon verinnerlicht haben, dass die orale Befriedigung unangefochten die Bedürfnisbefriedigung Nummer eins darstellt, bei Problemen zu essen oder zu trinken also immer das Richtige ist. Spätestens jetzt befürchten Suchtspezialisten, dass Ess- und emotionale Wünsche nur noch schwer zu trennen sind.

Ein Einschub: Der Schnuller nimmt in diesem Gefüge zwar einen harmloseren, jedoch auch nicht ungefährlichen Platz ein; er bietet zwar dem falschen Lernprozess keine Nahrung, doch sollte auch er in den Kleinstkindjahren geeigneteren und vielseitigeren Strategien zur Eigenberuhigung Platz machen.

Bleiben wir also bei der so wichtigen Flasche. Sie hat über diesen erlernten Weg (Unwohlsein – Flasche/Unwohlsein vergessen) eine gewaltige Bedeutung erhalten, deshalb ist es auch so schwer, sie wieder loszuwerden. Den Eltern geht mit ihr ein schneller Allroundhelfer verloren, den Kindern noch viel mehr.

Anfangs sind ihnen die elterlichen Versuche, sie von der Flasche wegzubekommen, keineswegs einsichtig. Hatten sie früher geschrieen und waren unruhig, war ihnen die Flasche mit den Worten: ›Sei lieb, trink ein bisschen aus der Flasche‹, in den Mund gesteckt worden. Nuckelten sie dann, jetzt wieder ruhig, hieß es: ›So ist es lieb.‹ Von einem Tag auf den anderen sind sie jetzt angeblich unter völlig neuen Voraussetzungen ›lieb‹, nämlich dann, wenn sie die Flasche hergeben und auf sie verzichten. Das ist schwer zu verstehen.

Was kann die Lücke füllen, die die Flasche hinterlässt?

Oder was bekommt eine Chance, wenn die Flasche ihren eroberten Platz räumen muss?«

Zwei Beispiele aus dem Stark-mach-Buch von G. Haug-Schnabel:[12]

»Die Mutter schiebt Nick durch die Stadt. Er liegt zusammengesunken im Wagen und weint vor sich hin: ›Flasche, Flasche, meine Flasche.‹ Ein Gläschen Apfelsaft hat er erst vor kurzem getrunken. Aber er bettelt weiter nach der Flasche. ›Schatz, ich glaube gar nicht, dass du noch Durst hast. Du bist unheimlich müde, und um uns herum ist alles so laut und unruhig. Jetzt fahren wir zu einem ruhigen Plätzchen. Ich setze mich neben den Buggy, streichle dein Ärmchen, und du schläfst ein bisschen. Danach geht es dir wieder besser, und wir können vielleicht noch eine kleine Einkaufsrunde drehen. Sonst besorge ich den Rest, wenn du morgen bei Oma spielst.‹ In einer ruhigeren Nebenstrasse fallen Nick bereits die Augen zu. Als Mama in einem kleinen Passagencafé einen Espresso trinkt und sich ausruht, schläft Nick fest und entspannt.

Moritz ist mit Papa einkaufen im Supermarkt. Er sitzt wenige Minuten im Kindersitz des Einkaufswagens, wo er auch noch einige Zeit sitzen bleiben soll, da fängt er an zu wimmern. ›Trinki, Trinki!‹ Der Vater betrachtet seinen Sohn und streichelt ihm die Wange. ›Ist dir vielleicht langweilig? Findest du es doof, nichts machen zu können? Ich habe eine Idee.‹ Moritz schaut Papa mit erwartungsvollen Augen an. Dieser kramt in seiner Hosentasche und findet ein kleines Auto. Schnell schiebt er Moritz in die Obst- und Gemüseabteilung und reißt eine Plastiktüte von der Rolle. Das Auto wandert in die Tüte, dann das kleine Päckchen in Moritz' Hand. Dieser ist begeistert und beginnt zu spielen. Der Einkauf und zwei Stimmungen sind gerettet.

Aufmerksamkeit ist gefragt, besser hinsehen, genauer hinhören. Sich reindenken ins Kind, keine böse Absicht ins Quengeln interpretieren. Das bedeutet aber auch, sich mit den kindlichen Bedürfnissen und Ansprüchen auseinander zu setzen, sie in die Planung des Tagesablaufs einzubeziehen.

Zugegebenermaßen erscheint die Flaschenlösung zuerst einmal viel einfacher, bedeutend praktischer. Doch die Flasche ist eine Ruhigstell-Lösung, keine echte Lösung. Da sind weiterhin meine Bedürfnisse, da sind weiterhin deine Bedürfnisse, die nicht immer zueinander passen. Da muss es Konflikte geben, die nicht immer dadurch gelöst werden können, dass einer mundtot gemacht und zeitweilig in eine Dämmerwelt versetzt wird, in der seine wirklichen Bedürfnisse verschluckt werden.

Dieser Punkt hat viel mit Ernstnehmen zu tun. Wer bei Entscheidungen berücksichtigt wird, am Lösungsprozess beteiligt wird, kann auch bald von sich aus aktiv werden. Es ist ein gutes Gefühl zu spüren, dass sich jemand dafür interessiert, was in mir vorgeht, was ich wirklich will und brauche. Und ich bekomme Hilfe bei der Suche, Mama und ich sind meinem echten Bedürfnis auf der Spur. Nach ein paar Mal weiß ich selbst, was es ist, und bald kann ich es dann auch sagen. Dann wird es viel leichter, eine gute Lösung zu finden.

Ich weiß dann:

- etwas bedrückt mich
- ich bin müde
- ich habe keine Lust
- mir ist langweilig
- alles ist zu viel
- oder ich habe tatsächlich Durst
- oder – auch das ist erlaubt – ich muss jetzt einfach mal ein bisschen weinen oder schreien, danach geht es dann wieder besser.

Diese Zusammenhänge und Konsequenzen erfährt ein Kind bereits in der Stillzeit. Ist Stillen mit der unausgesprochenen Aufforderung ›Trink‹ eine Pauschalantwort auf nahezu jede kindliche Lautäußerung, dann wird hier jemandem der Mund gestopft ohne Angebot einer Alternative. Die Folge dieses ›Abspeisens‹ wird mit der sich entwickelnden Gewohnheit ›bei Stress essen‹ in Verbindung gebracht, um durch die sich beruhigend auswirkenden körperlichen Folgen der Nahrungsaufnahme kurzfristig negative Gefühle wie Einsamkeit, Frustration und Langeweile ›wegzuzaubern‹. Lernt man beim Stillen, in Mamas Arm werde ich ruhig und kann einschlafen oder wieder genussvoll aktiv werden, reichen bald Beruhigungen ohne Brust-Mund-Kontakt und unterstützen so den Weg der kindlichen Selbstregulation.

Wird das Befinden eines Kindes an Hand seiner Signale richtig eingeschätzt, sich darum bemüht, sie immer einzukreisen und so auf verschiedene Schreianlässe höchst unterschiedlich mit Blicken, Worten und Taten reagiert, erfährt das Kind, dass mit unterschiedlichen Befindlichkeiten unterschiedlich umgegangen werden muss. So kann man sie treffend und befriedigend regulieren.

Zuerst ist es wichtig, seine Bedürfnisse geregelt zu bekommen. Denn dann erlebt man sich selbstwirksam, und schon steht der nächste Schritt an: Die Vorbereitung der Selbstregulation, die ein Kind sich zu stark erleben lässt, um bei der ersten Hürde schwach zu werden.

Jede mit Bravour genommene Hürde macht die Stärke stabiler und weitere Hürden überwindbar. Genau diese Prozesse steuert zeitgemäße Suchtprävention an.« (Gabriele Haug-Schnabel)

Einfluss des Stillens auf das Körpergefühl

Eine Mutter, die einen natürlichen Umgang mit ihrem Baby pflegt und Glück beim Stillen empfindet, hat in der Regel ein positives Verhältnis zu ihrem eigenen Körper. Wer längere Zeit gestillt hat, kennt das Gefühl von Zufriedenheit und

Stolz: Man hat dem Kind die beste Ernährung zukommen lassen, die es gedeihen und wachsen lässt. Diese Nahrung kam aus dem eigenen Körper.

»Eine Frau, die ihr Kind gestillt hat, wird für den Rest ihres Lebens von dem Gefühl begleitet werden, alles Richtige für ihr Kind getan zu haben. Bei Frauen, die nicht stillen konnten, bleibt häufig ein nagendes Gefühl im Unterbewusstsein, seinem Kind nicht ›alles‹ gegeben zu haben«, sagt Gitta Hülsmeier von La Leche Liga.

Man kann die körperliche Intimität zwischen Mutter und Kind als Spiegel ansehen für die Gefühle der Mutter ihrem eigenen Körper gegenüber und ihre Erlebnisfähigkeit beim Geschlechtsverkehr.

»Wenn eine Frau sich ihres Körpers schämt, ist es ihr nicht möglich, dem Säugling mit Zärtlichkeit und Liebe die Brust zu reichen. Jede Berührung, die das Kind erfährt, kann ihm ein Erleben der Freude und Nähe sein oder aber ein Zurückstoßen in Scham und Furcht vor dem Kontakt. Wenn eine Mutter vor der Nähe zurückschreckt, empfindet das Kind ihre Furcht als Ablehnung. Das Kind einer Mutter, die sich vor Nähe scheut, schämt sich mit großer Wahrscheinlichkeit seines eigenen Körpers.« (Montagu[1])

Eine Mutter, die ihrem eigenen Körper gegenüber vorwiegend negative Gefühle hat, wird aller Voraussicht nach nicht stillen können, auch wenn sie es gern möchte. Das Kind wird ihre Vorbehalte spüren und im schlimmsten Fall die Brust verweigern, der Milchfluss wird verzögert oder gar nicht einsetzen, wenn eine Frau »frigide« beim Stillen ist.

Zahlreiche Psychologen und Psychoanalytiker sind sich einig darüber, dass Frauen, die unangenehme Gefühle verspüren, wenn das Baby an der Brust saugt, Störungen in ihrem Körpergefühl haben. Die Begründung dafür ist in den allermeisten Fällen in der eigenen Kindheit zu finden.

Ingrid Olbricht, Chefärztin einer psychosomatischen Klinik, beschäftigt sich in ihrem Buch *Verborgene Quellen der Weiblichkeit*[13] mit der Brust als Potenzorgan. Sie geht der Frage nach, was die Brust für die eigene Identitätsfindung bedeutet und welche Rolle sie im Erleben der Frau spielt. Sie hat zahlreiche Aussagen von Frauen gesammelt, sowohl von solchen, die gestillt haben, als auch von denen, die dies nicht getan haben.

Die Brust, so fand sie heraus, ist für ein positives Selbstbild mitverantwortlich. Eine Frau, die sich mag, mag auch ihre Brust. Entsprechend erfolgreich wird sie beim Stillen sein können. Die Brust kann jedoch auch Ursache für die Ablehnung des eigenen Körpers und des weiblichen Daseins überhaupt sein. Frauen, die diese negative Einstellung haben, bedienen sich oft männlicher Betrachtungsweisen, so dass man den Eindruck gewinnen könnte, eine eigene, weibliche Sicht auf die Brust gäbe es gar nicht.

Eine Mutter beschreibt ihre Gefühle beim Stillen folgendermaßen: »So kann das Einströmende, das sich von der mütterlichen Brust in das Kind ergießt, als zeugend väterlich erfahren werden, obgleich sich in der umhüllenden Umarmung das Enthaltend-Mütterliche offenbart.«

Der Fähigkeit des Nährens, des Stillens, so stellt auch Gabriele Borgdorf-Albers fest, wohnt eine Potenz, eine Kraft inne, die sich viele Frauen nicht bewusst machen. Stillende Mütter verfügen über eine besondere Stärke und Macht – die Männer übrigens oft zu erkennen scheinen.

Die eigene, innere Sicherheit, das Beste für sein Kind zu tun, indem man präsent, liebevoll, zärtlich umhegend und gebend ist, kann der Mutter in schwierigen Lebenssituationen die nötige Stärke und Ausdauer geben, um durchzuhalten.

Borgdorf-Albers dazu: »Sich auf eine Stillbeziehung einzulassen heißt auch, verloren gegangene Körperlichkeit und

Sinnlichkeit wieder zu finden. Und sich ein Stück zu lösen von gängigen Normen und Wertmaßstäben, auf Bestätigung von außen verzichten zu können. Und darüber eine neue, eine eigene Form von Selbstständigkeit und Eigenerfahrung zu finden.«

Viele Frauen, die in ihrem häuslichen und persönlichen Umfeld nicht genügend praktische und emotionale Unterstützung erfahren, bevorzugen die Flaschennahrung, weil sie die intensive Nähe beim Stillen und das Aneinander-gekettet-Sein als unerträgliche Fessel erleben. Es ist für Frauen unseres Kulturkreises ein langer und oft schmerzlicher Weg, sich zur Mutterrolle zu bekennen und eigene, kreative Lösungen zu finden.

Einfluss des Stillens auf weibliche Gefühle

Beim Stillen erlebt die Mutter nicht nur mütterliche, fürsorgliche Gefühle, sondern durchaus auch erotische. Sie haben zwar Ähnlichkeit mit Gefühlen in einer Mann-Frau-Beziehung, jedoch bergen sie eine für Uneingeweihte nicht mitteilbare Qualität, die, so Borgdorf-Albers, in die spätere sexuelle Erlebnisfähigkeit des Kindes eingeht.

»Es ist nachgewiesen, dass viele Frauen das Stillen als etwas Wunderbares empfinden, als zärtlich, sinnlich, gebend, Leben spendend und höchst genussvoll, sobald die Stillbeziehung läuft, der Start überwunden ist,« stellt Gabriele Haug-Schnabel fest. »Die Mütter beschreiben höchst befriedigende und äußerst lustvolle Empfindungen. Eine neue Qualität an Körperfreude stellt sich ein, nicht vergleichbar mit ihrer eigenen Körperbeziehung oder mit durch Männer erfahrener Körperlust.« (persönliche Mitteilung)

Eva Dörpinghaus[14] kritisiert, dass das alte Bild der sich aufopfernden Mutter in unserer Gesellschaft immer noch vorherrscht, und sie ermutigt Mütter dazu, sexuelle Gefühle beim Stillen zuzulassen. Stillen ist aus ihrer Sicht kein Akt der Aufopferung, sondern kann auch eine erotische Beziehungsform zwischen Mutter und Kind sein, von der beide profitieren:

»Einige Frauen verspüren beim Stillen ähnlich sexuelle Lustgefühle, die sie erleben, wenn eine erwachsene Person sie erregt. Diese Empfindungen entspannt wahrzunehmen und zu genießen, bietet der Frau die Chance zu einem erweiterten Körpergefühl, zu mehr Selbstbewusstsein, zu einer verstärkten Bindungsfähigkeit zu gelangen und sich von alten Sexualängsten zu befreien.«

Stillen stärkt ihrer Ansicht nach die sexuelle Autonomie der Frau, wenn diese in der Lage ist, sich über die von Männern definierten Sexualvorstellungen hinwegzusetzen, die festlegen, wann Frauen erotische Empfindungen haben dürfen.

Barbara Sichtermann[15], Psychologin und Sozialwissenschaftlerin. Sie kritisiert, dass in unserer Zeit, in der unter anderem dank Sigmund Freud Sexualität in einem vorher nie gekannten Maß ernst genommen und begriffen wurde, Stillen als Ausdruck von weiblicher Sexualität ignoriert wird.

Unter anderem macht sie kulturelle und gesellschaftliche Entwicklungen wie die Entstehung des Patriarchats für diese Ausgrenzung verantwortlich. Jedoch vermisst sie auch in den Phasen der Geschichte, die von Frauen mit geschrieben wurden, die Thematisierung dieser besonderen Erfahrung, obwohl Frauen sich doch durchaus bewusst seien darüber, dass ihr sexuelles Selbstbewusstsein in vielen Bereichen »enteignet« werde.

Dass Frauen kaum eine eigene sexuelle Erlebniswelt besitzen, führt sie auch auf das bürgerliche 19. Jahrhundert zurück. Sexuelle Lust war nur gestattet, wenn sie auf das Kinderkriegen zielte und somit nicht abgetrennt wurde von der Fortpflanzung.

In diesem Zusammenhang kritisiert Sichtermann den Libido-Begriff Freuds, der weiblichen Lüsten nicht gerecht werde und nur den männlichen Teil als den eigentlichen sexuellen

Aspekt berücksichtige. Frauen also agieren demnach nur sexuell, wenn sie den Mann bei seiner sexuellen Handlung begleiten. Die Frauen sind »Gäste im Raum der Sexualität« und werden ihrer eigentlichen Bestimmung als Fortpflanzerinnen überlassen, außerhalb des Lust-Raumes.

»Die Frauen, die mit ihrem Körper ja den längsten Teil des Fortpflanzungsweges abzuschreiten haben, wurden so zu Wesen außerhalb der Sexualität, außerhalb der Wonnen orgiastischer Entladung. Sie wurden zu asexuellen Müttern. Auch das Stillen fiel in diese gezähmte, lustleere, verhäuslichte Welt der Mutterpflichten«, so Sichtermann in ihrem Buch.

Das mütterliche Lusterleben beim Stillen wird in der Literatur weitgehend in Abrede gestellt und meist lediglich der Nutzen für den Säugling hervorgehoben. Sichtermann beschreibt diese lustvoll-sinnlichen Gefühle beim Stillen aufgrund eigener Erfahrungen als »faire l'amour«, als Liebesspiel. Sie geht davon aus, dass sowohl bei dem Stillvorgang – wie beim Geschlechtsakt – eine immer wiederkehrende, tiefe Sättigung erfolgt, die die Ablösung und Trennung des Kindes von der Mutter erleichtert.

»Ich glaube, dass Mütter, die ihre Kinder begehrt haben und sich selbst sinnlich an ihnen sättigen (stillen) konnten, diese Kinder leichter loslassen und hergeben und auch von ihnen leichter losgelassen werden.«

Sichtermann befindet sich mit dieser Annahme im Einklang mit den Frauen von La Leche Liga, die den Moment der psychischen Sättigung beim Kind als Voraussetzung für eine gelungene Ablösung von der Mutter beschreiben.

Natürlich sollten erotische Empfindungen beim Stillen nicht das vorherrschende Grundgefühl der Mutter sein. Dann nämlich könnte sich die Situation sogar ins Gegenteil umkehren. So stellt Gabriele Haug-Schnabel fest: »Wenn sexuelle Gefühle dem Kind gegenüber dominieren, kann die Mutter-

Kind-Beziehung gefährdet sein. Der Wunsch nach Eigenbefriedigung lässt es an Sensibilität für das Kind fehlen, man könnte sogar sexuelle Übergriffe befürchten. Es fehlt einer Frau nicht an Mütterlichkeit und Weiblichkeit, wenn sie derartige erotische Empfindung nicht hat.« (persönliche Mitteilung)

Muttersein bedeutet nicht zwangsläufig Rückschritt. Gerade in der Stillbeziehung, die Abhängigkeit und Unabhängigkeit gleichermaßen beinhaltet, liegen Chancen der Weiterentwicklung, und zwar auf mehreren Ebenen.

Eine Frau, die stillt, ist für eine gewisse Zeit (die, gemessen an der Gesamtlebensspanne, eine relativ kurze ist) die Hauptperson im Leben ihres Kindes, mit allen Konsequenzen.

Wenn Mütter die Freiheit haben zu wählen, ob sie stillen oder die Flasche geben möchten, sollten sie sich, folgt man Barbara Sichtermann, bei ihren Überlegungen nicht von zweckrationalen Gesichtspunkten leiten lassen:

»Steht die Alternative so, dass ein Stück Sexualität, Intimität, Körperlust abgeschafft werden soll zugunsten von mehr Mobilität und Gleichheit, so sollte Frau immer prüfen, ob das, was sie dabei gewinnt, wirklich ihrem Begriff von Emanzipation entspricht.«

Stillprobleme

Natürlich kann man nicht für alle Mütter dieser Erde behaupten, dass Stillen ihr größtes Glück ist. Es gibt durchaus gute Gründe, die es beinahe unmöglich machen, das Baby an die Brust zu legen und dabei positive Gefühle zu entwickeln.

Mütter, die ihre Kinder aus verschiedenen Gründen nicht stillen konnten, berichten über immer wiederkehrende Gefühle von Traurigkeit und Unzulänglichkeit. Oft werden, so die Erfahrungen von Psychologen und Psychiatern, diese Gefühle aber verdrängt mit der Formel: »Ich hatte nicht genügend Milch!«

In der SuSe-Studie (Stillen und Säuglingsernährung; s. Anhang) werden als häufigste Ursache für Stillprobleme wunde Brustwarzen, zu wenig Muttermilch, Milchstau, Schwierigkeiten des Kindes beim Trinken und Brustentzündung genannt. Viele Stillprobleme, so SuSe, könnten durch ausreichende Information und durch stillfördernde Maßnahmen behoben werden können.

Auch der Verlauf der Wehen und der Geburt haben Einfluss auf das Stillen. So kann ein Kaiserschnitt oder eine schwere Geburt das Baby während einiger Tage schläfrig machen oder sein Saugverhalten verzögern.

Verschiedene Studien haben gezeigt, dass Medikamente vor und während der Geburt, etwa eine Epiduralanästhesie, das Saugverhalten und die gesamte Koordination des Babys stören und zu einer Verzögerung des ersten Anlegens führen können.

1990 fand man bei einer Studie in den USA heraus, dass die Trennung von Mutter und Kind vor dem ersten Anlegen zu Saugschwierigkeiten führte, selbst wenn diese Trennung nur zwanzig Minuten dauerte. Auch andere Untersuchungen haben eine Verbindung zwischen früher Trennung von Mutter und Baby und einer insgesamt kürzeren Stillzeit herstellen können.

Häufig aber verhindert auch psychologischer Druck das Stillen. Dieser Ansicht ist auch Gitta Hülsmeier von La Leche Liga:

»Stillende Mütter werden mit ihren Problemen oft alleine gelassen. In vielen Fällen gibt es kein stillfreundliches Umfeld, das dringend nötig ist für ein problemloses Miteinander zwischen Mutter und Kind. Die Frauen stehen unter Druck, haben Ängste. So sind sie oftmals unsicher, ob sie alle ihre Aufgaben wie Haushalt, andere Kinder, Kochen und natürlich die Pflege des Neugeborenen bewältigen können.

Andere Mütter wollen oder müssen, meist aus finanziellen

Gründen, recht schnell wieder arbeiten. Sie sind besorgt, ihrer Mutterrolle nicht gerecht zu werden. Wieder andere leiden unter dem Druck des Ehemannes, der – oft nur unbewusst – zum Ausdruck bringt, dass er die aufopfernde Pflege des Babys missbilligt.

Die Mütter selbst sind nach der Entbindung noch geschwächt, kraftlos und haben häufig unter der Hormonumstellung zu leiden. Oftmals braucht die verzweifelte Mutter nur ein Gespräch mit einem Menschen, der ihre Probleme versteht, zum Beispiel einer Stillberaterin oder Hebamme. Die Gründe für Stillprobleme liegen meist ganz nah, und wenn sie thematisiert werden und nach Möglichkeiten, Abhilfe zu schaffen, gesucht wird, löst sich der Knoten. Wenn in diesen Gesprächen Tränen fließen, fließt auch bald die Milch wieder. Grundsätzlich führen falsche Informationen zu Stillproblemen. Um die Milchbildung zu aktivieren, ist es notwendig, das Baby oft anzulegen. Wird es jedoch selten angelegt und nicht zum Stillen geweckt, dann verliert es Gewicht, und folglich muss dann oft zugefüttert werden. Wenn man zu schnell aufgibt und meint, man hätte nicht genügend Milch, ist die Sache beinahe schon entschieden. Dann wird das Kind in relativ kurzer Zeit abgestillt und muss mit der Flasche ernährt werden.«

In *Exportinteressen gegen Muttermilch* von der Arbeitsgruppe Dritte Welt in Bern steht: »Nur bei wenigen Müttern bestehen körperliche Stillprobleme. Bei den anderen stehen gefühlsbedingte und psychische Ursachen im Vordergrund. Der Reflex, der für den Milchfluss der Mutter verantwortlich ist, wird nervös gesteuert. Angst, Schmerz, Unsicherheit oder Verlegenheit können ihn beeinträchtigen. Deshalb wurde das Stillen auch schon als Frage des Vertrauens bezeichnet.«

Wenn das Stillen des Babys trotz intensiven Bemühens, Geduld und Ausdauer nicht gelingt, sollte die Mutter um den Verlust der ersehnten Stillbeziehung ruhig trauern, sagt Marta

Guoth-Gumberger. In einem Artikel, der im Infoblatt der LLL-Deutschland e.V. erschienen ist, beschreibt sie die Gefühle, die bei einer Mutter entstehen, wenn sie alles versucht hat und trotzdem keinen Erfolg hatte. Sie führt auf, welche Faktoren dafür verantwortlich sein können, und sie macht Vorschläge für Maßnahmen, die im entscheidenden Moment von großer Wirkung sein können. Hier Auszüge:

»Vielleicht haben Sie alles Mögliche versucht, um stillen zu können. Vielleicht haben Sie gepumpt, sondiert, besondere Stilltechniken oder Hilfsmittel verwendet. Vielleicht saßen Sie viele Stunden am Bett ihres kranken oder frühgeborenen Babys. Denken Sie daran, dass alle diese Bemühungen viel mehr Anstrengung erforderten als eine eingespielte Stillbeziehung. Sie haben damit sehr viel für Ihr Baby getan. Auch das hat in der schwierigen Situation Bindung aufgebaut.

Die biologische Möglichkeit, Ihr Baby zu stillen, ist manchmal nur theoretisch vorhanden, weil die Hindernisse zu groß sind. Mangelnder Rückhalt in der Familie und Umgebung, sehr große Anforderungen an die Mutter, Krankheit bei Mutter und/oder Kind, Stress, Ärger, Sorge, Angst, zu wenig Unterstützung und Information von medizinischem Personal, falsch eingefädelte Verhaltensweisen in der Klinik, fehlende Information zur richtigen Zeit, Temperament und Saugtechnik des Babys, frühere Misserfolgserlebnisse beim Stillen und das gesellschaftliche Klima können einzeln oder in Kombination die Stillbemühungen der Mutter um den Erfolg bringen. Sie erleben dann vielleicht Versagensgefühle, aber halten Sie sich all die erschwerenden Faktoren in Ihrer Situation vor Augen. Denken Sie daran, dass Stillen zum Ziel hat, eine liebevolle Mutter-Kind-Beziehung zu ermöglichen. Das Stillen erzwingen zu wollen würde das Gegenteil bewirken.

Vielleicht können Sie stillen, sind aber auf Dauer auf Zufütterung angewiesen. Vielleicht entschließen Sie sich, mit dem Brust-Ernährungsset zuzufüttern. Vielleicht klappt aber auch das nicht. Sie erleben in jedem Fall Trauer um den Verlust einer komplikationslosen Stillbeziehung bzw. einer Stillbeziehung überhaupt. Lassen Sie diese Gefühle der Trauer zu, aber bleiben Sie nicht bei ihnen stehen. Sie haben die Möglichkeit, auf andere Weise Ihrem Kind die Nähe, Geborgenheit und Bindung zu geben, die beim Stillen entstehen würden. Im Folgenden einige Vorschläge dazu:

Füttern Sie ihr Baby immer in Ihrem Arm, nahe an Ihrer Brust, die Flasche an Ihren Körper gelehnt, statt aus Entfernung zum Körper gerichtet. Bei entsprechender Gelegenheit können Sie das Fläschchen auch an Ihrer nackten Brust füttern. So hört das Baby Ihren Herzschlag, riecht und fühlt Sie und kann Ihnen in die Augen sehen. Beim Füttern auf den Oberschenkeln ist das Baby nicht so nah bei Ihnen.

Sie sollten nie die Flasche mit einer Decke festklemmen und dann Ihr Baby alleine saugen lassen. Nehmen Sie sich genügend Zeit zum Füttern, nach Möglichkeit in einer entspannten Atmosphäre. Füttern immer Sie als Mutter Ihr Baby, denn bei der Nahrungsaufnahme lernt das Baby entscheidend, wer seine Mutter ist.

Wechseln Sie während des Fütterns die Seite, das unterstützt die Entwicklung der Augenkoordination.

Füttern Sie nach Bedarf, und wählen Sie dafür eine geeignete Säuglingsmilchsorte (adaptierte, nicht teiladaptierte Milch).

Das Loch am Sauger sollte klein sein, damit Ihr Baby sein Saugbedürfnis befriedigen kann.

Lassen Sie Ihr größeres Baby die Flasche nicht selbst halten. Lehren Sie es trinken aus der Tasse, das kann es selbstständig machen; trinken aus der Flasche sollte immer mit Kontakt zur Mutter verbunden sein.

Füttern Sie Ihrem größeren Baby immer die Kost im Schoß, nicht in einer Wippe oder in einem Stuhl, bis es den Löffel selbst in die Hand nehmen will.

Wenn Sie ihrem Baby einen Schnuller geben, damit es das über die Nahrungsaufnahme hinausgehende Saugbedürfnis befriedigen kann, dann lassen Sie es das Saugen in Ihren Armen oder im Tragetuch genießen.

Benutzen Sie den Schnuller nicht als Stöpsel zum Ruhigstellen.

Tragen Sie Ihr Baby so viel wie möglich am Körper, mit Tragetuch, Snugli und/oder Babyschlinge.

Benutzen Sie einen Kinderwagen so wenig wie möglich, Ihr Baby braucht viel Haut- und Körperkontakt.

Wenn Sie später Ihr Kind wegen des Gewichts nicht länger tragen können, dann wählen Sie einen Kinderwagen, in dem Ihr Kind mit dem Gesicht zu Ihnen sitzt.

Lassen Sie Ihr Baby in der Nacht in Ihrem Bett schlafen.

Versuchen Sie nicht, Ihrem Baby anzugewöhnen, auf sich allein gestellt einzuschlafen. Bleiben Sie bei ihm, bis es abends einschläft, und lassen Sie es Ihre Nähe spüren.

Baden Sie mit Ihrem Baby zusammen. Es wird den Hautkontakt und das warme Wasser genießen.

Gehen Sie freiwillig keine Trennung von Ihrem Baby ein, die länger als einige Stunden dauert. Gerade wenn Sie nicht stillen, ist für Ihr Baby Ihre beständige Anwesenheit wichtig.«

Stillen bringt viele dieser Verhaltensweisen automatisch mit sich. Ohne Stillen ist mehr Disziplin und bewusste Bemühung notwendig. Das oben beschriebene Verhalten steht in vielen Punkten im Widerspruch zum üblichen Umgang mit Babys in unserer Gesellschaft, da es eine Erziehung mit Nähe und Bindung ist. Die Zufriedenheit und die Entwicklung Ihres Kindes werden Ihnen aber langfristig zeigen, wie wohl es sich dabei fühlt.

Der Schnuller

Saugverwirrungen können beim Säugling unter anderem durch den Einsatz eines Schnullers, auch Beruhigungssauger genannt, entstehen. In einer Studie wurde herausgefunden, dass 65 % der Babys, die ab dem Alter von einem Monat einen Beruhigungssauger erhielten, mit sechs Monaten abgestillt waren. Im Gegensatz dazu waren Babys, die keinen Beruhigungssauger erhalten hatten, nach sechs Monaten zu 24 % abgestillt.

Eine andere Untersuchung bestätigt dieses Ergebnis und stellt außerdem fest, dass das Risiko frühzeitigen Abstillens um so höher ist, je häufiger der Schnuller eingesetzt wird. Die Forscher empfehlen, Stillkindern keinen Schnuller zu geben.

Beinahe überall auf der Welt wird der Schnuller inzwischen dazu benutzt, um die Zeit an der Brust zu verkürzen und die Babys zwischen den Mahlzeiten ruhig zu halten. In Gegenden, in denen es üblich ist, künstliche Babynahrung einzusetzen, wird der Beruhigungssauger und nicht die Brust als primäre Trostquelle des Babys angesehen. Die Mütter werden dazu angehalten, die Stillzeit einzuschränken, damit der Säugling die Brust nicht als »Beruhigungssauger« benutzen kann.

Dort, wo das Stillen die Regel ist, wird die Brust erstrangig als Trostspender angesehen. Und tatsächlich bietet die Mutterbrust dem Baby seit Menschengedenken nicht nur Nahrung, sondern auch Trost. Ein Baby mit einem Schnuller benutzt diesen offensichtlich als Brustersatz.

Die Verwendung des Schnullers aber hat direkte Konsequenzen. Zum Beispiel ist damit auch eine langsamere Gewichtszunahme beim Säugling verbunden, denn durch das ständige Saugen hat das zufriedene Baby kein Verlangen nach der Brust und trinkt weniger.

Außerdem können Beruhigungssauger zu Soorinfektionen führen. Dieser Pilz gedeiht besonders gut bei Raumtemperatur und auf feuchten Oberflächen. Beide Kriterien erfüllt ein Schnuller besonders gut, er ist also geradezu dafür geeignet, Soor zu übertragen.

Schließlich kann der Einsatz eines Beruhigungssaugers zu Brustentzündungen bei der Mutter führen, da das Baby weniger Zeit an der Brust verbringt. Neigt eine Mutter dazu, viel Milch zu bilden, wird das Risiko noch größer sein, insbesondere, wenn sich durch den Beginn der Schnullerbenutzung das Stillverhalten des Babys ändert (Handbuch La Leche Liga).

Ruth Lawrence, die sich in ihrem Buch *Breastfeeding – A Guide for the Medical Profession*[16] mit dem Thema auseinander setzt, ist der Meinung, dass das Baby durch den Schnuller »geprägt« werden kann. Diese Prägung führt sogar unter Umständen dazu, dass das Baby eine Vorliebe für feste und unnatürlich geformte Sauger entwickelt.

Unter Prägung versteht man in der Verhaltensforschung eine frühe, intensive Lernphase, in der ein bestimmtes Verhaltensmuster erlernt und gefestigt wird. Ein späteres Umlernen ist nur unter erschwerten Bedingungen möglich, und im Konfliktfall erscheint immer wieder das ursprünglich Gelernte. Es bricht stets die Urerfahrung durch. Die Verhaltensforscher sprechen deswegen von der Irreversibilität, der Nicht-Umkehrbarkeit der einstigen Prägung.

»Das Saugen am Schnuller oder Daumen stellt eine Ersatzhandlung dar für etwas, was normalerweise zu einer Prägung auf die mütterlichen Brustwarzen führt. Auch wenn der Begriff ›Saugverwirrung‹ noch nicht in der medizinischen Literatur vertreten ist, gibt es eindeutige psychosomatische Beweise dafür, dass die Prägung eines Menschen durch die Einführung eines Fremdobjektes während der Prägephase verändert werden kann,« schreibt Ruth Lawrence dazu.

Die Ärztin Gudrun von der Ohe berichtet über den Gebrauch des Schnullers im La-Leche-Liga-Infobrief Österreich 2001:

»Betrachtet man sich die Motorik eines Säuglings, so wird deutlich, dass die Mundregion in der Großhirnrinde stark repräsentiert ist. Durch die monotonen Reize des Schnullers wird die Wachsamkeit des Zentralnervensystems herabgesetzt.

Das ist zwar mit dem Gebrauch des Schnullers erwünscht, hat aber auch unbeabsichtigte Folgen: Lernerfahrungen finden nicht statt! Eine Stimulation der Großhirnrinde, die zur Entwicklung des unreifen Gehirns notwendig ist, unterbleibt. Der Schnuller leistet einen ersten Beitrag zur Verödung unserer aktiven Sinne. Er macht mundtot.«

Nichtstillen darf keine Schuldgefühle verursachen

Es gibt natürlich Stillprobleme, die nicht aus dem Weg geräumt werden können. Dr. Christiane Deneke behandelt an der Uniklinik Hamburg-Eppendorf in der Abteilung für Psychiatrie und Psychotherapie des Kindes- und Jugendalters und in einer Spezialambulanz psychisch kranke Mütter und Väter noch ungeborener Kinder bzw. mit Säuglingen oder Kleinkindern. Sie sagt dazu Folgendes:

»Es existieren in manchen Fällen Probleme, die in der Beziehung zwischen Mutter und Baby auftreten. Sie liegen – nach unseren jahrelangen Erfahrungen – überwiegend in der Mutter. Bei den postportalen depressiven Müttern handelt es sich um Frauen, die in ihrer eigenen Kindheit und Jugend schwer zu verarbeitende Erlebnisse hatten, bis hin zu traumatischen Vorkommnissen wie Vernachlässigung oder Missbrauch.

Bei einigen findet sich auch eine Lücke in der frühen Beziehung: Sie waren Frühgeborene, die im Brutkasten lagen, oder Babys, die lange auf ihre Adoption warten mussten und in dieser Phase allein waren.

Es ist furchtbar für diese Frauen, keinen Zugang zu ihrem Kind zu finden. Sie haben vorher nicht erwartet, dass so etwas passiert. Meistens sind diese Mütter sehr allein gelassen und hatten selber schon schwierige Beziehungen zu ihren eigenen Müttern, sind selbst unglückliche Kinder gewesen.

Das Ziel der Behandlung ist, die Mütter so zu unterstützen, dass sie die Beziehung zu ihrem Baby als unbelastet von der eigenen Vergangenheit erleben können, Freude am Kind zu haben und darüber auch Zugang zu ihrem eigenen intuitiven Verhaltensrepertoire finden können. Dann können dramatische Dinge schon sehr früh in der Entwicklung passieren, wenn ein Baby sich im Zusammenleben an eine kranke Mutter anpasst. Häufig bleiben diese Kinder durch die gestörte Beziehung zu ihren Müttern in ihrer Entwicklung zurück.

Das Stillen ist in diesen Fällen nicht immer die beste Empfehlung. Die postportal depressiven Frauen haben gerade in engen, nahen Beziehungen häufig viele große Enttäuschungen erlebt. Dies kann zu Angst vor Beziehungen, vor großer Nähe führen, auch wenn sie sich das wünschen. Diese Frauen fühlen sich von den Kindern in Besitz genommen, ausgesaugt: Sie fühlen sich in so starker wechselseitiger Abhängigkeit mit dem Baby, dass sie es kaum aushalten können.

In diesen Fällen ist es zumindest hilfreich, wenn wenigstens eine körperliche Nähe zwischen Mutter und Kind hergestellt wird.

Grundsätzlich ist das Stillen immer als beziehungsbildende Maßnahme zu unterstützen, soweit es jedoch in dem einzelnen Fall geht.

Häufig ist es auch eine Frage der Medikamente; es gibt inzwischen jedoch Antidepressiva, mit denen man stillen kann, die dem Säugling nicht schaden. Man muss immer sehr genau abwägen und in Gesprächen herausfinden, wie die Mutter dazu steht.

Sehr wichtig ist es, dass diese Frauen keine Schuldgefühle bekommen, wenn sie nicht stillen können. In diesen Fällen muss man die Beziehung so optimal wie möglich aufbauen, Nähe schaffen und den intensiven Mutter-Kind-Aufbau fördern. Das kann auch ohne Stillen sehr gut verlaufen.«

Bewusstmachung der eigenen Kindheitserfahrungen

Professor Dr. Peter Riedesser, Leiter der Klinik für Kinder- und Jugendpsychiatrie und Psychotherapie in Hamburg-Eppendorf, berichtet von einer Studie, die an der Universitätsklinik Basel durchgeführt wurde, um herausfinden, ob Eltern das, was sie in ihrer eigenen Kindheit und Jugend erlebt haben, unbewusst oder bewusst an ihre Kinder weitergeben.

Wird jemand, der eine behütete Kindheit hatte, eine gute Beziehung zu seinem Kind aufbauen können? Und wird jemand, der in der Kindheit traumatisiert wurde, eine schlechte Umgangsart mit seinem Kind haben?

Das Entscheidende war: Könnten sich Eltern kritisch und distanziert der eigenen Kindheit gegenüber überlegen, wie sie es anders machen wollen?

Es wurden schwangere Frauen und ihre Partner eingeladen, um mit ihnen über ihre Phantasien zu sprechen.

Die Ergebnisse waren nicht überraschend:

Diejenigen Eltern, die die Situation in ihrer Herkunftsfamilie idealisierten, waren als Eltern keine sehr überzeugende Gruppe. Diejenigen, die alles aus ihrer Kindheit negativ sahen, ebenso wenig. Besser erging es den Eltern, die flexibel blieben und beispielsweise sagten: »Ja, mir ging es schlecht, aber ich möchte meinem Kind mehr Freiraum bieten. Ich schaue mal, was da kommt, und nehme den Tanz auf.«

Eltern, die die Bedürfnisse ihrer Kinder nach Nähe und Liebe nicht erfüllen können, ist kein Vorwurf zu machen, weil sie – so die amerikanische Entwicklungspsychologin Aletha J. Solter[2] – als Säugling diese Erfahrung wahrscheinlich selbst nicht gemacht haben. Auch Solter ist der Ansicht, dass ihnen eigene Bedürfnisse im Weg stehen, die in der Kindheit unerfüllt blieben. Wenn Menschen nie verletzt und all ihre Säuglingsanliegen erfüllt worden wären, gäbe es für sie nichts Natürlicheres und Schöneres, als die Wünsche ihrer Kinder nach Liebe und Nähe zu befriedigen.

Solter hält es für nachvollziehbar, dass Eltern gelegentlich Ablehnung gegen ihr Baby verspüren, gleichzeitig hält sie es für äußerst schädlich, wenn sie nach diesem Gefühl handeln. Es ist in einem solchen Fall wichtig, andere Menschen zu suchen, die dem Baby ersatzweise die erforderliche Aufmerksamkeit geben können.

Sie ist der Meinung, dass trotz ablehnender Gefühle die Möglichkeit vorhanden ist, das Baby auf den Arm zu nehmen. Gefühle wie Zorn, Angst, Schuld oder Traurigkeit könne man – natürlich nicht in Anwesenheit des Kindes – einem anderen Erwachsenen gegenüber ausdrücken. Dieses Verhalten befreit in vielen Fällen die Eltern von ihren eigenen Schmerzen und erleichtert den Zugang zum eigenen Kind erheblich.

Solter berichtet, dass sie selbst große Trauer empfunden hat, als sie ihr Baby in den Armen hielt. Dabei hatte sie während der Geburt ihres Kindes einen starken Bindungsprozess erlebt und wollte dem Baby körperlich nahe sein.

Da sie das jüngste von drei kurz aufeinander geborenen Kindern war, ist sie in den ersten Monaten ihres Lebens wenig gehalten und berührt worden. Diese unerfüllten Bedürfnisse stiegen nun in ihr hoch und gestalteten den Bindungsprozess zu ihrem Baby schwierig. Sie entschied sich jedoch, ihr Kind trotzdem in den Armen zu halten, obwohl sie sich, wie sie es schildert, elend dabei fühlte.

Sie wollte es anders behandeln, als sie es als kleines Kind erfahren hatte. Jedes Mal brach sie wieder in Tränen aus und weinte, bis es nach und nach einfacher für sie wurde, ihrem Kind die Liebe zu zeigen, die sie empfand. Durch die Bewusstmachung ihrer eigenen Probleme hat sie die Schwierigkeiten überwunden und sich und ihrem Baby die Möglichkeit gegeben, eine natürliche, liebevolle Beziehung zu entwickeln.

Solter schlägt in ihrem Buch Übungen vor, die der Bewusstmachung möglicher Probleme dienen. Einige Beispiele mögen zeigen, wie das möglich ist.

»Vor der Geburt:

Erzähle alles, was du über die Schwangerschaft deiner eigenen Mutter und über deine Geburt weißt.

Was empfindest du bei dem Gedanken an deine eigene Geburt?

Was fühlst du darüber, wie dein Baby gezeugt wurde?

Welche Gefühle hast du gegenüber deinem ungeborenen Kind?

Wie fühlst du dich als schwangere Frau?

Wie fühlst du dich, Mutter (oder Vater) zu werden?

Welche Gefühle hast du Ärzten und Krankenhäusern gegenüber?

Welche Erinnerungen verbindest du mit Krankenhäusern, und welche Gefühle hast du körperlichen Schmerzen gegenüber?

Was fühlst du allgemein über die bevorstehende Geburt (aufgeregt, besorgt, neugierig, ungeduldig, zuversichtlich)? Viele werdende Eltern sind besorgt, dass entweder das Baby oder die Mutter sterben könnte. Es ist wichtig, diese Ängste offen auszudrücken. Versuche, zuversichtlich zu sagen: ›Wir machen das schon!‹ Oder: ›Alles wird gut werden!‹ Wiederhole es mehrere Male und nimm dir Zeit zu lachen, zu weinen oder zu zittern, wenn du es brauchst.

Wie denkst du, wird das Baby dein Leben verändern? Und

die Beziehung zu deinem Partner? Die Beziehung zu deinen Eltern? Zu deinen anderen Kindern?

Wurdest du als Kind häufig genug berührt? Wirst du jetzt genug berührt? Wurdest du schon einmal liebevoll, aber nicht sexuell berührt oder massiert? Wie fühlt sich das an? Hat dich jemand schon einmal so berührt und dich dabei entlasten lassen?

Nach der Geburt:

Erzähle die Geburt deines Kindes in all den Einzelheiten, an die du dich erinnerst, und nimm dir genügend Zeit für schmerzhafte, beängstigende oder ärgerliche Erlebnisse.

Was empfindest du für dein Baby (liebevoll, ablehnend, ängstlich, gleichgültig usw.)? Was gefällt dir an ihm? Was missfällt dir an ihm?

An wen erinnert dich dein Baby (an dich, an deinen Partner, Schwiegermutter usw.)? Wie beeinflusst diese Ähnlichkeit dein Verhalten gegenüber dem Kind? An was erinnern dich deine Gefühle dem Kind gegenüber?

Wie fühlst du dich als Mutter/Vater (wenn es dein erstes Baby ist)?

Wie gut glaubst du, die Bedürfnisse deines Babys zu erfüllen? Zähle all die guten Dinge auf, die du für dein Baby tust.

Wie hat dein Baby dein Leben verändert? Die Beziehung zu deinem Partner/Partnerin? Die Beziehung zu deinen anderen Kindern?

Wie fühlst du dich, wenn du dein Baby in den Arm nimmst? Wenn du es trägst? Wenn du es berührst? Versuche, deinen Säugling an deinem nackten Körper zu halten. Wie fühlt es sich an? Versuche deinem Baby zu sagen: ›Ich liebe dich.‹ Wie fühlst du dich dabei?

Wenn du stillst, wie fühlst du dich dabei?

Wie fühlst du dich dabei, wenn du deinem Baby die Windeln wechselst? Wenn du es an- und ausziehst? Wenn du es badest?

Wie fühlst du dich im Allgemeinen nach der Geburt des Babys (müde, deprimiert, stolz, selig usw.)? Sprich darüber und entlaste so lange, wie du es brauchst.

Bekommst du genügend Hilfe bei deiner Arbeit als Mutter/Vater? Wenn nicht, wie ist das für dich? Was hindert dich daran, Hilfe zu finden? Was kannst du dagegen machen?«

Kapitel 2

Stillen und Gesundheit

In Deutschland lässt sich kein Einfluss des Stillens auf die Säuglingssterblichkeit mehr feststellen. Vor hundert Jahren, als noch 15 % der Babys starben, war das anders. In vielen unterentwickelten Ländern aber ist Muttermilchnahrung heute noch von entscheidender Bedeutung dafür, ob ein Neugeborenes das erste Jahr überlebt.

Gestillte Kinder erkranken seltener an Infektionen des Magen-Darm-Traktes, der Luftwege, des Mittelohrs, der Harnwege und der Hirnhäute, stellt die Bundeszentralstelle für gesundheitliche Aufklärung (BZgA) fest. In Entwicklungsländern, wo Kinder häufig an Durchfällen und an Erbrechen sterben, hat diese Tatsache eine existenzielle Bedeutung.

Der Schutzeffekt der Muttermilch ist sogar noch zwischen dem 9. und 12. Lebensmonat des Babys nachweisbar.

Hier die Zahlen der BZgA: Im ersten Vierteljahr ihres Lebens erkrankten 3 % der gestillten Kinder, jedoch 16 % der nicht gestillten Kinder an Magen-Darm-Infektionen. Im letzten Quartal erkrankten 7 % der gestillten und 23 % der nicht gestillten Kinder. Bei Luftwegsinfektionen gibt es vergleichbare Ergebnisse: 26 % der gestillten Kinder waren im ersten Vierteljahr betroffen, während die nicht gestillten mit 37 % deutlich darüber lagen. Im vierten Vierteljahr waren 53 % nicht gestillte Kinder von Luftwegsinfektionen betroffen, von den gestillten Kindern nur 44 %.

Eine Nachuntersuchung dieser Kinder im Alter von sieben Jahren zeigte, dass der schützende Effekt gegenüber Luftwegsinfektionen durch mindestens fünfzehn Wochen Stillen immer noch nachweisbar war.

Stillen ist auch eine sehr gute Vorbeugung gegen Karies. Bei Säuglingen, die mit der Flasche ernährt werden, presst das Baby die oft stark gesüßte Nahrung mit der Zunge gegen die vorhandenen Vorderzähne, und im Laufe der Zeit bilden sich Bakterien, die zerstörerisch auf die Zähne wirken können. Flaschenmilch wird aus Kuhmilch hergestellt, und Kuhmilch lässt im Mund eine andere Flora entstehen als Muttermilch. Karies wird begünstigt. Studien weisen nach, dass die Kariesерreger aus dem Mund der Mutter durch das Ansaugen des Schnullers (eine weit verbreitete schlechte Angewohnheit) in die Mundhöhle des Kindes übertragen werden. Dies bedeutet eine nicht zu unterschätzende Gefahr für die wachsenden Zähne des Säuglings.

Die gesamte Gaumen-, Gebiss- und Gesichtslinienentwicklung, so wurde in einer amerikanischen Studie festgestellt, ist bei Kindern, die länger als drei Monate gestillt wurden, besser ausgeprägt als bei denen, die weniger als drei Monate oder gar nicht gestillt wurden.

Beim Trinken an der Brust ist die Kieferbewegung deutlich intensiver und völlig anders, und die Zunge übernimmt eine größere Aufgabe als bei der Flaschennahrung. Das hat auch auf die Atmung eine regulierende Auswirkung und somit auf den Körpertonus, den Spannungszustand des Gewebes, was sich positiv für das weitere Leben auswirkt.

Viele Kinder bräuchten heute keine Kieferspangen zur Regulierung ihres Gebisses, wenn sie gestillt und nicht mit der Flasche ernährt worden wären.

Es ist bekannt, dass Stillen auch in der späteren Entwicklung vor einer ganzen Reihe von Erkrankungen schützt.

Die Kinder bekommen deutlich weniger Mittelohrerkrankungen: Das große Bäuerchen am Schluss führt dazu, dass die Röhrchen im Hörorgan ein wenig geöffnet werden. Während des Stillvorgangs wird immer mal ein Schuss Milch durch diese Röhrchen geführt.

Auch die Saugleistung als solche, diese sehr komplexe Bewegung, die ein Kind vollziehen muss, um überhaupt an die Milch aus der Brust zu kommen, führt zu einer günstigen Belüftung, die nachweislich zu einem höheren Schutz vor dieser Erkrankung führt.

Die Atmungsorgane werden vor Infektionen geschützt, weil der respiratorische Trakt, also der gesamte Bereich, der mit der Atmung verbunden ist, die Lunge, die Bronchien, Atmungsorgane usw. durch das Stillen geschont werden.

Das Immunsystem wird insgesamt gestärkt. Es ist erwiesen, dass Kinder, die lange gestillt werden, auch noch in der Spätphase, in der sie eigentlich nicht mehr so viel Milch bekommen, eine bessere Immunantwort auf Impfungen haben.

Kinder, die am Anfang ausschließlich gestillt wurden, scheinen nach kanadischen und finnischen Untersuchungen weniger häufig zuckerkrank zu werden als mit Kuhmilch ernährte.

Auch die Schilddrüse, die für den Stoffwechsel aller Zellen zuständig ist, für das Wachstum und die Reifung des Körpers und die Regulation des Kalziumhaushalts, entwickelt sich bei voll gestillten Kindern besser als bei Flaschenkindern.

Den Einfluss des Stillens auf das Suchtverhalten habe ich schon im letzten Kapitel dargestellt. Unter den zwei- bis dreitausend Kindern, die jährlich am plötzlichen Kindstod sterben, sind kaum voll gestillte Säuglinge. Atemprobleme sind die häufigsten Auslöser für den schrecklichen Krippentod. Diese können durch das Einatmen giftiger Gase (u.a. durch Ammoniakbildung im Urin nach der Fütterung mit künstlicher Nahrung) entstehen bei geringer oder fehlender Luftbewegung um das Baby herum.

Dies wird begünstigt, wenn das Kind allein im Raum schläft. Das Ärztemagazin *Selecta* vermutet, dass mangelnder Hautkontakt oder die Trennung von Mutter und Kind darauf einen Einfluss haben könnten.

Ein Bericht von 1999 weist darauf hin, dass das kindliche Leukämierisiko unter verlängertem Stillen absinkt. Je länger die Stilldauer ist, desto größer soll der Erfolg sein. Weitere Studien aus den Jahren 1993 und 1998 in Zusammenhang mit dem Auftreten von kindlichen Krebserkrankungen, wie etwa den Lymphomen, weisen auf positive Zusammenhänge zwischen der Häufigkeit dieser malignen Erkrankungen und dem Langzeitstillen hin.

Gestillte Erwachsene werden seltener krank

Stillen und seine Spätfolgen, auch das ist ein beeindruckendes Thema. Man müsste sich heute weniger Sorgen um unser Gesundheitssystem und seine Kosten machen, wenn mehr Kinder gestillt würden. Denn Stillen heißt Vorbeugen! Vorbeugen gegen Krankheiten, die in unserer Gesellschaft drastisch zugenommen haben.

Gestillte Erwachsene haben deutlich gesündere Herzen. Ihre Cholesterinwerte sind messbar niedriger. Die Ernährung mit Muttermilch, so fanden Wissenschaftler vom St.-George-Krankenhaus im amerikanischen Tooting heraus, führt in den ersten Lebensmonaten zu hohen Cholesterinwerten, die den Immunschutz mitbedingen. Im späteren Leben wirkt sich die Stillzeit dann positiv auf den Fetthaushalt und damit auf den Cholesterinspiegel aus.

Auch auf die Möglichkeit, an Brustkrebs zu erkranken, wirkt sich das Stillen aus. Es gibt Studien, die beweisen, dass Frauen, die als Kind gestillt wurden, später in die Wechseljahre kommen.

Je jünger sie bei der Geburt ihrer Babys sind und je mehr Kinder sie bekommen, desto höher ist ihr natürlicher Schutz vor Brustkrebs. Man geht von ca. 7 % pro Lebensjahr und pro Schwangerschaft aus.

Und die darauf folgende Stillzeit stellt noch einmal einen hohen Krebsverhinderungsfaktor dar – von mindestens 4–5 % Reduktion des Brustkrebsrisikos ist die Rede. Das Risiko, vor der Menopause an Brustkrebs zu erkranken, wird durch mindestens ein Jahr Stillen um 45–70 % gesenkt. Das Risiko, nach dem Ausbleiben der Regelblutung zu erkranken, wird mindestens um 20 %, wenn nicht sogar um 45 % – da gibt es unterschiedliche Aussagen – gesenkt.

Dr. Tongzhang Zheng, Professor für Epidemiologie und Gesundheitswesen an der Yale School of Medicine, hat eine Studie in China durchgeführt, weil hier, anders als in westlichen Nationen, langes Stillen ein Teil der Kultur ist.

Seine Untersuchung ergab eine 50-%ige Senkung des Brustkrebsrisikos unter den Frauen, die länger als 24 Monate gestillt hatten, verglichen mit denen, die weniger als zwölf Monate gestillt hatten.

Und er hat nicht nur eine Reduktion des Risikos bei Frauen vor den Wechseljahren festgestellt, sondern auch danach.

Das Alter beim ersten Stillen und die Gesamtzahl der gestillten Kinder scheint hingegen kaum Auswirkungen auf die Erkrankung an Brustkrebs zu haben.

»Die lange Dauer des Stillens – ob beim ersten Kind oder über die gesamte Lebensdauer«, so Professor Zheng, »führt zu einer signifikanten Reduktion des Risikos, an Brustkrebs zu erkranken.«

Dr. Abou-Dakn bereitet zusammen mit internationalen Kollegen eine Untersuchung vor, die die Zunahme der Zahl autistischer und verhaltensgestörter Kinder analysieren soll. Die Wissenschaftler vermuten, dass der Rückgang der Stillquote etwas mit den Erkrankungen zu tun haben könnte. »Zumindest ist anzunehmen, dass eine Bindungsfähigkeit und entsprechende Emotionalität mit der Bereitschaft zu stillen zusammenhängt.«

Eine enge Bindung wird schon während und direkt nach der Geburt begründet.

»Ich stelle mir eine Geburt so vor, dass die Frau sich ihr Kind nach der Geburt selbst nimmt, empfängt, im wahrsten Sinne des Wortes. Das versuchen wir im Vivantes Humboldt Klinikum möglichst zu praktizieren. Wir, die Ärzte und Hebammen, möchten, wenn es geht, nicht an das Kind heran und fassen es nicht an. Die Haut ist ein unheimlich großes Organ, alle Reize können hier zu Störungen führen.

Wir lassen das Kind möglichst in Ruhe, und wir motivieren die Mutter, das Kind selbst aufzunehmen und an die Brust zu legen. Der Nähe wegen, und nicht in erster Linie wegen des Stillens. Wenn es gut läuft, geht der Stillakt ganz natürlich los. Das Kind sucht sich die Brust selbst, wenn man ihm genug Zeit lässt.

Das ist eines der Konzepte, die wir in den Stillfreundlichen Krankenhäusern haben. Die meisten Kinder schaffen es innerhalb der ersten Stunde allein, sich zur Brustwarze vorzurobben. Und dann aktivieren sie die Brustwarze.

Man kann beobachten, dass sie den Kopf immer fallen lassen. In unserer Kultur ist daraus geworden, dass man den Babykopf immer stützen muss. Das wird den Müttern auch landläufig so beigebracht. Die Säuglinge lassen aber wahrscheinlich gezielt den Kopf so fallen, weil sie damit die Brustwarze stimulieren. Der Muskel wird angeregt, die Brustwarze stellt sich auf, und das Kind kann besser saugen. Das brauchen die Kinder nicht zu lernen, das wissen sie instinktiv. Hier entsteht Urvertrauen für die Kinder.

Ich glaube, dass eine Mutter, die sich positiv dem Stillen zuwendet, das Kind annehmen will. Auf diese Weise hat sie auch sicher etwas für die Bindung getan. Interessanterweise ist die Jugendpsychiatrie noch nicht auf diesen Zug gesprungen. Ich habe kaum Daten gefunden. Es scheint einfach kein Thema zu sein. Vielleicht, weil unsere Stillkultur so kaputt ist.«

Seit man in den medizinischen Forschungen über das Stillen auch die Stilldauer berücksichtigt, stellt man fest, dass die positiven Auswirkungen »dosisabhängig« sind, das heißt, im unmittelbaren Verhältnis zu der aufgenommenen Menge Muttermilch stehen. Bei bestimmten Erkrankungen ist der langfristige Schutz umso besser, je länger das Stillen gedauert hat. Bei anderen tritt der Schutz erst auf, wenn das Kind eine Mindestzeit gestillt wurde.

Ein einziges Beispiel einer »dosisabhängigen« Wirkung soll genannt werden (es gibt viele andere): Die Verhütung der kindlichen Fettleibigkeit. Alle Untersuchungen zeigen, dass das Kind, je länger das Stillen gedauert hat, desto weniger Gefahr läuft, fettleibig zu werden. Ein Effekt, der besonders in den Zeiten, in denen das Verbraucherschutzministerium eine Kampagne durchführt, in der gegen die Übergewichtigkeit von Kindern und Jugendlichen ins Feld gezogen werden soll, große Aufmerksamkeit verdient. Leider bezieht sich die Aufklärung nur auf die Zeit nach dem dritten Lebensjahr.

Zusammensetzung der Muttermilch

Die natürlichste Nahrung für den Säugling ist auch die beste: Muttermilch enthält genau die richtigen Nährstoff- und Kalorienanteile, die das Baby braucht. Sie besteht nachweislich aus über 200 Inhaltsstoffen, ein Tropfen Muttermilch enthält 4000 lebende Zellen.

Muttermilch enthält besondere Abwehrstoffe, die den Säugling vor Infektionen schützen. Bestimmte Enzyme unterstützen das noch sehr empfindliche Verdauungssystem des Babys.

Kein industrielles Produkt der Welt enthält so viele Abwehrstoffe, weil es einfach nicht möglich ist, Muttermilch künstlich herzustellen. Und sie ist keimfrei, immer richtig temperiert und stets verfügbar. Eine äußerst praktische Einrichtung der Natur, denn die Mutter ist auf diese Weise in jeder Lebenssituation autark und immer in der Lage, ihrem Kind alles zu geben, was es zum Leben braucht.

Die Muttermilch passt sich außerdem von ganz allein den wachsenden Nahrungsbedürfnissen des Säuglings an. Sie ändert sich ständig in ihrer Zusammensetzung. Geschmacksstoffe aus der Nahrung der Mutter sorgen dafür, dass sie nicht immer gleich schmeckt. Im Gegenteil, über die Milch der Mutter macht das gestillte Kind – ganz anders als das mit Säuglingsnahrung aus der Flasche ernährte Kind – frühzeitig Bekanntschaft mit vielen unterschiedlichen Geschmacksqualitäten. Es wird vermutet, dass gestillte Kinder damit auch auf die neuen Geschmacksrichtungen der Beikost vorbereitet werden.

Direkt nach der Geburt erhält das Baby eine gelbe, dickflüssige Vormilch, das so genannte Kolostrum. Es enthält im Vergleich zur reifen Muttermilch mehr Mineralien und Proteine, weniger Fett, jedoch mehr fettlösliche Vitamine und das Immunglobulin A (IgA).

Kolostrum bewahrt vor Austrocknung, Unterzuckerung und fördert die Mekoniumausscheidung, was bis zu einem gewissen Grad den Ausbruch der Neugeborenengelbsucht verhindert.

Je häufiger die Mutter das Baby in den ersten Tagen anlegt, desto schneller bildet sich die so genannte Übergangsmilch.

Sie entsteht während des siebten bis vierzehnten Lebenstages des Säuglings. In dieser Zeit ändert sich schon zum ersten Mal die Zusammensetzung der Muttermilch. Der Gehalt an Proteinen und Immunglobulinen sinkt, Fett- und Milchzuckergehalt, die Laktose, steigen an.

Die reife Muttermilch, die so genannte Frauenmilch, wird danach gebildet. Der zuerst fließende Hauptbestandteil dieser Muttermilch ist Wasser. Zu Beginn der Stillmahlzeit wird also der Durst des Babys gelöscht, die nachfolgende Milch ist sättigend und enthält viele Kalorien.

Die Menge der produzierten Milch hängt davon ab, wie häufig das Baby angelegt und gestillt wird. Das Stillen bewirkt, dass Oxytozin und Prolaktin freigesetzt werden, das sind Hormone aus der Hirnanhangdrüse der Mutter.

Oxytozin bewirkt, dass die Milchdrüsen sich zusammenziehen und die Milch somit durch die Milchgänge in den Mund des Säuglings fließen kann. Gleich zu Stillbeginn spüren viele Frauen dabei ein Ziehen oder Prickeln in der Brust. Prolaktin dagegen bestimmt die Menge der produzierten Milch. Je häufiger das Kind angelegt wird und saugt, desto mehr Prolaktin wird freigesetzt, was wiederum die Milchproduktion anregt.

Es liegt also unter normalen Umständen durchaus in der Macht der Mutter, wie viel Milch sie hat und an ihr Kind abgeben kann.

Muttermilch hat zudem die Fähigkeit, sich an die jeweiligen Bedürfnisse des Babys anzupassen. Leider gibt es immer noch Stimmen, die behaupten, dass Muttermilch im zweiten Lebenshalbjahr nicht nur an Wert verliert, sondern vielleicht sogar schädlich sei.

Dabei gleicht sich die Muttermilch auch mit dem Beginn der Beikostfütterung den Erfordernissen des Babys an.

Mit der Gabe zusätzlicher Nahrung wie Brei beginnt die Entwöhnungsphase, die allerdings – je nach Entscheidung der Mutter – einige Monate oder gar Jahre dauern kann.

Die Zusammensetzung der Muttermilch bleibt immer gleich wertvoll. Allerdings erhöht sich allmählich der Eiweißgehalt, was durch einen erneuten Anstieg der Immunglobuline ausgelöst wird. Auch der Natrium-, Fett- und Eisengehalt erhöht sich. Der Milchzuckeranteil wird etwas geringer. Bei langsamem Abstillen bleiben die Immunstoffe erhalten. Bestandteile wie IgA, Laktoferrin und Lysozym steigen sogar an und bieten dem Säugling weiterhin Schutz.

IgA wirkt gegen Bakterien und Viren und lagert sich an der obersten Zellschicht des Darmes ab. So werden Angriffe von krankheitserregenden Keimen abgewehrt.

Laktoferrin bindet Eisen und entzieht damit den Bakterien ihre Wachstumsgrundlage. Die bakterielle Überwucherung mit krankheitserregenden Keimen wird auf diese Weise gehemmt. Das Eisen ist für das Kind besser verfügbar. Laktoferrin kommt nur in der Muttermilch vor.

Lysozym ist ein antimikrobieller Bestandteil, der in Muttermilch in 3000fach höherer Konzentration als in Kuhmilch vorhanden ist. Er hat die Fähigkeit, Bakterienwände zu spalten. Der Gehalt von Lysozym in der Muttermilch erreicht nach etwa sechs Monaten Stillen das höchste Niveau und bleibt dann konstant.

Der ältere Säugling, der schon am Tisch sitzt und isst und sich auch selbst fortbewegen kann, kann auch dann noch besser gegen Krankheiten und Infektionen geschützt werden. Durch das Krabbeln auf der Erde kommt er ja auch mit neuen Keimen in Berührung. Nimmt er z.B. mit den Fingern Schmutz oder Erde auf und führt ihn in den Mund, geraten beim nächsten Stillvorgang die Keime durch die Haut der Mutterbrust in deren Körper. Die Muttermilch wird sofort mit Lysozym angereichert, und das Kind nimmt es beim Stillen zu sich.

Wenn dem Säugling Beikost zugefüttert wird, werden die Enzyme, die in der Muttermilch enthalten sind, die Verdauungsarbeit unterstützen. Jeder kann beobachten, wie das funktioniert, wenn er einen Getreidebrei mit Muttermilch zubereitet und dann etwas stehen lässt. Auf der Oberfläche setzt sich nach kurzer Zeit eine süße, klare Flüssigkeit ab – die Enzyme beginnen mit der Aufspaltung von Mehrfachzuckern. Solche Enzyme werden für die Fett-, Eiweiß- und Kohlehydratverdauung benötigt. Sie sind nur in der Muttermilch und in keiner künstlichen Säuglingsnahrung vorhanden.

Die Ergebnisse aller Untersuchungen zeigen deutlich, wie wichtig es ist, das Baby über den sechsten Lebensmonat hinaus, begleitend zur Beikost, zu stillen. Davon sind wir in Deutschland jedoch Lichtjahre entfernt.

Dr. Michael Abou-Dakn nimmt zu diesem Thema in einem Interview für dieses Buch Stellung:

»Die Behauptung, dass knapp zehn Prozent der Mütter in Deutschland ihre Babys bis zum sechsten Lebensmonat ausschließlich stillen, ist wahrscheinlich auch noch zu hoch gegriffen.

Da wurde die SuSe-Studie zitiert, mit der überhaupt zum ersten Mal bundesweit geforscht wurde. Es ist sehr schwer, Stillzahlen zu bekommen. Wir gehen davon aus, dass knapp 10 % die allerbeste Prognose ist, weil sie aus einem Studiendesign stammt, in dem Kliniken zufällig gefragt wurden. Es haben jedoch nur ganz wenige geantwortet. Auch die Autorinnen der Studie gehen davon aus, dass die, die geantwortet haben, sowieso stillengagierter sind. Sehr wahrscheinlich gibt es weniger als 10 % ausschließlich gestillte Kinder nach einem halben Jahr.

Man muss bei der Betrachtung der Wirkung der Muttermilch und des Stillens zwei Dinge voneinander trennen: das Kind und die Mutter. Wenn man aber den gesellschaftlichen Aspekt einbezieht, muss man natürlich beide zusammen sehen.

Die Muttermilch, rein sachlich als Ernährung, ist die allerbeste, weil man mit dieser Milch dem Kind all das zur Verfügung stellt, was es braucht. Sie ist die Idealnahrung für das Kind im ersten halben Jahr.

Die Inhaltsstoffe der Muttermilch können vom Säugling gut aufgenommen werden. Im Gegensatz zur Kuhmilch, die in der ersten Zeit gar nicht verdaut werden kann, weil dazu bestimmte Enzyme fehlen.

Die Muttermilch hat eine optimale Zusammensetzung, was ihren Fetthaushalt und den Glukosestoffwechsel angeht. Die blähenden Substanzen sind in der Muttermilch reduzierter als in Kuhmilch.

Eigentlich ist allein die Frage merkwürdig, ob es richtiger ist, dass die Gattung Mensch von Muttermilch genährt wird als von Kuhmilch oder Flaschenmilch, also künstlich hergestellter Nahrung. In der Natur würde eine Mutter logischerweise ihr Baby selbst ernähren.

Das System funktioniert so: Der Säugling erhält kurz vor der Geburt von der Mutter Informationen, die er selber noch nicht gesammelt haben kann, zum Beispiel: Wie bekomme ich keine Infektionen? Durch die Blutschranke des Mutterkuchens bekommt das Kind einige Hilfsstoffe, um sich gegen erste Angreifer zu wehren.

Das wird durch die Muttermilch noch einmal verstärkt. Ihre Immunglobuline geben dem Kind sofort nach der Geburt einen wirkungsvollen Nestschutz.

Selbst in der so genannten Vormilch, dem Kolostrum, ist schon ein hoher Anteil davon enthalten. Offensichtlich will die Natur dem Kind gar nicht so viel Nahrung geben, sondern es vor allem vor Viren und Infektionen schützen. Es wird schließlich in dem Augenblick, wo es auf die Welt kommt, ganz rasch und schnell mit Keimen besiedelt, und damit muss sich das körpereigene Immunsystem auseinander setzen können. Diesen Schutz kann man nicht künstlich herstellen!

Die Anreicherung mit Eiweißen und Glukosen und eine Menge, was die Fettzusammensetzungen betrifft, schafft die Industrie recht gut. Ich bin nicht gegen die Industrie, sondern ich bin froh, dass es für die Kinder, die nicht gestillt werden können, Ersatzmilch gibt. Aber die Perfektion der Muttermilch wird niemals erreicht werden.

Weiterhin ist es so, dass man ein Kind mit Muttermilch nicht überernähren kann. Das heißt, ein Kind, das häufig an die Brust möchte, weil es ein hohes Liebes- oder Saugbedürfnis hat, wird deswegen nicht übergewichtig werden. Denn der Fettgehalt und der Flüssigkeitsgehalt stellen sich auf die Häufigkeit der Mahlzeiten ein.

Also hat eine Frau, die ihr Kind häufiger anlegt, etwas dünnere Milch. Und eine Frau, die ihr Kind seltener anlegt, hat fettere Milch. Das regelt die Natur. Und ein Kind, das nur mal trinkt, weil es etwas Durst oder ein Trostbedürfnis hat, kriegt mit dieser ersten Milch nicht immer gleich den ganzen Fettgehalt.

Der häufigste Grund für ein vermehrtes Saugen des Kindes ist, dass es die Technik der Nahrungsaufnahme noch nicht erlernt hat. Was bedeutet, dass das Kind nicht genügend Milch in einem gewissen Zeitraum zu sich nehmen kann. Das lernen Mutter und Kind aber mit der Zeit, und dann reduziert sich die Häufigkeit ganz automatisch.«

»Eine optimale Mahlzeiten-Häufigkeit aus medizinischer Sicht gibt es nicht,« stellt Dr. rer. nat. Joachim Bensel (*Was sagt mir mein Baby, wenn es schreit?*[17]) fest. »Das zeigen auch die kulturell so unterschiedlichen Stillhäufigkeiten. Eine Kopenhagenerin, die ihr Baby durchschnittlich 10,5 Mal am Tag stillt (Stillpause 2,3 Stunden) würde sich über die 5,7 mal einer Rostockerin (Stillpause 4,2 Stunden) sehr wundern. Beide würden allerdings staunen, wenn sie beobachten könnten, wie häufig eine Mutter aus der traditionellen Gesellschaft der Kung-San in Südafrika ihr Baby stillt, nämlich 3–4 Mal in der Stunde jeweils zwei Minuten lang. Gerade die Kung sind aber wegen ihres selten zu hörenden Babyschreiens weltberühmt.

Haben die dänischen oder gar erst die Kung-Babys also einen anderen Magen als die deutschen Babys? Ausgeschlossen! Würde ein deutsches Baby in Dänemark oder Südafrika groß werden und entsprechend oft gestillt werden, würde sein Magen genauso wenig rebellieren wie der eines einheimischen Babys. Und es würde viel seltener schreien – jedenfalls nicht aus Hunger.«

James T. Grant, Direktor von UNICEF, sagt: »Je mehr die Wissenschaft über das Stillen herausfindet, desto deutlicher wird es, dass Muttermilch für die menschliche Ernährung und Entwicklung unverzichtbar ist.«

Gestillte Babys senken Kosten im Gesundheitswesen

Gestillte Kinder erkranken seltener und weniger schwer als Säuglinge, die Muttermilchersatznahrung bekommen. Die Kosten, die im Gesundheitswesen eingespart werden könnten, sind beträchtlich.

In New York sind die Kosten für die Krankenhausbehandlung flaschengefütterter Säuglinge während der ersten vier Lebensmonate ungefähr fünfzehn Mal so hoch wie die Kosten, die bei der Behandlung gestillter Babys entstehen, ermittelte IBFAN (International Baby Food Action Network). Für jedes nicht gestillte Kind entstehen im ersten Lebensjahr auf diese Weise zusätzliche Kosten von rund 300 bis 450 €.

Diesem Ergebnis liegt eine Studie zugrunde, in der die Erkrankungshäufigkeit voll gestillter und nie gestillter Kinder in den USA und Schottland untersucht wurde. Berücksichtigt wurden Atemwegsinfekte, Mittelohrentzündungen und Magen-Darm-Erkrankungen.

Dabei stellte sich heraus, dass nie gestillte Kinder im Vergleich zu ihren voll gestillten Altersgenossen 2033 zusätzliche Arztbesuche, 212 zusätzliche Tage im Krankenhaus und 609 zusätzliche Medikamenten-Rezepte benötigten, jeweils bezogen auf 1000 Kinder und das erste Lebensjahr.

Dr. Zef Ebrahim von der Abteilung für Kindergesundheit am Tropeninstitut in London stellt fest: »Der gesunde Menschenverstand sagt einem, dass man Krankheiten verhindern solle. Überschlagen Sie einmal die Menge an immunisierenden Substanzen in der Muttermilch, und dann gehen Sie in die Apotheke und sehen Sie zu, wie viel Sie dafür bezahlen müssten!«

Und Dr. Allan Cunningham, Kinderarzt am Mary-Imogen-Basset Krankenhaus in Cooperstown, USA, schloss aus seinen Untersuchungen: »Allein in den ersten vier Monaten des Lebens kostet der Krankenhausaufenthalt für tausend mit Flaschenmilch ernährte Kinder 68 684 Dollar. Und für tausend gestillte Kinder 4460 Dollar.«

Und, was das Beste ist: Muttermilch kostet nichts, im Gegensatz zu einer kompletten Flaschenausstattung. Muttermilch muss nicht zubereitet werden, sie ist immer da und steht ständig zur Verfügung. Bei der Flaschennahrung entstehen enorme Kosten für Flaschen und Sauger, Milchnahrungspulver, Reinigungsmittel, Sterilisator, Bürsten etc.

Und noch einige Fakten:

Gemäß einer statistischen Berechnung würden 114 Millionen Kühe benötigt, um die Muttermilch der indischen Frauen zu ersetzen. Um diese Kühe zu füttern, müssten 43 % der indischen Landfläche gerodet und zu Weidefläche werden, mit allen Gefahren der Bodenerosionen und klimatischen Veränderungen. Diese Kühe produzierten 100 Millionen Tonnen Methangas, die den Treibhauseffekt verstärkten, ganz zu schweigen von den Ausscheidungen der Kühe (La Leche Liga).

In Mexiko wurde errechnet, dass für die künstliche Herstellung eines Kilogramms Babynahrung 12,5 qm des Regenwaldes abgeholzt werden müssten.

In den USA wird Babyersatznahrung nicht in Paketen, sondern in Blechdosen verkauft. Für ein Flaschenkind werden etwa 100 Dosen Kunstmilch benötigt. Dafür braucht man enorme Ressourcen, nämlich 70000 Tonnen Weißblech pro Jahr für drei Millionen Neugeborene (Geburtenrate USA).

Und noch etwas:

Es ist bekannt, dass durch das Stillen das Wiedereinsetzen der Periode hinausgezögert wird, was den Verbrauch von Binden und Tampons verringert. Geht man davon aus, dass die Periode bei einer stillenden Frau im Durchschnitt vierzehn Monate nach der Geburt wieder einsetzt, spart das, einer englischen Kalkulation zufolge, 3000 Tonnen Papier pro Mutter ein. (Gabrielle Palmer, *The Politics of Breastfeeding*[18])

Stillen bedeutet also auch Vermeidung von Verschwendung der verschiedensten Ressourcen und Rohstoffe. Unnötig ist auch die außerordentliche Unwirtschaftlichkeit, die bei der Verpackung, Produktion und dem Transport der künstlichen Milch entsteht.

Ein gestillter Säugling spart in den ersten sechs Monaten pro Monat mindestens neunzig Euro (La Leche Liga). Diese Zahl schließt die Kosten wie künstliche Babynahrung, Flaschen, Sauger, Flaschenwärmer, Sterilisator etc. ein. Dazu kommen noch die Kosten für Wasser, Energie, Abwasser, Arbeitszeit. Und auch der Erwerb von kleinen Fläschchen für

Tee, Kleinigkeiten wie Schnullerkettchen, Flaschenhalter, Isolierboxen etc.

Es ist übrigens weit verbreitet, dass Mütter und Väter »Babywasser« kaufen, obwohl in vielen Gegenden das Leitungswasser Trinkqualität hat. Zirka tausend Liter sterilisiertes Wasser pro Jahr verbraucht ein Flaschenkind. Wenn man bedenkt, dass ein Drittel der Weltbevölkerung keinen Zugang zu frischem Trinkwasser hat, eine beeindruckende Zahl.

Zaubertrank ohne echte Alternativen

Natürlich fragt man sich, wenn man sich so eingehend mit dem Stillen und seinen Vorzügen beschäftigt, ob es nicht auch negative Begleiterscheinungen gibt, die erwähnt werden müssen.

Auf der Suche nach Forschungsergebnissen oder Studien, die gegen das Stillen sprechen, war kein Material zu finden. Der Nutzen des Stillens für Kind und Mutter überwiegt grundsätzlich immer.

Allerdings wird von bestimmten Organisationen immer wieder auf die Schadstoffe in der Muttermilch hingewiesen.

Alle Schadstoffe, die wir über die Ernährung aufnehmen, landen auch in der Muttermilch. In der EU sind derzeit rund 30000 verschiedene marktrelevante Chemikalien im Verkehr, mit denen jeder Bürger in Kontakt kommen kann, schätzt Greenpeace.

Die Auswirkungen der einzelnen Gifte auf den menschlichen Organismus und ihre Wechselwirkungen untereinander sind längst nicht hinreichend untersucht. Viele der belastenden Stoffe stehen im Verdacht, Krebs auszulösen oder den Hormonhaushalt zu beeinflussen.

Vor diesen Gefahren können Mütter ihre Kinder nicht bewahren. Bei Säuglingen mit ihrem extrem sensiblen Stoffwechsel ist die Belastung mit Schadstoffen besonders besorgniserregend.

Dennoch: »Zum Stillen gibt es keine Alternative«, sagt Manfred Krautter, Chemieexperte bei Greenpeace. »Nicht das Stillen muss ersetzt werden, sondern die Chemikalien«, fordert er.

Zwar ist die Belastung der Muttermilch mit bekannten Giften wie PCB und DDT unter die Nachweisgrenze gerutscht, doch neue Umweltgifte – die häufig als Ersatz für verbotene Chemikalien dienen – nehmen ihren Platz ein. Als Beispiel nennt Manfred Krautter die Chlorparaffine, die PCB ablösten und nun toxikologisch ähnliche negative Eigenschaften zeigen wie das alte Gift.

Krautter: »Ohne Not werden diese Produkte eingesetzt, weil sie kostengünstig sind. Dabei gibt es giftfreie und durchaus finanzierbare Alternativen.«

Muttermilch ist zu wertvoll, um vergiftet zu werden – obwohl die Natur das Baby sogar für den Kampf gegen Umweltgifte fit macht: Die Muttermilch enthält eine Aminosäure, das Taurin. Sie stärkt und schützt die Leber des Säuglings und hilft so, die Umweltgifte leichter abzubauen.

Die meisten Schadstoffe kommen in der Muttermilch in höheren Konzentrationen vor als in der Instant-Babynahrung. Eine Ausnahme ist das Gift Nonylphenol, das sich mittlerweile in fast allen Lebensmitteln angelagert hat. Nonylphenol kann den Hormonhaushalt schädigen und Allergien verursachen. In aktuellen Untersuchungen wurden 0,3 Mikrogramm pro Kilogramm (µg/kg) davon in der Muttermilch nachgewiesen, während die industrielle Muttermilchersatznahrung HA 1 zweier verschiedener Hersteller 1,6 und 2,1 µg/kg enthielt (Greenpeace, Untersuchung des Forschungszentrums Jülich).

Industriell gefertigte Babynahrung unterliegt einer strengen Kontrolle, sowohl firmenintern – hier ist man sich bewusst, dass die Bevölkerung auf Fehler in der Produktion sehr sensibel reagiert – als auch von unabhängiger Stelle. Dennoch können sich die Verbraucher nicht immer sicher sein, dass in der Babynahrung nur drin ist, was draufsteht.

Trotz strenger Sicherheitsmaßnahmen können gefährliche Pannen geschehen. Im Herbst 2000 wurde beispielsweise bei einer Routinestichprobe Kupfer in hoher Dosierung in der HA-1-Babynahrung von Hipp gefunden. Die Menge war fünfmal so hoch, wie für Säuglingsmilch zulässig (Aktionsgruppe Babynahrung; enius AG).

Kupfer ist lebensnotwendig, kann jedoch bei zu hoher Dosierung Nieren und Leber schädigen. Hipp teilte jedoch lediglich mit, es habe bei dem Produkt eine »Rezepturabweichung bei Mineralstoffen« gegeben. Auch die folgende Rückrufaktion, so kritisiert die Aktionsgruppe Babynahrung, sei nicht genügend kontrolliert worden. 20000 Pakete aus der beanstandeten Charge waren in dem Moment bereits ausgeliefert. Noch Wochen später sollen sie in mehreren deutschen Städten im Handel gewesen sein.

Im menschlichen Organismus sammeln sich besonders leicht Schadstoffe an, schließlich sind wir in der Nahrungskette Endverbraucher. So haben vor einigen Jahren auch die hohen Schadstoffwerte in der Muttermilch Schlagzeilen gemacht.

Tatsächlich entspricht die Konzentration der Umweltchemikalien in der Milch der Konzentration im Gewebe der Mutter, die sich dort im Laufe ihres Lebens gebildet hat. In der Stillzeit sinkt diese Konzentration aber, am schnellsten in den ersten Wochen. Das heißt, je länger ein Baby gestillt wird, umso weniger Schadstoffe befinden sich in der Muttermilch. Das zweite Kind hat bereits während der Schwangerschaft eine deutlich geringere Schadstoffbelastung. Wenn nach einem halben Jahr die Beikost beginnt, nimmt die Menge an Muttermilch ohnehin allmählich ab, und damit treten alle anderen Schadstoffquellen in den Vordergrund. Erfreulicherweise sank im letzten Jahrzehnt die Schadstoffkonzentration (z. B. von Dioxinen und PCPs) in der Muttermilch deutlich ab.

Kapitel 3

Väter und Stillen

Der Mann ist, genauso wie seine Frau, während der Schwangerschaft, der Geburt und der ersten Lebenszeit des Kindes mit überwältigenden seelischen Prozessen konfrontiert und erlebt tief greifende Veränderungen.

Auch er muss auf seine künftige Rolle vorbereitet sein. Doch als Erstes wird er, nachdem er von der Schwangerschaft erfahren hat, das Gefühl haben, ausgeschlossen zu sein.

Die Frau konzentriert ihre Energie und ihre Gedanken immer mehr auf das ungeborene Kind und steht selbst zunehmend im Mittelpunkt der Aufmerksamkeit anderer Menschen. Über die Gefühlslage des Vaters macht sich kaum jemand Gedanken.

In den ersten Monaten der Schwangerschaft, stellt Franziska Baatsch in einer Arbeit für die Universität Zürich[19] fest, ist dem Mann das Kind im Bauch der Mutter fern und fremd. Seine Beziehung zu ihm findet nur im Kopf statt. Er ist darauf angewiesen, von außen, also durch seine Frau, einen Zugang zu seinem Kind zu finden.

Für den werdenden Vater ist es deshalb hilfreich, wenn er am Wachsen des Kindes, an Ultraschalluntersuchungen und am Abhören der kindlichen Herztöne teilnehmen darf und will, um zu spüren und zu sehen, wie es sich entwickelt. Dadurch wird die emotionale Distanz zu seinem Kind im Laufe der Schwangerschaft immer geringer.

Und wenn ein Vater bereit ist, Verantwortung für sein Kind zu übernehmen, sollte er bei der Geburt dabei sein und in den ersten Stunden und Tagen intensiven Kontakt zu seinem Baby aufnehmen.

Die Zuneigung der Mutter zu ihrem Kind ist nicht unbedingt größer als die des Vaters, jedoch sorgen hormonelle und körperliche Faktoren für eine intensive Mutter-Kind-Bindung, insbesondere, wenn sie stillt.

Die Beziehung des Vaters zum Baby ist eine andere. In einer amerikanischen Studie von 1974 über die Bedeutung des Neugeborenen für den Vater fand man heraus, dass sich eine Bindung in der Regel und im Wesentlichen erst in den ersten drei Tagen nach der Geburt entwickelt.

Man beobachtete bei Hausgeburten, dass diejenigen Personen, die während der Wehen und der Geburt anwesend waren, egal, ob sie eine familiäre Verbindung hatten oder nicht, eine größere Nähe zum Baby entwickelten als gute Freunde oder Mitglieder der Familie, die bei der Geburt nicht anwesend waren.

Die Anwesenheit des Vaters bei der Entbindung stellt also einen wichtigen Faktor in der Vater-Kind-Beziehung dar. Solter berichtet von einer Studie, in der Väter ihre Kinder in den ersten drei Tagen wickelten und ihnen lange in die Augen sahen. Sie waren daraufhin in den ersten Monaten nach der Geburt äußerst fürsorglich.

Es gibt übrigens traditionelle Kulturen, in denen der Kontakt zwischen Vater und Neugeborenem verboten ist, weil die Gefahr besteht, dass die Väter ihre Pflichten vernachlässigen und sich lieber mit dem Baby beschäftigen.

Viele Väter genießen das neue Glück und freuen sich an der erweiterten Familie, an der Innigkeit, die sie empfinden, an einem bisher unbekannten Liebesgefühl.

Es kann jedoch vorkommen, so die Meinung von Prof. Peter Riedesser, dass die Mutter mit dem Baby eine Dyade, eine Zweierbeziehung bildet, und der Dritte, der Vater, eifersüchtig wird und das Weite sucht. Er fühlt sich ausgeschlossen und nimmt das zum Anlass, sich zu verabschieden. Was ist also die Voraussetzung dafür, dass ein Vater bzw. ein Mann die Stillsymbiose ebenfalls genießen kann?

Er sollte sich durchaus bewusst mit der stillenden Mutter identifizieren können. Und das können am besten die Mütter der späteren Väter vermitteln, nämlich dann, wenn ihre Söhne selbst noch Säuglinge sind. Ein Kind, dass gestillt wurde und einen liebevollen Umgang und viel Nähe zur Mutter erfahren durfte, wird später selbst das natürliche Glück genießen können und das Stillen akzeptieren. Es wird sich nicht ausgeschlossen, sondern sich in der Triade, der Dreierbeziehung, dazugehörig fühlen, so Riedesser.

Wenn also ein Mann gute Kindheitserfahrungen mit seiner Mutter gemacht hat, wird er später weniger Probleme damit haben, dass die Mutter seines Kindes (lange) stillt. Er wird nicht fixiert sein auf die Mutter-Kind-Symbiose, sondern verschiedene Beziehungsmodalitäten durchspielen können.

Wenn dies nicht der Fall ist und der Vater sich ausgeschlossen fühlt, könnte der Prozess schwierig werden, falls die Partner nicht darüber sprechen. Eine Bewusstmachung der Probleme durch Gespräche ist die Chance auf Veränderung der Situation.

Franziska Baatsch schreibt, dass das Stillen den Vater auch aus rein praktischen Gründen ausschließt, weil hier Bedürfnisse der Frau gestillt werden, die vor der Geburt ausschließlich der Beziehung zum Mann galten.

Stillen, so sind sich die Wissenschaftler einig, schließt in sehr häufigen Fällen sexuelle Empfindungen ein. Die Beziehung zum Kind kann für die Frau so bestimmend sein, dass sie eine weitere sexuelle Beziehung, nämlich die zum Mann, zumindest eine Zeit lang nicht wünscht.

Die Mutter dient dem Kind als Nahrungs- und Glücksquelle zugleich, ist somit Hauptperson im Leben des Kindes. Der Vater spielt zunächst für das Baby eine weniger wichtige Rolle, er fühlt sich zurückgesetzt.

Die Mutter erreicht somit einen Vorsprung in der Beziehung zum Kind, den der Vater glaubt nicht mehr aufholen zu können. Er hat Angst davor, für immer zu einer Position am Rande verurteilt zu sein.

Auch wenn diese Feststellung leicht überzeichnet ist, spiegelt sie Grundängste der Männer doch wider.

In dieser Phase muss der Mann lernen und akzeptieren, dass seine Beziehung zum Kind nicht mit der der Mutter vergleichbar ist, solange es gestillt wird. Wenn das Kind abgestillt ist, ändert sich das.

Für viele Väter ist diese Erkenntnis sehr schmerzhaft. Eifersucht und Neid stellen sich ein, hauptsächlich dann, wenn der Vater selbst als Baby keine positiven Stillerfahrungen gemacht hat. Diese Gefühle können sich noch verstärken, wenn der Vater im Zusammenleben mit seiner Frau Abstriche machen muss.

Maria Aichinger-Ehardt, die sich in ihrer Diplomarbeit mit dem Thema *Langes Stillen und dessen Akzeptanz durch die Umgebung*[20] beschäftigt, erklärt dazu:

»Es hat sich gezeigt, dass die interviewten Männer von langzeitstillenden Frauen dem Stillprozess von Beginn an sehr positiv gegenüberstanden. An der Entscheidung, ob ihre Frauen stillen sollen oder nicht, nahmen sie aktiv teil und unterstützten deren Entschluss.

Die Analyse hat gezeigt, dass bei allen Vätern viel theoretisches Wissen über das Stillen vorhanden war. Insgesamt nahm das Thema Stillen, an das sehr viele Idealvorstellungen gebunden waren, einen hohen Stellenwert ein.

Bei der Analyse des täglichen Umgangs mit dem Thema aus der Sicht der Partner der langzeitstillenden Frauen zeigte sich allerdings, dass es bei den Interviewten zu Problemen während der Zeit des Stillens kam, die mit der von ihnen hierzu eingenommenen Position als Mann, Partner und Vater im Zusammenhang standen.

Im Gegensatz zum hohen Engagement der Frau standen und stellten sich die Männer hier weitgehend außerhalb des gesamten Prozesses. Es dominierte die Vorstellung, dass für die Zeit des Stillens zuallererst nur das Kind in seiner Verbindung mit der Mutter von Bedeutung ist. Das Monopol auf Beziehungsarbeit lag somit bei der Frau. Ihre eigene Beziehung zum Kind während dieser Zeit wurde als eine andere, viel weniger intensive und weniger wichtige wahrgenommen.

Ihrer Meinung nach konnten sie den Stillprozess am besten dadurch stützen, indem sie über weite Strecken oft nur die Rolle eines engagierten Beobachters einnahmen. In den Augen der Männer waren in der Zeit des Stillens nur Mutter und Kind wichtig, sie bildeten eine unzertrennliche Einheit, zu der sie ihrem Erleben nach nicht gehörten.

Diese Position des außen stehenden Dritten wird von den interviewten Männern zwar einerseits als unverrückbar und naturgegeben dargestellt, andererseits zeigt die Analyse auch, dass dies bei den Männern Betroffenheit auslöst, was sie sich allerdings nur ungern eingestehen.

Indem sich die Männer aus diesem Prozess herausnehmen, gibt es auch wenige Möglichkeiten, Probleme, die sich aus dem persönlichen Umgang mit dem Thema ergeben, anzusprechen, durchzudiskutieren, zu hinterfragen und neu zu bewerten, um so die eigene Position zu gestalten.

Wie sich in der Untersuchung gezeigt hat, kommt es unter anderem dann zu Problemen, wenn die Männer wider Erwarten doch als Partner und Väter gefordert sind und Stellung beziehen bzw. Entscheidungen treffen sollen.

Erst dann bemerken sie, dass für sie durch die Position des außen stehenden Dritten Hemmnisse und Nachteile in der

Beziehung zum Kind und zur Frau entstanden sind, die sie so nicht erwartet hätten.

Das beschriebene Muster des ›Nichtdazugehörens‹ spielt in beinahe allen dargestellten Problembereichen eine Rolle. Diese Bereiche betreffen den von den Männern wahrgenommenen erschwerten Zugang zum Kind, die Infragestellung der eigenen Position während des Stillprozesses, die Einstellung zum Beruf und zur Hausarbeit und die als ›positive Aspekte‹ beschriebenen Punkte wie Betreuungsarbeit, Sexualität und den Umgang mit der Beendigung der Stillbeziehung.

Wo die Betreffenden die Bereitschaft zeigten, sich über ihre Rolle und ihre Aufgaben in der Familie während der Stillzeit auszutauschen, ist das beschriebene Muster am wenigsten ausgeprägt. Die Gestaltung einer partnerschaftlichen Beziehung ist hier vorrangiges Ziel, die Verbindung des Mannes zum Kind wird von Beginn an als selbstverständlich und für die kindliche Entwicklung wesentlich angesehen.

Der Mann nimmt seine Rolle als Vater aktiv wahr. Die Vater-Kind-Beziehung geht Hand in Hand mit der Mutter-Kind-Beziehung. Die Verbindung zum Kind wird als emotional befriedigend und bereichernd erlebt. Man ist zum Teil selber erstaunt, wie reibungslos und unproblematisch sich diese im Laufe der Zeit entwickelt hat.

Es gibt die Einladung an den Mann, den Partner, von Beginn der Stillbeziehung an daran teilzunehmen und Entscheidungen mitzuplanen.

Das heißt, dass es zwar als selbstverständlich angesehen wird, dass die Frau in ihrer Verbindung zum Säugling auch durchaus autonome Maßnahmen setzt und sich keine Vorgaben von außen überstülpen lässt, dass das aber nicht bedeutet, dass sie allein für das Kind zuständig ist und der Mann kein Mitspracherecht und Möglichkeiten der Gestaltung einbringen darf und kann.

Ziel dieses Verhaltens ist übrigens auch, dass die Frau vom

Mann jederzeit in Bezug auf die Kinderbetreuung und -versorgung entlastet werden kann.«

Gespräche und Offenheit verhindern Probleme

Auch andere Untersuchungen zur Vater-Kind-Beziehung belegen, dass bei vielen Männern die Fähigkeit, das Kind zu »bemuttern«, durchaus ausgeprägt vorhanden zu sein scheint und sich fast auf demselben Niveau befindet wie bei der Mutter.

Frauen neigen dazu, sich, was das Baby betrifft, verantwortlicher zu fühlen und die Männer damit unbewusst vom Kind fern zu halten. Das zeigt sich vor allem dann, wenn die Frau ihrem Mann unterschiedliche Arbeiten, die im Zusammenhang mit dem Kind anfallen, nicht zutraut und somit stillschweigend selbst übernimmt, das eigene Gefühl, unentbehrlich zu sein, also überwiegt.

Dem Mann kommen diese Verhaltensweisen in vielen Fällen entgegen. Den privaten Bereich und damit auch das Kind an die Frau zu delegieren, entspricht den herkömmlichen Mustern. Es ist für die meisten Männer nicht selbstverständlich, sich zu gleichen Teilen wie ihre Frauen für das Kind verantwortlich zu fühlen.

So liegt es an der Frau, sich in ihrem Verhalten zu verändern. Sie sollte ihrer inneren Neigung, die Verantwortung ganz zu übernehmen, nicht nachgeben.

Die Frage, ob Männer auch Neid auf die Stillfähigkeit der Frau empfinden, ist umstritten. Professor Sjef Teuns, Mitglied der Internationalen Vereinigung für Psychoanalyse, ist überzeugt davon, dass es einen Stillneid bei Männern gibt. Die meisten Männer werden von den Brüsten der Frau magisch angezogen und während der Stillzeit mit dem Stolz der Frauen auf ihre Leistungen konfrontiert. Es gibt wahrscheinlich gute Gründe dafür, Frauen um ihre Stillfähigkeit zu beneiden.

Wichtig ist, dass der Mann sich dieser zumeist unbewussten Gefühle bewusst wird und im besten Fall darüber spricht. Das gilt auch für alle anderen halb bewussten oder verdrängten Gefühle, die sich auf das Stillen beziehen.

Obwohl heute der Mann in den meisten Paarbeziehungen aus Gründen eines veränderten Rollenverständnisses nicht mehr so viel Einfluss auf das Verhalten der Frau nehmen kann, kommt es durchaus vor, dass der Vater das Stillen verhindert. Zum Beispiel, indem er seine Frau nicht genügend unterstützt, wenn sie am Anfang beim Stillen unsicher ist oder wenn Schwierigkeiten auftreten.

In Beziehungen mit traditionellem Rollenverständnis kann es durchaus passieren, dass die Furcht der Frau vor der – oftmals nur unbewusst angedeuteten – Eifersucht des Mannes der Auslöser dafür ist, nicht zu stillen. Der Mann sollte sich deshalb bei Stillschwierigkeiten jeglicher Art auch immer Gedanken machen, ob der Grund dafür vielleicht in einem unmittelbaren Zusammenhang mit ihm oder seinem Verhalten steht.

Werden die Probleme, die sich für den Vater während der Stillzeit ergeben können, nicht gelöst, so wird er am Abstillen ein größeres und eindeutigeres Interesse haben als die Mutter. Nach dem Abstillen wird dem Vater zumeist eine gleichberechtigte Beziehung zum Kind möglich, und er kann hoffen, dass sich seine sexuelle Beziehung zur Frau wieder entspannt, das Kind die Mutter nicht mehr so ausschließlich für sich beansprucht.

Es ist übrigens anzuzweifeln, dass ein Kind den Zeitpunkt des Abstillens selbst bestimmt. Die meisten Kinder verlieren nicht einfach das Interesse. Im Gegenteil: Selbst das behutsame, allmähliche Abstillen durch die Mutter bringt einen

Kampf mit dem Kind und seinen Bedürfnissen mit sich. Die Mutter ist hin- und hergerissen, und in vielen Fällen wird, ohne eine bewusste oder unbewusste Verhinderungstaktik des Vaters, das Abstillen immer weiter hinausgeschoben.

Wenn sich ein solches Szenario in den ersten Stillwochen entwickelt, ist die Gefahr groß, dass die Interessen des Babys eher auf der Strecke bleiben als die des Vaters. Ein Bewusstmachen der Problematik durch die Eltern würde in solchen Fällen dem Kind zugute kommen. Mit anderen Worten:

Wenn Vater und Mutter es schaffen, sich ihre Ängste und Sorgen mitzuteilen, hat das Baby eine gute Chance auf eine Behandlungsweise, die ihm gerecht wird und seine Grundbedürfnisse befriedigt.

Kapitel 4

Stillen und Beruf

Obwohl eine Schwangerschaft heute durchaus planbar ist, tritt sie bei ca. 50 % der Frauen ungeplant und somit überraschend ein.

Das bedeutet, dass – aus welchen Gründen auch immer – nichts gegen eine mögliche Schwangerschaft unternommen und der weitere Lebensplan nicht konkret überdacht wurde. Allerdings steht auch bei einer gewünschten und geplanten Schwangerschaft die Frau bzw. das Paar vor einer Situation, die zunächst unklar und verwirrend ist. Erst recht, wenn es sich um das erste Kind handelt.

Besonders die Schwangere, die berufstätig ist, fragt sich, wie sie Baby und Job miteinander verbinden kann.

Abgesehen davon denkt jede werdende Mutter und auch jeder werdende Vater im Laufe der neun Monate ständig darüber nach, wie dieser neue kleine Mensch, der so eng zu ihnen gehört und komplett auf sie angewiesen ist, ihr Leben verändern wird. Die werdenden Eltern können während der Schwangerschaft beispielsweise kaum hochrechnen, wie viel Zeit sie benötigen werden, um dem Baby gerecht zu werden.

Eine Frau, die eine Berufsausbildung absolviert oder ein Studium abgeschlossen hat und sich mitten im Berufsleben befindet, hat in der Regel Befürchtungen und Ängste, den Anforderungen nicht mehr gerecht zu werden und die erworbene Selbstständigkeit, Autonomie und Souveränität zu verlieren.

Das Thema Stillen stellt in diesem Zusammenhang eine zusätzliche Sorge dar, symbolisiert dieser eigentlich natürliche Vorgang zwischen Mutter und Kind doch einen hohen Grad an Bindung, der zu dem heute gängigen Bild einer unabhängigen, berufstätigen Karrierefrau nicht zu passen scheint.

Viele Frauen entscheiden sich deswegen im Vorfeld bereits dagegen, ihr Baby zu stillen, und wenn sie doch dafür sind, dann nur für eine kurze Zeit. Sie möchten ihre Unabhängigkeit behalten.

Sie realisieren nicht, dass diese Unabhängigkeit bereits zu dem Zeitpunkt verloren ist, in dem sie erfahren, dass ein Kind unterwegs ist. Das Leben, das sie vorher führten, ändert sich gewaltig.

Netzwerke und gute Organisation sind wichtig

Nach Daniel N. Stern, *Die Mutterschaftskonstellation*[21], hat die Mutter grundsätzlich das Bedürfnis, ein schützendes, wohlwollendes Netzwerk der Unterstützung zu schaffen, alles zu regulieren, damit die Entwicklung des Babys in jeglicher Weise gefördert werden kann.

Dieser Aspekt ist in Anbetracht der gewaltigen Anforderungen, die sowohl auf die Mutter als auch auf die ganze Familie zukommen, nicht zu unterschätzen.

Die Großfamilie, die der Mutter früher beistehen konnte, ist heute Geschichte und wurde durch keine andere soziale Einheit ersetzt, schon gar nicht durch die Strukturen des Gesundheitssystems und der medizinischen Versorgung. Somit stehen der Mann und die Frau unter wachsendem Druck, sich das notwendige Netzwerk allein zu schaffen – eine fast unmögliche Aufgabe.

Traditionell war es ein weibliches und mütterliches Netzwerk, das aus Hebammen, Großmüttern, erfahrenen Tanten und Schwestern bestand. Der Ehemann wurde erst in unseren Tagen ein Teil davon.

Geburt und Versorgung des Neugeborenen waren immer »Frauensache«, bei den Menschen genauso wie bei den Primaten. Dort werden die Männchen bei fast allen Arten in eine – für das Baby – sichere Distanz verwiesen. Nur nach und nach erhalten sie Zugang zu ihrem Nachwuchs.

Eine wichtige Funktion des Netzwerkes ist es, der Mutter das Gefühl zu geben, Sicherheit und Unterstützung zu erhalten. Sie muss wissen, dass sie sich auf Hilfe verlassen kann. Wenn es sich um das erste Kind handelt, müssen diese Mechanismen von allen Beteiligten zunächst »erlernt« werden, denn keine Frau kommt als Mutter auf die Welt und kein Mann als Vater.

Das deutsche Mutterschutzgesetz regelt Fragen, die in den ersten Monaten, vor allem, wenn die Mutter ihr Baby stillen möchte, auftauchen. Es ist eines der großzügigsten auf der ganzen Welt. Es bietet Müttern viel Freiraum und gibt gerade solchen Frauen nützliche Hinweise, die trotz der Berufstätigkeit ihr Baby lange stillen möchten. Natürlich ist das alles sehr theoretisch, und die Praxis erfordert noch immer große organisatorische Fähigkeiten. Die Ausgangssituation jeder Mutter ist anders, und auf den ersten Blick sehen viele den Urwald vor lauter Bäumen nicht. Zu viele – teilweise nur imaginäre – Probleme stellen sich.

Beschäftigt man sich aber mit dem Thema, plant und entwirft man ein Modell für sein Leben mit dem Kind, sieht die Welt oft schon weniger düster aus.

In den Empfehlungen der Nationalen Stillkommission vom 26. März 2003 (http://www.bfr.bund.de) heißt es:

»Gut gedeihende Kinder können sechs Monate lang ausschließlich gestillt werden. Auch nach Beginn der Beikostfütterung sollten sie weiter gestillt werden.

Die physiologischen, psychologischen und sozialen Vorteile des Stillens sind von der 55. Weltgesundheitsversammlung im Mai 2002 erneut hervorgehoben worden. Sie sollten Anlass sein, die Förderung des Stillens als gesundheitspolitische und gesellschaftliche Aufgabe zu betrachten, die von allen mitgetragen wird.

Das deutsche Mutterschutzgesetz gibt also in hervorragender Weise den rechtlichen Rahmen für den Schutz der stillenden Mutter am Arbeitsplatz vor. Der Gesetzgeber erkennt damit die besondere Schutzbedürftigkeit der berufstätigen stillenden Mutter an, gleichzeitig auch die besondere Schutzwürdigkeit des Stillens.

Die praktische Umsetzung ist allerdings nicht immer leicht. Mit den folgenden Ausführungen möchte die Nationale Stillkommission einerseits über die gesetzlichen Bestimmungen informieren, die die stillende Mutter am Arbeitsplatz schützen und ihr das Stillen ermöglichen sollen, andererseits praktische Hinweise dazu geben, wie Berufstätigkeit und Stillen miteinander zu vereinbaren sind.

Es ist zu empfehlen, dass die stillende Mutter zusammen mit ihrer Umgebung (Partner, Familie, Arbeitskollegen, Arbeitgeber) nach der besten und für alle verträglichen Lösung sucht.«

Hier sind

Auszüge aus dem Mutterschutzgesetz:

Das Mutterschutzgesetz stellt die rechtliche Grundlage dar, um schwangere und stillende Frauen vor gesundheitlichen Schäden und Nachteilen am Arbeitsplatz zu schützen.

Es gilt für alle Frauen, die in einem Arbeitsverhältnis stehen.

Es gilt nicht für Hausfrauen, Selbstständige, Organmitglieder und Geschäftsführerinnen juristischer Personen oder Gesellschaften sowie für Adoptivmütter.

Grundsätzlich gilt das Mutterschutzgesetz für alle Beschäftigungsverhältnisse, auch Ausbildungsverhältnisse, unabhängig von der Sozialversicherungspflicht und dem Realeinkommen, der Staatsangehörigkeit und dem Familienstand.

Gesetzlich festgelegt sind die zusätzlichen Stillpausen, die stillenden Müttern ermöglichen sollen, neben den üblichen Pausen zusätzliche Zeit zu beanspruchen, um zu stillen oder zu pumpen.

Es ist im Mutterschutz verankert, welche Tätigkeiten von stillenden Müttern nicht abverlangt werden dürfen, ebenfalls ist der Kündigungsschutz geregelt.

Wie lange dauert die Mutterschutzfrist?

Gesetzlich festgelegt sind derzeit acht Wochen nach einer normalen Entbindung. Bei Frühgeburten oder Mehrlingsgeburten sind es derzeit zwölf Wochen, zuzüglich der Zeitspanne, die vor der Geburt nicht beansprucht werden konnte.

In der Zeit des Erziehungsurlaubs können Mütter neben der Inanspruchnahme des Erziehungsgeldes bis zu 19 Stunden wöchentlich arbeiten, ohne dass das Erziehungsgeld gekürzt wird.

Wie kann der Arbeitgeber im täglichen Arbeitsleben stillenden Frauen entgegenkommen?

Wenn schon in der Schwangerschaft geplant ist, nach Ablauf der Mutterschutzfrist wieder berufstätig zu werden, sollte mit dem Arbeitgeber bereits vor Beginn des Mutterschutzes über die Möglichkeiten des Wiedereinstiegs nach dem Mutterschutz geredet werden.

Flexible Arbeitsbedingungen, eventuell anfangs eine Teilzeitbeschäftigung, sowie flexible Arbeitszeiten könnten den Wiedereinstieg leichter machen.

Der festgeschriebene Kündigungsschutz bewahrt schwangere wie stillende Frauen vor einer Benachteiligung am Arbeitsplatz aufgrund der Mutterschaft.

Am Arbeitsplatz wäre es sinnvoll, eine Rückzugsmöglichkeit zum Abpumpen oder zum Stillen zu haben sowie die Möglichkeit, gepumpte Muttermilch in einem Kühlschrank unterzubringen.

Seitens der Mutter besteht auch die Möglichkeit, eine Kühltasche mitzubringen und die Milch gleich nach dem Pumpen bis zum Nachhausegehen darin unterzubringen.

Leider ist es trotz unseres herausragenden Mutterschutzgesetzes immer noch so, dass viele Arbeitgeber nicht darauf eingestellt sind, dass stillende Mütter vor dem Abstillen an ihren Arbeitsplatz zurückkehren, und oftmals erfahren stillende Mütter keine Unterstützung.

Dabei legt das Gesetz auch die Rechte stillender Mütter fest:

§ 6 regelt die Beschäftigung nach der Entbindung:
Absatz 2 gibt die Möglichkeit, sich mit einem ärztlichen Zeugnis bedingt arbeitsunfähig schreiben zu lassen; dann dürfen keine Arbeiten gefordert werden, die die Leistungsfähigkeit übersteigen.

Absatz 3 regelt die Tätigkeiten, die ausgeübt werden dürfen. Generell untersagt ist Schwerstarbeit. Dazu zählen: Regelmäßiges Heben schwerer Lasten, Verharren in hockender oder gebückter Haltung, erhebliches Strecken und Beugen, dauerndes Stehen oder Sitzen ohne Pausen, Kontakt mit gesundheitsgefährdenden Stoffen wie Chemikalien, infektionsgefährdenden Stoffen, radioaktiven Stoffen etc.

§ 7 regelt die Stillzeit:
Stillenden Müttern ist auf ihr Verlangen die zum Stillen erforderliche Zeit, mindestens aber zweimal täglich eine halbe Stunde oder einmal täglich eine Stunde freizugeben. Bei einer

zusammenhängenden Arbeitszeit von mehr als acht Stunden soll auf Verlangen zwei Mal eine Stillzeit von mindestens fünfundvierzig Minuten oder, wenn in der Nähe der Arbeitsstätte keine Stillgelegenheit vorhanden ist, einmal eine Stillzeit von mindestens neunzig Minuten gewährt werden. Die Arbeitszeit gilt als zusammenhängend, soweit sie nicht durch eine Ruhepause von mindestens zwei Stunden unterbrochen wird.

Durch die Gewährung der Stillzeit darf kein Verdienstausfall eintreten. Die Stillzeit darf von stillenden Müttern nicht vor- oder nachgearbeitet und nicht auf die im Arbeitszeitgesetz oder in anderen Vorschriften festgelegten Ruhepausen angerechnet werden.

Die Aufsichtsbehörde kann in Einzelfällen nähere Bestimmungen über Zahl, Lage und Dauer der Stillzeiten treffen; sie kann die Einrichtung von Stillräumen vorschreiben.

§ 8 regelt die Mehrarbeit, Nacht- und Sonntagsarbeit.
Danach dürfen werdende und stillende Mütter nicht mit Mehrarbeit, nicht in der Nacht zwischen 20 und 6 Uhr und nicht an Sonn- und Feiertagen beschäftigt werden. Je nach Berufssparte (z. B. Krankenpflege) gibt es hierzu festgeschriebene Ausnahmeregelungen.

Die praktische Umsetzung von Stillen und Berufstätigkeit

Die praktische Vereinbarkeit von Stillen und Berufstätigkeit hängt davon ab, wie alt das Kind ist und wie lange die Mutter von zu Hause weg ist.

Wenn das Kind bis zur Rückkehr in den Beruf ausschließlich gestillt wird, ist es sinnvoll, schon ein bis zwei Wochen vor Arbeitsbeginn ein- bis zweimal täglich abzupumpen. Hierbei kann der Umgang mit der Pumpe erprobt sowie ein kleiner Milchvorrat angelegt werden. Prinzipiell kann Muttermilch im Viersterne-Gefrierfach zwei Wochen und im Tiefkühlgerät sechs Monate lang aufbewahrt werden. Auf eine eingefrorene Milchportion kann frische, abgekühlte Milch geschüttet werden.

Im Kühlschrank hält abgepumpte Muttermilch drei bis fünf Tage an der kältesten Stelle bei +8 °C. Auch hier ist es möglich, auf eine schon gekühlte Portion frisch abgepumpte, abgekühlte Milch zu schütten.

Wenn die Mutter aufgrund ihrer Abwesenheit nicht stillen kann, sollte sie am Arbeitsplatz stattdessen abpumpen, um die Milchproduktion aufrechtzuerhalten und den Bedarf für den nächsten Tag zu decken. Die Person, die das Kind betreut, kann ihm diese dann geben.

Als Methode zur Verabreichung der Muttermilch eignet sich neben der Flaschenfütterung die Becherfütterung. Das hängt von dem Geschick der Betreuungsperson ab.

Erfahrungsgemäß akzeptieren die Säuglinge die Flasche besser, wenn sie von jemand anderem verabreicht wird, und reagieren auch kaum mehr mit Saugverwirrung, wenn sich das Stillen gut eingespielt hatte.

Die Mutter sollte das Baby stillen, bevor sie zur Arbeit geht, und sich Zeit dafür nehmen, wenn sie zurückkommt. Es kann vorkommen, dass das Baby nun in den Abend- und Nachtstunden häufiger gestillt werden möchte. Das kann auch Ausdruck sein für ein vermehrtes Bedürfnis nach Haut- und Körperkontakt.

Wenn sie das Baby mit ins Bett nimmt, ist es für die Mutter weniger anstrengend, dieses Bedürfnis zu befriedigen.

Gelegentlich kommt es vor, dass ein Baby die Brust ablehnt, wenn die Mutter es nach der Arbeit stillen möchte. Vielleicht hat sie einen anstrengenden Tag hinter sich und riecht anders als sonst, vielleicht schmeckt die Muttermilch auch etwas anders als üblich. In diesem Fall empfiehlt es sich, nach dem Nachhausekommen zu duschen und vanillehaltige Produkte zu essen. Dann wird sich das Stillen wieder einspielen. Ein durch Stress oder auch Leistungssport erhöhter Milchsäureanteil reguliert sich innerhalb von ein bis zwei Stunden.

Das alles erfordert organisatorische Fähigkeiten und ist nie einfach zu bewerkstelligen. So stellt sich jeder Frau, die berufstätig ist und ein Kind bekommt, die Frage, wie sie den Spagat zwischen den Anforderungen, die ihr Beruf an sie stellt, und der Erfüllung der mütterlichen Pflichten schaffen kann.

»Im Alltag«, so konstatiert Bärbel Schön in ihrem Artikel *Mütterlichkeit als Tabu*[22], »versucht die Mutter von heute, die zerbrochene Einheit von Arbeit, also der rationalisierbaren Leistung, einerseits und der Liebe-Kontakt-Beziehung andererseits immer wieder herzustellen, so gut es unter den Bedingungen der industriellen Warengesellschaft und Erwerbsarbeit überhaupt möglich ist. Diese Ganzheitlichkeit wird in unserer Gesellschaft an die Mütter delegiert und gleichzeitig ignoriert und abgewertet.«

Gabriele Borgdorf-Albers[9] bemängelt das oft fehlende Verständnis für die einzigartige Bindungsform zwischen Mutter und Kind in der heutigen Gesellschaft: »Stillen ist eine Tätigkeit ohne messbares, vorzeigbares Ergebnis. Stillen, einhergehend mit Ruhe, Entspannung, Sinnlichkeit und verlangsamtem, dem Kind angepasstem Rhythmus, ist unter wirtschaftlichen Gesichtspunkten sinnlose Zeitvergeudung.

Die Ernährung mit industriell hergestellter, käuflicher Babynahrung, die delegiert, mehr geplant und kontrolliert werden kann, entspricht schon eher den gängigen Prinzipien: In der Mutterschaft ist der Widerspruch von individueller Behandlung und Gesellschaft in besonderer Schärfe enthalten. Durch die fehlende Akzeptanz des Stillens werden Mütter häufig isoliert und an den Rand sozialer Einsiedelei getrieben. Ausgeprägte Mütterlichkeit erscheint wie ein veraltetes, nicht akzeptables Konzept in den Zeiten von Computern, Überschallflugzeugen und Zeitnot.«

Die Psychologin greift Widersprüche und Konflikte auf, die in unserer Gesellschaft Frauen Schwierigkeiten bereiten und die Stillwilligkeit und Bereitschaft zur Mütterlichkeit erheblich beeinträchtigen können. Da sind:

»Der Widerspruch, einerseits als Bezugsperson für die Entwicklung des Kindes ungeheuer bedeutungsvoll zu sein, andererseits das negative Image einer ›Nur-Hausfrau‹ zu erleben.

Die mangelnde Wertschätzung mütterlicher Arbeit, bis hin zur Nichtwahrnehmung in der Familie und in der Gesellschaft.

Die schwierige Aufgabe, die oft unsichtbare Arbeit mitteilbar zu machen.

Das Problem Berufstätigkeit und Mutterschaft so zu verbinden, dass das Resultat nicht Überlastung und Schuldgefühle bei der Mutter hervorruft.

Die Schwierigkeit, sich als Mutter kaum definieren zu können, ohne in die Nähe von ›Mutterglucke‹ und ›Heimchen am Herd‹ gerückt zu werden.

Einerseits die Tendenz, die Beziehung zum Kind mangels Ausgleich mit Gefühlen zu überschütten (viele Väter sind nicht präsent), und andererseits die Neigung, das Kind möglichst von Geburt an wegzuorganisieren, um sich mit der Mutterrolle erst gar nicht identifizieren zu müssen.«

Stillen und Beruf – zwei Welten, die miteinander funktionieren

Die Emanzipationsbewegung der siebziger Jahre hat die Frau unabhängiger und karriereorientierter gemacht, aber auch unsicherer, was die familiären Aufträge betrifft. Merkwürdigerweise wissen die wenigsten werdenden Mütter, welche Hilfen ihnen zustehen.

Vermutlich geht es etlichen Frauen wie mir damals: Es dauerte eine ganze Weile, bis ich mich durch den Dschungel von Bestimmungen, Empfehlungen und Angeboten hindurchgearbeitet hatte und beispielsweise wusste, dass man als stillende Mutter in jeder Apotheke eine elektrische Milchpumpe ausleihen kann, die man die gesamte Stillzeit über behält und die unter bestimmten Umständen sogar von der Krankenkasse bezahlt wird.

Der Tagesablauf wird für alle Beteiligten durch das Abpumpen leichter, denn der Milchfluss versiegt nicht, auch wenn die Mutter vom Kind einige Stunden lang getrennt ist. Wenn die Mutter am nächsten Tag wieder arbeiten geht, kann die Betreuungsperson des Kindes, ob es Vater, Oma oder Tagesmutter ist, dem Säugling die wertvolle Muttermilch verabreichen.

Claude-Suzanne Didierjean-Jouveau lebt in Frankreich, ist verheiratet und hat drei Kinder. Sie arbeitet als Bibliothekarin an der Pariser Bibliothek für Rechts- und Wirtschaftswissenschaften und ist Herausgeberin von »Allaiter aujourd'hui« (Stillen heute) der La Leche League France, einem vierteljährlich erscheinenden Magazin über das Stillen. Die dreifache Mutter hat Pionierarbeit geleistet zum Thema Stillen und Beruf. Auf internationalen Kongressen hält sie regelmäßig Vorträge und ermuntert weltweit alle Mütter, ihre Kinder trotz eines Wiedereinstiegs in den Beruf weiter zu stillen.

Da in Deutschland zur Zeit keine vergleichbaren Arbeiten zu finden sind, die Probleme der Mütter in Deutschland und Frankreich sich aber nicht wirklich unterscheiden, habe ich mit dem Einverständnis der Autorin einige Berichte und Anregungen übersetzen lassen. Hier sind sie in gekürzter Form:

»Das wirkliche Erfolgsgeheimnis bei der Verbindung von Stillen und Arbeit besteht ganz einfach darin zu wissen, dass es möglich ist und dass es sich nicht um ein Kunststück handelt, sondern um eine realisierbare Möglichkeit für alle Frauen, die stillen möchten.

Es ist natürlich einfacher, wenn man von seiner Umgebung unterstützt wird. Und es ist wichtig, andere Frauen zu kennen, die die gleiche Erfahrung gemacht haben oder gerade machen. Die lernt man beispielsweise in Stillgruppen, bei Veranstaltungen von La Leche Liga oder im Internet in verschiedenen Foren kennen.

Zwei kleine ›Tricks‹ sollte man kennen, weil sie die Umsetzung von Stillen und Beruf einfacher machen:

Zum einen, dass man ganz einfach bis zur Wiederaufnahme der Arbeit stillt, ohne sich zu beunruhigen, wenn das Baby bei einer ›Übung‹ die Flasche aus der Hand der Mutter ablehnt. Es wird die Flasche von der Person, die es schließlich betreuen wird, akzeptieren, weil es dann die Notwendigkeit und die Nützlichkeit begreift.

Wieso sollte es sich bei der Übung mit der Mutter (oder einer anderen Person in Anwesenheit der Mutter) mit der ›zweiten Wahl‹ zufrieden geben, wenn die ›erste Wahl‹, die Mutterbrust, in Reichweite des Mundes ist.

So erspart man sich eine Reihe von Konflikten, die zum Machtkampf ausarten können. Man geht auch der Gefahr der Saugverwirrung aus dem Weg, die immer vorhanden ist.

Der zweite Trick ist, nach Wiederaufnahme der Arbeit weiter zu stillen, sobald man das Kind bei sich hat (morgens, abends, nachts, an Wochenenden und im Urlaub). Es stört das Kind nicht, zu Hause nicht den gleichen Rhythmus wie in der Krippe oder bei der Amme zu haben. Im Gegenteil, es hilft dem Kind, seine Erfahrungen zu strukturieren. Es wird einen Unterschied erkennen zwischen der Zeit, in der es bei seiner Mutter ist und saugen kann, und der Zeit, in der dies nicht der Fall ist.

Viele Ratgeber proklamieren zum Thema Stillen und Arbeit, man solle das Kind schon vor der Wiederaufnahme der Arbeit an das Fläschchen gewöhnen und danach dann morgens und abends stillen. Ich würde nicht so weit gehen, zu sagen, dass dieses System nicht funktionieren kann. Aber zu häufig geht die Milchproduktion zurück, oder man hat es mit einem frustrierten Baby zu tun, das eventuell an einer Verwirrung Brust/Schnuller leidet und sich schließlich zur großen Enttäuschung seiner Mutter von der Brust abwendet.

Es gibt verschiedene Befürchtungen, die Mütter haben, die trotz Arbeit weiter stillen möchten.

Die erste betrifft den ›Verlust‹ von Milch. Es ist klar, dass die Mutter weniger Milch hat, wenn das Baby weniger saugt. Daher sollte so oft wie möglich gestillt werden, wenn Mutter und Kind zusammen sind. Auf keinen Fall geht die Milch jedoch ›verloren‹ wie ein Wadi in der Wüste: Solange das Baby saugt, gibt es Milch, selbst wenn es weniger ist.

Die zweite Befürchtung betrifft die Ermüdung. Häufig wird die Erschöpfung der Mutter nach einem Arbeitstag dem Stillen zugeschrieben. Selbstverständlich ist es anstrengend, ein kleines Baby und eine Arbeit zu haben. Aber das Stillen steigert die Ermüdung nicht, ganz im Gegenteil. Eine Mutter formulierte es treffend:

›Es ist zwar immer noch nicht einfach, aber das Stillen bringt uns dazu, die Verpflichtungen, die wir haben oder die wir glauben zu haben, anders zu betrachten und die Prioritäten zu erkennen. Es ist wahr, man muss sich organisieren und zweitrangige Aufgaben hintanstellen, aber die Freude ist so groß, sein Baby zu stillen, dass dies alles Übrige verwischt und der Mutter Flügel verleiht.‹

Eine andere Befürchtung stillender Mütter betrifft die Stauungen und das unbeabsichtigte Auslaufen von Milch. Dies kann tatsächlich in den ersten Tagen passieren, und die

Mutter muss darauf achten, ihren Brüsten, wenn sie spannen, »Erleichterung« zu verschaffen, indem sie vielleicht ein wenig Milch abpumpt. Sehr schnell – und fast wie von Zauberhand für diejenige, die es nicht erlebt hat – wird sich die Brust diesem neuen Rhythmus anpassen.

Ein letzter kleiner ›Trick‹ gegen das ›Austreten‹: Es genügt im Allgemeinen, stark auf die Brust zu drücken (zum Beispiel durch Überkreuzen der Arme), sobald es anfängt zu ›prickeln‹, um zu verhindern, dass die Milch ausläuft. Dies lässt sich auch ganz diskret tun.

Außer den kurz- und langfristigen Vorteilen für die Gesundheit des Kindes hat das Abpumpen von Milch übrigens einen weiteren Vorteil. Durch die Stimulation der Brust wird die Milchproduktion aufrechterhalten und damit eventuellen Stauungen, verstopften Milchkanälen und ›Austritten‹ vorgebeugt.«

Betreuung des Säuglings durch andere

»Damit es gelingt, Arbeit und Stillen zu verbinden, ist es wichtig, sich der Mitarbeit oder zumindest der wohlwollenden Neutralität der Personen zu vergewissern, die das Kind einhüten werden«, so Claude Didierjean-Jouveau weiter.

»Die Diskussion wird sicher erleichtert, wenn es sich um ein Familienmitglied handelt oder um eine Person, die eingestellt wird, um das Kind zu Hause einzuhüten. Die Dinge können komplizierter werden, wenn das Kind außerhalb des Hauses betreut wird, sei es bei einer Tagesmutter oder in der Krippe.

Aber unabhängig davon, welche Personen für das Kind da sind, ist es wichtig, sie möglichst gut über die Art des Umgangs mit der Muttermilch, den Rhythmus des gestillten Kindes, den Umstand, dass man andere Gegenstände benutzen kann als das Fläschchen (Becher, Löffel usw.), zu informieren. Das kann man beispielsweise tun, indem man ihnen Unterlagen übergibt, sie Erfahrungsberichte lesen lässt oder sie zu einem Stilltreffen mitnimmt. Denn oft ist es die Versagensangst, die Probleme schafft, vor allem, wenn die Person – was der Fall sein kann – noch nie ein Baby betreut hat, das noch gestillt wird.

Die Erfahrungsberichte zeigen es deutlich: Eine kooperative Tagesmutter kann von unschätzbarem Wert sein. Daher sollte man vorher ihre Fähigkeit testen, denn sie muss bereit sein, sich den Wünschen der Mutter anzupassen und den Bedürfnissen des Kindes nachzukommen. Und dies betrifft nicht nur die Art, wie die Fläschchen mit Muttermilch behandelt werden!

Ich kenne eine Mutter, Headhunter von Beruf, die einen sehr detaillierten Fragebogen erarbeitet hat, um die Tagesmutter zu ›rekrutieren‹, die am besten ihren Wünschen entspricht:

Das Kind nicht allein in einer Ecke weinen lassen, es wiegen, tragen, verstehen wollen usw.

Größere Schwierigkeiten, als das Fläschchen mit Muttermilch zu geben, bereitet den Tagesmüttern manchmal die Tatsache, dass die Mutter zu Hause stillt (bevor sie weggeht, bei der Rückkehr am Abend, sogar im Verlauf des Tages).

Sie empfinden es als ein Eindringen in ihre Intimsphäre. Auch hier ist es wichtig, darüber zu sprechen, einen Versuch vorzuschlagen, ein Grenzdatum vorzugeben und daran zu denken, sich zu bedanken, wenn alles gut geht.«

Schon 1985 schrieb Claude Didierjean-Jouveau: »Es wird Zeit, mit dieser fatalen Gleichung zu brechen:

Wiederaufnahme der Arbeit durch die Mutter = vollständiges Abstillen des Babys.

Am Tag des Stillbeginns, an dem die Frauen wissen, dass sie das Baby nicht unbedingt zwei oder drei Monate später abstillen müssen, weil sie wieder arbeiten, fangen die Dinge an, sich zu ändern.

In allen Fällen, in denen eine Frau weiter stillen möchte,

wenn sie arbeitet, ist es von wesentlicher Bedeutung, sie mit anderen Müttern in Verbindung zu bringen, die glücklich eine ähnliche Situation bewältigt haben.«

Es gibt seit einigen Jahren eindrucksvolle Beispiele von deutschen Unternehmen, die berufstätigen Müttern, die ihr Baby stillen möchten, den Arbeitsplatz zu Hause einrichten.

Nicole Wefers, Projekt-Managerin bei EDEKA in Hamburg, Deutschlands größtem Lebensmittel-Einzelhandelskonzern, und Mutter eines fast zwei Jahre alten Sohnes:

»Das Unternehmen hat mir direkt nach meinem Mutterschutz einen PC zur Verfügung gestellt, mit dem ich mich auf den Server der Firma einwählen kann, und so bin ich auch elektronisch immer erreichbar. Außerdem hat man mir einen Drucker, ein Faxgerät und ein Firmenhandy nach Hause geliefert und mich mit der Telefonzentrale des Unternehmens vernetzt. Es ist eine unendliche Erleichterung für mich, meine Arbeit von hier aus fortsetzen zu können und trotzdem für mein Kind da zu sein.«

Dass Frauen arbeiten, ist keine Errungenschaft unserer Zeit. Frauen haben immer schon verschiedene Aufgaben zusätzlich zu ihrer Hausarbeit erledigt. Aber diese Aufgaben wurden im Allgemeinen zu Hause oder nicht weit davon entfernt ausgeführt. Das Baby konnte meist bei seiner Mutter bleiben, deren Arbeit kein Hindernis für das Stillen war.

Heute müssen Frauen mitunter lange Anfahrtszeiten zu ihrem Arbeitsplatz in Kauf nehmen. Auch das ist ein Grund für die Abwendung vom Stillen im 20. Jahrhundert. Und das, obwohl bereits zu Beginn des Jahrhunderts Maßnahmen ergriffen wurden, um die Distanz zwischen dem gestillten Baby und seiner Mutter zu verkleinern (Stillpausen, Stillräume und -zimmer usw.).

Wer informiert ist, stillt weiter

»Auf den ersten Blick mag es paradox erscheinen, aber jüngste statistische Untersuchungen, die in den Industrieländern durchgeführt worden sind, zeigen, dass das Stillen am häufigsten bei berufstätigen Akademikerinnen vorkommt«, fand Claude Didierjean-Jouveau kürzlich heraus. »Hier handelt es sich um Frauen, denen der Zugang zu Informationen oft leichter fällt als Müttern anderer Gesellschaftsschichten, die also wissen, dass Stillen das Beste für einen Säugling ist.

Auch eine bereits Ende der siebziger Jahre in Oslo durchgeführte Untersuchung hat gezeigt, dass Mütter, die nach der Geburt wieder in den Beruf zurückgekehrt sind oder ihr Studium wieder aufgenommen haben, nach den ersten zwölf Monaten häufiger stillten als jene, die zu Hause geblieben waren.

Leider ist es dennoch so, dass bei vielen Müttern die Wiederaufnahme der Arbeit mit dem Abstillen des Kindes einhergeht. Durch mangelnde Information beugen sich zu viele Frauen immer noch ›Abstillplänen‹ (einen Stillvorgang nach dem anderen streichen und durch Flaschennahrung ersetzen), die mit mehr oder weniger Nachdruck – von der Umgebung, den Gesundheitsfachleuten oder der Krippeneinrichtung, die das Kind aufnehmen soll – angeregt werden.

Seit einigen Jahren verbreitet sich jedoch die Nachricht, dass es möglich ist, nach der Wiederaufnahme der Arbeit weiter zu stillen. Zeitschriften für das breite Publikum widmen diesem Thema vermehrt Dossiers, und Fernsehsendungen befassen sich mit dem Problem.

Es ist wahr, dass es praktisch nur Vorteile hat, weiter zu stillen. Alle Gründe, die vor oder nach der Geburt eine Mutter dazu bewogen haben, zu stillen, gelten auch drei oder sechs Monate später noch. Die Muttermilch bleibt die für das Baby am besten geeignete Ernährung.

Und die Erfahrungen der Mütter klingen auch positiv:

sanfte Trennung für das Kind und für die Mutter, weniger Eifersucht zwischen der Mutter und der Betreuerin, Freude über das ›Wiedersehensstillen‹, Sicherheit, die durch die aufrecht erhaltene Verbindung entsteht.

Es ist klar, dass es leichter ist, Arbeit und Stillen zu vereinbaren, wenn die Umstände günstig sind. Solche Umstände können sein:

Ein älteres Baby (ein Monat mehr oder weniger kann einen großen Unterschied machen: In der amerikanischen Studie von Kathleen G. Auerbach stillten die Mütter, die ihre Arbeit wieder aufnahmen, als ihr Baby mindestens vier Monate alt war, länger als die anderen);

Verkürzte und/oder flexible Arbeitszeiten (wenn es nicht möglich ist, vollständig aufzuhören zu arbeiten, kann vielleicht geplant werden, vorübergehend eine Teilzeitstelle anzunehmen: In der Auerbach-Studie war die Anzahl von Arbeitsstunden pro Woche der zweitwichtigste Faktor) und kürzere Wegezeit;

Möglichkeiten, die Milch abzupumpen (in der Auerbach-Studie pumpten 86 % der Frauen ihre Milch ab, und diejenigen, die es taten, stillten im Durchschnitt länger als die anderen);

Baby in der Nähe des Arbeitsplatzes untergebracht oder sogar am Arbeitsplatz; und, warum nicht, das Baby zur Arbeit mitnehmen!«

Weitere gesetzliche Verfügungen sowie ein längerer Mutterschaftsurlaub wie in den nordischen Ländern würden die Situation in Deutschland vermutlich verbessern. Aber wie Erfahrungsberichte zeigen, ist es selbst unter viel weniger günstigen Bedingungen möglich, das Stillen fortzusetzen.

Und keine Mutter hat es bedauert, das Abenteuer ausprobiert zu haben – auch hierüber gibt es Studien –, und 82 % der Mütter würden Arbeit und Stillen wieder verbinden, wenn sie ein weiteres Mal entscheiden müssten!

Erfahrungen berufstätiger stillender Mütter

Astrid Hohla schreibt in einem La-Leche-Liga-Infobrief, Österreich:

»Wenn sich Mutter und Kind auf eine längere Stillzeit einlassen wollen, dann sollte man sich nicht durch einen bevorstehenden Wiedereinstieg ins Arbeitsleben von seinem Vorhaben abbringen lassen.

Ich stille meinen Sohn nach wie vor nach Bedarf und arbeite 30 bis 40 Stunden pro Woche in meinem Beruf. Für mich war ein Wiedereinstieg ins Berufsleben verbunden mit irrationalen Ängsten – füge ich meinem Sohn einen Schaden zu, wenn ich wieder arbeiten gehe und auch Nachtdienste zu absolvieren habe?

Vor allem der erste Monat nach dem Wiedereinstieg war für mich voller Probleme.

Jedoch mein Sohn freute sich während meiner Abwesenheit über die verstärkte Anwesenheit seines Vaters. Er schaffte es von Anfang an, gut mit den neuen Gegebenheiten klarzukommen, und schlief an der Seite seines Vaters durch, während ich Nachtdienst hatte.

Ich bin der Meinung, dass man sich weder von festgelegten Karenzzeitregelungen noch von unwissenden Empfehlungen Außenstehender in seiner persönlichen Stillauffassung aus dem Konzept bringen lassen sollte.

Wie wir, sind auch unsere Kinder sehr verschieden und reifen zu völlig unterschiedlichen Persönlichkeiten heran.

Ich möchte alle Mütter zum längeren Stillen ermutigen, das Stillen spielt eine bedeutende Rolle während der gesamten frühen Kindheit. Es bietet dem Kind lange die wünschenswerte Sicherheit.

Stillen und Beruf schließen sich gegenseitig nicht aus – ganz im Gegenteil – man kann auch trotz Arbeit schöne Stillrituale gestalten.«

Eine andere Mutter schrieb an La Leche Liga:

»Mein Mann und ich haben uns immer Kinder gewünscht. Als wir erfuhren, dass ich schwanger war, waren wir beide sehr glücklich. Während der Schwangerschaft machte ich mir viele Gedanken. Es war klar, dass sich vieles verändern würde, auch beruflich. Ich machte mir Sorgen, ob ich nach einer Auszeit wieder an meinen hart erkämpften Arbeitsplatz zurückkehren konnte oder ob ich in einer anderen Abteilung weiterarbeiten musste.

Es stand fest, dass mein Mann und ich das Kind betreuen mussten, eine Oma oder Fremde kamen nicht in Frage. Aber warum nur ich als Mutter? Und nicht auch der Vater?

Nach der Geburt fragte ich meinen Mann, ob wir nicht beide halbtags arbeiten wollten. So könnten wir beide im Beruf bleiben und trotzdem unser Baby selbst betreuen.

Anfangs war er nicht begeistert, er hatte viele Zweifel:

Reichte dann das Geld, wie reagierte sein Arbeitgeber, kann das Kind dann noch gestillt werden?

Wir einigten uns darauf, dass wir regelmäßig jeder vier Stunden am Tag arbeiteten. So hatten wir insgesamt eine 40-Stunden-Woche, wie auch in anderen Familien, in denen ein Elternteil voll arbeitet.

Mein Mann ging um 7 Uhr aus dem Haus und war um 12 Uhr wieder da. Diese Zeit verbrachte ich mit dem Baby wie jede andere Mutter auch: mit Stillen, Schlafen, Spazierengehen, Freunde besuchen, Krabbelgruppen treffen, an Stillgruppen teilnehmen …

Mittags hatten mein Mann und ich eine Stunde gemeinsame Mittagspause, in der wir aßen und ›Übergabe‹ machten. Dann ging mein Arbeitstag los: von 13 Uhr bis 17 Uhr.

Nach der Hälfte meiner Arbeitszeit ging ich in mein ›Stillzimmer‹. Dieses hatte mir mein Arbeitgeber zur Verfügung gestellt. Einer stillenden und arbeitenden Mutter steht ein Stillzimmer zu. Ich hatte es mit Babybildern, Familienzeitschriften, Gummibärchen und Mineralwasser ausgestattet. Und hier stand meine elektrische Milchpumpe. Die abgepumpte Milch stellte ich in einen Kühlschrank und nahm sie abends mit nach Hause. Diese trank mein Sohn am nächsten Tag in meiner Abwesenheit.

Am Ende reichte das Geld, der Arbeitgeber meines Mannes war zwar nicht begeistert, musste aber zustimmen, und unser Sohn wurde ein Jahr gestillt. Ihm hat das Leben gut gefallen. Er wurde viel im Tragetuch herumgetragen, so dass mein Mann auch keine Probleme hatte, ihn zu beruhigen. Als mein Sohn ein Jahr alt war, bekamen wir wieder ein Baby. Meine Tochter ist inzwischen fast zwei und wird immer noch gestillt. Sie wird ebenfalls zur Hälfte von meinem Mann und mir betreut.

Natürlich gibt es auch mal stressige Phasen, aber bei welcher Familie ist das nicht so. Unser Arbeitszeitmodell hält nun schon seit drei Jahren, und wir alle vier sind damit glücklich. Und mein Mann möchte um nichts in der Welt die Zeit missen, die er mit seinen Kindern so intensiv erleben durfte.«

Zwei Beispiele aus Frankreich zeigen, dass es für Mütter auch andernorts schwierig ist, den Beruf und das Stillen zu koordinieren. Und auch hier zeigt sich, dass Wissen, Information und Organisation entscheidend sind für die Stilldauer.

Nathalie D. aus Frankreich:
»Ich habe vier Kinder von 8 Jahren, 5 Jahren, 2 Jahren und 5 Monaten. Seit nunmehr bald sechs Jahren arbeite ich als Dozentin in einer Ingenieursschule. Ich konnte meine beiden älteren Söhne beim Arbeiten nicht stillen. Zehn Tage bevor ich meine Arbeit wieder aufgenommen habe, begann ich sie abzustillen. Dann habe ich sie weiterhin morgens und abends gestillt, aber das ›ging‹ nicht: Ich habe sie dann am Wochenende nicht mehr tagsüber saugen lassen und hatte schnell den Ein-

druck, dass sie an der Brust nicht satt wurden. Mit 4 Monaten war die Entwöhnung vollständig. Ich war sehr traurig darüber, obwohl ich es zu dieser Zeit nicht angemessen fand, ein großes Baby zu stillen.

Ich habe es vor allem bei Elias, meinem zweiten Sohn, bedauert, der danach zahlreiche Ohrentzündungen hatte. Während meiner dritten Schwangerschaft hatte ich das Gefühl, dass ich nicht wieder eine Stillzeit damit verderben wollte, dass ich nur an den Zeitpunkt dachte, zu dem sie zu Ende sein würde.

Ich hatte schon wegen einiger gesundheitlicher Fragen telefonisch Kontakt zur La Leche Liga aufgenommen. Dort habe ich die praktischen Informationen bekommen, die ich suchte (welche Milchpumpe benutzen, wie die Milch aufbewahren), aber ich habe auch begriffen, dass Stillen ein Recht der Mütter ist, und noch mehr, dass gestillt zu werden das erste Recht der Kinder ist.

Einen Monat vor der Wiederaufnahme der Arbeit war ich mit einer gemieteten Milchpumpe ausgestattet (meine beiden vorherigen Misserfolge regten mich dazu an, wirklich die Milchproduktion aufrechtzuerhalten) und übte damit, indem ich einen Vorrat an gefrorener Milch anlegte (in Joghurtbechern mit Deckel).

Ich habe die Tagesmutter über meine Entscheidung unterrichtet, kurz bevor ich ihr Zacharie anvertraut habe. Sie war unsicher, aber offen, und ich habe ihr das Informationsblatt über Arbeiten und Stillen und die Aufbewahrung der Milch zu lesen gegeben. Zacharie hat mit seinem Papa das Fläschchen ausprobiert.

Als ich die Arbeit wieder aufnahm, habe ich mit Teilzeit begonnen. Ich habe zunächst zwei Mal meine Milch abgepumpt, aber bald nur noch ein Mal. Ich habe mich auf die Toilette gesetzt. Das Geräusch der Milchpumpe war mir ein wenig peinlich, darum habe ich mir etwas zum Lesen mitgenommen, um an etwas anderes zu denken. In meine kleinen Fläschchen sah ich von 2 ml (wegen Stress kam nicht mehr) bis zu 300 ml (zum Überlaufen) fließen. Abends tauschte ich schnell Zacharie gegen die zwei Fläschchen aus. Ich stillte im Auto vor der Schule, wenn ich seine Brüder abholte.

Niemand hat, glaube ich, jemals etwas geahnt. Ein gutes Jahr später wurde ich wieder schwanger. Ich hatte schon angefangen zu arbeiten, diesmal mit großem Selbstvertrauen. Ich weiß jetzt, dass ich die bedingungslose Unterstützung meines Mannes habe, was für mich das Wichtigste ist. Ich finde ihn manchmal sogar hart gegenüber den Mamas, die sich nicht für das Stillen entscheiden.

Ich pumpe regelmäßig ab. Die Milch steht in der Tiefkühltruhe. Die Tagesmutter weiß alles, und, welch Wunder, Pulchérie, unsere kleine Tochter von 5 Monaten, akzeptiert es, aus dem Fläschchen zu trinken. Zacharie hat sich noch nicht entschieden, sich abzustillen. Ich bin auch noch nicht so weit, ich liebe diese Momente so sehr, in denen er wach wird oder noch an der Brust einschläft, und ich sage mir, wir haben sie wohl verdient, also warten wir ab!«

Der folgende Brief einer anderen Mutter aus Frankreich zeigt, dass es für einige Mütter nicht möglich ist, Beruf und Stillen zu vereinbaren. Er beweist aber auch, dass es trotzdem eine Lösung geben kann, die für alle zufrieden stellend ist.

Marine T. aus Frankreich:
»Esther wurde im März 97 geboren. Ich sollte meine Arbeit am Ende des gesetzlichen Mutterschutzes wieder aufnehmen, aber zum vorgesehenen Datum fühlte ich mich nicht bereit. Ich beantragte also einen Monat Verlängerung wegen Krankheit. Ich gehe weiterhin zu den La-Leche-Liga-Stilltreffen. Wir diskutieren die Frage: »Ich muss wieder arbeiten, ich will weiter stillen, wie soll ich das machen?« Ich organisiere alles, um

Reserven zu haben. In der letzten Woche machten wir Fläschchenversuche mit meiner Milch, die der Papa gibt. Es ist eine schmerzhafte Zeit, die Gewöhnung an die Tagesmutter, die die Bedeutung des Stillens nicht begreift, ist schwierig. Ich werde eine andere Tagesmutter suchen müssen.

Ich pumpe im Büro meine Milch zwei bis drei Mal am Tag ab. Ich mache keine Überstunden mehr, bei Dienstende renne ich los, um Esther abzuholen.

Die Arbeitstage sind trotzdem ziemlich lang für uns beide (9 Uhr bis 19 Uhr). Abends, wenn ich meine Tochter abgeholt habe, ist das Erste das Stillen. Dabei kann ich mit der Tagesmutter über Esthers Tag sprechen. So erleben wir die »Mutterablösung« auf sanfte Art. Unsere Trennung wird durch viel Kontakt ausgeglichen. Abends schlafen wir zusammen völlig fertig in meinem Bett ein.

Drei Jahre später, bei meiner zweiten Tochter, läuft es anders. Der Januar kommt, mit der Furcht vor der Rückkehr zur Arbeit. Je mehr Zeit vergeht, desto weniger wird die Bedeutung meiner Stelle wahrgenommen. Meine Arbeit steht im Widerspruch zu jeder Arbeitszeitverkürzung, und es ist unmöglich, sie von zu Hause aus zu erledigen. Obwohl ich mich durch meine Verpflichtungen gegenüber meinen Chefs und der Tagesmutter in der Klemme fühle, wächst in mir in einigen Wochen die Klarheit über den Elternurlaub.

Ich habe seitdem verstanden, warum diese Entscheidung so schmerzhaft war. Meine Mutter, die bei ihrer Hochzeit ihr Studium aufgegeben hatte, musste nach ihrer Scheidung eine Arbeit ›zum Broterwerb‹ annehmen.

Sie hat die Bedeutung, eine berufliche Karriere zu haben, bevor man eine Familie hat, auf ihre Kinder übertragen. Schließlich habe ich die Trauer um meine finanzielle Unabhängigkeit ziemlich leicht genommen, und dies trotz des Unverständnisses meiner Angehörigen. Das erlaubt es mir, mich ganz um meine Kinder zu kümmern und das ganz normale

Stillen mit beiden zu erleben. Zumal mein Entschluss es uns ermöglicht hat, umzuziehen und damit enorm an Lebensqualität zu gewinnen: eine Kleinstadt, ein Gemüsegarten, und vor allem eine größere Verfügbarkeit des Papas.

Beim Wiederlesen dieser Geschichte stelle ich fest, wie sehr mir das Stillen erlaubt hat, nah bei meinen Kindern und ihren Bedürfnissen zu bleiben. Wenn ich dem gängigen Modell gefolgt wäre, das mir meine Umgebung vorschlug, nämlich Stillende bei Wiederaufnahme der Arbeit, hätte ich sicher nicht diese Qualität der Beziehung, denn ich hätte mich auf meine Mutterrolle nicht so eingelassen.«

Stillen hat nicht nur Vorteile für Mutter und Kind, auch Arbeitgeber profitieren davon. Da gestillte Kinder statistisch gesehen gesündere Kinder sind, müssen ihre Mütter seltener dem Arbeitsplatz fernbleiben, um sie im Krankheitsfall pflegen zu können. Dieses Argument müsste jeden Arbeitgeber überzeugen, der sich sträubt, »Stillpausen« zu gewähren!

Kapitel 5

Die Machenschaften der Industrie

Im März 1974 veröffentlichte die britische Hilfsorganisation »War on want« eine Studie von Mike Muller: »The Baby Killer«.[23] Sie enthält alarmierende Daten: In vielen Teilen der Dritten Welt hatte das Stillen stark abgenommen. Extremstes Beispiel war Chile: 1950 waren noch 95 Prozent aller Einjährigen mit der Brust ernährt worden, zwanzig Jahre später wurden schon von den zwei Monate alten Babys nur noch 20 Prozent gestillt.

In Jamaika, in der Gegend um Kingston, stellten fast 90 Prozent der Mütter ihr Kind vor Erreichen des sechsten Lebensmonats auf Flaschennahrung um. Nur 13 Prozent gaben das Stillen auf, weil sie arbeiteten; 14 Prozent sagten, die Krankenschwester einer Milchgesellschaft habe ihnen zur Flasche geraten, und die meisten Frauen (43 Prozent) glaubten, nicht genug Milch zu haben – ein Argument aus der Werbung der Milchmultis (»Wenn Sie nicht genügend Muttermilch haben …«), das auf sie, wie ärztliche Untersuchungen zeigten, überhaupt nicht zutraf.

In Ibadan (Nigeria) gaben über 70 Prozent der befragten Mütter ihren Kindern die Flasche, noch ehe sie vier Monate alt waren. Früher wurde in Nigeria traditionell bis zum vierten Lebensjahr gestillt, jetzt glaubten die meisten Frauen an die Vorzüge der Flaschennahrung: »Die körperliche Entwicklung des Kindes wird beschleunigt«, sagt die Werbung; fast alle Befragten gaben an, von medizinischem Personal beraten worden zu sein.

Einer der wichtigsten Gründe für den Rückgang des Stillens war – so die »War on want«-Studie – der Übergang von traditionellen ländlichen Kulturen zu einem stark vom Westen beeinflussten Stadtleben. Die Verstädterung schaffe ein kulturelles Vakuum – »und es steht außer Zweifel, dass die Kleinkinder-Nahrungsfirmen im kulturellen Durcheinander der Dritten Welt, in dem sich die traditionelle ländliche Gemeinschaft und die materiellen Versprechungen der Konsumgesellschaft gegenüberstehen, keinen Moment gezögert haben, die Bevölkerung auf ihre Produkte aufmerksam zu machen« (Ekkehard Launer, *Nestlé Milupa* 1991)[24].

In einer Dokumentation der Arbeitsgruppe Dritte Welt Bern, die von Freimut Duve herausgegeben wurde und 1976 erschien, heißt es: »Da die Konsumideale für die Slumbewohner unerreichbar sind, wird die symbolhafte Teilnahme an der Konsumwelt umso wichtiger. Coca-Cola, die Saugflasche oder Zigaretten dienen weniger der Befriedigung unmittelbarer Bedürfnisse, sondern symbolisieren die erhoffte Teilhabe an einer unerreichbaren Welt.«

Als das Buch von Ekkehard Launer 1991 erschien, schätzte das Kinderhilfswerk der Vereinten Nationen UNICEF, dass an den Folgen künstlicher Babynahrung auf Grund unsachgemäßer Zubereitung jedes Jahr etwa eine Million Säuglinge weltweit starben.

Heute fällt die öffentlich geschätzte Zahl um fünfzig Prozent höher aus.

Gisela Meese, seit 1995 bei UNICEF Deutschland tätig, wurde 2000 als Geschäftsführerin des Vereins zur Unterstützung der WHO/UNICEF-Initiative »Stillfreundliches Krankenhaus« eingesetzt. Sie hat sich intensiv mit dem Thema »Vermarktung von künstlicher Babynahrung« beschäftigt.

»Die Flaschenfütterung stellt in den Industrieländern grundsätzlich keine lebensbedrohliche Situation dar. In den Entwicklungsländern allerdings sieht es ganz anders aus. Dort führt die

Zubereitung von Säuglingsnahrung häufig zum Tode der Babys. Die Gründe liegen zum einen in der grenzenlosen Armut:

Aus Unwissenheit und Geldmangel strecken die Mütter das Pulver mit mehr Wasser, als es empfohlen wird. Was Unterernährung und den Tod in vielen Fällen zur Folge hat. Außerdem werden in den allerseltensten Fällen die Babyflaschen sterilisiert, und tödliche Infektionen sind die Konsequenz. Die Auswirkungen sind dramatisch: WHO und UNICEF schätzen, dass auch heutzutage noch jährlich 1,5 Millionen Kinder auf der Welt sterben, weil sie nicht gestillt werden.

Warum greifen Mütter in den Entwicklungsländern trotz dieser Risiken zum Milchpulver? Weil die Aufklärung in den Slums in Indien oder Afrika, in Brasilien eine andere ist als hier in den westlichen Ländern. Viele haben keine Ahnung von den tödlichen Folgen.

Eine weitere Ursache ist ebenso verantwortlich für das Verhalten: Die Werbebotschaften der Konsumgesellschaften dringen heute bis in den letzten Winkel der Erde. Man kann verstehen, dass die Mütter und Väter in den armen Regionen für ihre Kinder das Beste wollen.

Ein besseres Leben bedeutet dort jedoch meist, nicht am Rande der Gesellschaft zu existieren, sondern dazuzugehören. Erfolgreich und stark zu erscheinen wie die Leute, die auf den riesigen Plakatwänden abgebildet sind. Oder im Werbefernsehen auftreten.

Sympathische Mütter füttern ihre fröhlichen, gesund aussehenden Babys mit künstlicher Nahrung! ›Für den Nachwuchs nur das Beste!‹ Genau hier setzt die Werbung an!«

Ziel der Industrie, die Milchersatznahrung herstellt, kann es nur sein, so viele Mütter wie möglich mit dem Milchpulver vertraut zu machen. Die Weichenstellung findet meist auf der Entbindungsstation statt, so dass möglichst zahlreiche Krankenhäuser in die Marketingstrategien eingebunden werden müssen.

Um es noch einmal klar zu sagen: Natürlich gibt es immer Fälle, in denen eine Mutter nicht in der Lage ist, ihr Baby zu stillen. Und für diese Fälle ist das Milchpulver eine segensreiche Erfindung. Denn es entspricht der Zusammensetzung der Muttermilch besser als Kuh- oder Ziegenmilch und ist somit viel bekömmlicher für die noch unausgereifte Verdauung eines Säuglings. Jedoch muss betont werden, dass – wenn keine körperlichen oder seelischen Komplikationen vorliegen – Muttermilch die Nahrung der ersten Wahl ist. Und zwar sowohl für die Mutter als auch für das Kind.

Internationale Vereinbarungen werden von der Babynahrungsindustrie missachtet

Angesichts der verantwortungslosen Marketingstrategien der multinationalen Babynahrungshersteller verabschiedete die Weltgesundheitsversammlung 1981 den »Internationalen Kodex für die Vermarktung von Muttermilchersatznahrung«, der allerdings für die Mitglieder der WHO nur empfehlenden Charakter hat.

Ziel des Kodex ist es, die Werbung für Milchpulver drastisch einzuschränken und Mütter sachgerecht über die Ernährung ihres Babys zu informieren.

So ist es laut dem Kodex verboten, Werbung für Säuglingsnahrung zu betreiben, die keinen deutlich sichtbaren und als »wichtig« bezeichneten Hinweis auf die Überlegenheit des Stillens enthält, mit der Empfehlung, die Nahrung nur auf den Rat von Fachleuten hin zu verwenden. Ebenso ist es verboten, die Verbraucher durch Verteilung von Proben, Abgabe kostenloser oder verbilligter Erzeugnisse oder durch andere zusätzliche Kaufanreize zum Kauf anzuregen.

Gleichzeitig darf Informationsmaterial nur verteilt werden, wenn es klare Auskünfte gibt über mögliche negative Auswirkungen der zusätzlichen Flaschennahrung auf das Stillen und die Schwierigkeiten, den Entschluss, nicht zu stillen, rückgängig zu machen.

Gisela Meese sagt dazu:

»Die Weltgesundheitsversammlung hat mit dem WHO-Kodex zur Vermarktung von Muttermilchersatzprodukten ein weitreichendes Instrument zur drastischen Beschränkung der Werbung für künstliche Babynahrung geschaffen. Die Bestimmungen des Kodex gehen weit über die Regularien hinaus, wie wir sie beispielsweise von Werbebeschränkungen für die Tabakindustrie kennen.

Teilweise sind die Vorgaben des WHO-Kodex in das deutsche Säuglingsnahrungswerbegesetz eingegangen. Umso mehr verwundert es, mit welcher Selbstverständlichkeit Babynahrungshersteller in Drogeriemärkten, Elternzeitschriften, Arztpraxen usw. weiterhin für ihre Produkte werben. Mir zeigt diese (scheinbare) Ignoranz, dass die zuständigen Stellen die Notwendigkeit für einen Schutz des Stillens noch nicht erkannt haben.

Stillfreundliche Krankenhäuser verzichten auf Werbung für künstliche Babynahrung. Dies ist ein erster Schritt, die völkerrechtlichen und nationalen Bestimmungen endlich zu verwirklichen.«

Heute fragen UNICEF und andere Organisationen: Werden die Bestimmungen eingehalten? Verschiedene aktuelle nationale und internationale Studien beweisen: Die Vereinbarungen werden von der Babynahrungsindustrie in vielen Fällen missachtet.

Der *Report über die Verstöße gegen den Internationalen Kodex zur Vermarktung von Muttermilchersatzprodukten in Deutschland* von 1998, der finanziell durch die UNICEF Europa und GIFA Genf unterstützt wurde, wartet zum Beispiel mit traurigen Fakten auf:

»Nach wie vor gefährden Babynahrungshersteller die Säuglingsgesundheit durch aggressive Werbung, fragwürdige Produkte und unzureichende Produktbeschreibungen.

33 % der befragten Mütter gaben an, dass sie im Krankenhaus ein oder mehrere ›Geschenk-Sets‹ erhielten. 66 % bekamen kostenlose Proben. Gutscheine und Bestellzettel für Produkte der Babynahrungsindustrie wurden ebenfalls großzügig verteilt.

Die Geschenk-Sets enthielten Produktproben, die gegen den Kodex verstoßen: Broschüren mit Produktwerbung, Beratungshotline für Fragen zur Säuglingsernährung über die Hersteller, Anforderungsscheine für weitere Infos und Produktproben, Autoaufkleber, Babypass usw. Auffallend war, dass Stillinformationen unzureichend enthalten waren.

In allen Kliniken wurden die Babybettchen mit Namensschildern versehen, die von einer Firma, mit Firmenlogo versehen, gespendet wurden und die von Müttern dann in der Regel für das Fotoalbum mit nach Hause genommen wurden.

Das Personal einer Wochenstation wurde ebenfalls großzügig bedacht mit Kugelschreibern, Abreißblöcken, Tassen, Sparschweinen, Schaukelpferden und Kalendern mit dem Logo der jeweiligen Hersteller.

Auch außerhalb der Klinik ist es selbstverständlich, Babynahrung zu bewerben.

In Kinderarztpraxen liegen die Informationsmaterialien aus, wie zum Beispiel Hinweise auf die ›Beratungshotlines‹ der Unternehmen.

In Supermärkten stehen Sondertische mit bunten Beikostgläschen oder Milchpulverpackungen. Zusätzlich werden Werbezettel verteilt.«

In ihrem Beitrag *Streit um Babymilch* konstatiert Gisela Meese: »Obwohl die Vorteile des Stillens unbestritten sind, werden weltweit immer weniger Säuglinge gestillt. Die aggressiven Vermarktungsstrategien sind mit dafür verantwortlich, dass die Stillraten sinken.

Deshalb wurden 1997 in einer Untersuchung der ›Interagency Group for Breastfeeding Monotoring‹ (IGBM) mit dem Titel *Cracking the Code* alle Aussagen, die Frauen vom Stillen abhalten könnten, unter dem Begriff ›Negativ-Botschaften‹ zusammengefasst. IGBM ist ein Zusammenschluss aus 27 Organisationen, darunter UNICEF. ›Oxfam‹ und ›Save the Children‹, deren Ziel es ebenfalls ist, Verstöße gegen den WHO-Kodex zu dokumentieren.

Diese Art von Informationen sollen laut WHO-Kodex von Müttern fern gehalten werden. So viel zur Theorie. Die Studie belegt, dass beispielsweise mehr als ein Drittel der Schwangeren und Mütter in Polen solche ›Negativ-Botschaften‹ allein von Babynahrungsherstellern erhalten. Ein Beispiel aus der Praxis zeigt, wie irritierend ›Negativ-Botschaften‹ sein können:

Eine junge, polnische Mutter ist verunsichert. Der Arzt rät ihr zum Stillen. Im Krankenhaus erhält sie die Broschüre eines Herstellers von Babynahrung, in der das schrittweise Abstillen erläutert wird. In ihren Unterlagen findet sie schließlich das Werbefaltblatt eines Babynahrungsherstellers mit der Aufschrift: ›Mami, bitte bleib auch zu Hause bei der Marke, die ich im Krankenhaus erhalten habe.‹

Bei der Entlassung aus der Klinik steckt ihr die freundliche Kinderkrankenschwester noch ein paar Gratisproben Milchpulver zu, ›falls es mit dem Stillen nicht klappt‹.

Ein weiteres Beispiel aus einer Frauenklinik in Warschau: Vier Mitarbeiterinnen füllen Fläschchen um Fläschchen mit Muttermilchersatznahrung. Achtzig Kilogramm Milchpulver erhielt das Krankenhaus von einem deutschen Hersteller – kostenlos. Ein Kalender und eine Uhr mit dem Markennamen eines holländischen Herstellers von Muttermilchersatznahrung schmücken die Wände der Küche. Mit diesen und weiteren Geschenken zeigen sich die Firmen für die Abnahme ihrer Produkte erkenntlich.«

Eine halbe Million Geburten jährlich und Verbraucher, die im Umgang mit der Werbung für Konsumgüter noch nicht sehr erfahren sind, haben Polen zu einem neuen Eldorado für Babynahrungshersteller gemacht. Ihre Werbung ist erfolgreich.

Es ist wichtig, sich vor Augen zu führen, dass hinter jedem aufgedeckten Verstoß gegen den Kodex, der belegt ist, unzählige andere stehen, die unentdeckt und der Öffentlichkeit verborgen bleiben. Die dokumentierten Verstöße repräsentieren deshalb nur die sprichwörtliche »Spitze des Eisbergs« (Aktionsgruppe Babynahrung e. V. Göttingen).

Hier einige Auszüge aus der Broschüre *Breaking the Rules – Stretching the Rules*, in der IBFAN 2001 massive Verstöße gegen den WHO-Kodex dokumentiert hat. Grundlage dieser Arbeit ist eine standardisierte Erhebung, die in vierzehn Ländern durchgeführt worden ist.

Die Ergebnisse erfassen sechzehn transnationale Babynahrungshersteller und dreizehn Hersteller von Saugflaschen und Saugern:

»Die Gesundheitseinrichtungen bleiben weiterhin die am häufigsten benutzte und effizienteste Einfallstraße der Firmen, um die Mutter zu erreichen. Die Firmen vertrauen darauf, ihre Werbeausgaben durch die Verkäufe an Mütter zurückzugewinnen, nachdem sie das Krankenhaus verlassen haben.

Nahezu alle Firmen, die in diesem Bericht vorkommen, versorgen die Gesundheitseinrichtungen mit Gratis-Lieferungen. Tatsächlich registriert die Untersuchung eine alarmierende Renaissance von Spenden in Form von Gratis-Lieferungen von Anfangs- und Folgenahrungen sowie weiterer Babynahrung wie Cerealien. Gratis- oder vergünstigte Lieferungen werden manchmal von den Einrichtungen angefordert, aber viel häufiger werden sie unaufgefordert zur Verfügung gestellt. Die Gepflogenheit, den gestellten Rechnungsbetrag nicht einzutreiben, wird von verschiedenen Firmen angewandt.

Nahezu alle Firmen überlassen dem Gesundheitspersonal

Gratisproben. Die Proben werden mit dem Anschein einer medizinischen Empfehlung an Mütter weitergereicht.

Da Proben heute in handelsüblichen Einheiten verteilt werden, führt die Flut dieser Muster manchmal zu wahren Schiebereien zwischen Gesundheitseinrichtungen und Läden.

Angehörige von Gesundheitseinrichtungen verkaufen die Proben an Geschäfte, die diese wiederum unter Marktpreis an die Kunden weiterverkaufen und dabei einen (un-)gesunden Profit herausschlagen.

Die an das Gesundheitspersonal gerichtete Werbung erreicht häufig auch die Mütter. Viele Mütter vertrauen dem Personal wegen ihrer objektiven Ratschläge, erhalten jedoch häufig Werbematerial, das angeblich für das Gesundheitspersonal gedruckt wurde.

Geschenke an das Gesundheitspersonal zielen darauf, diese an die Firma, ihre Markennamen und ihre Großzügigkeit zu erinnern. Zu diesen Geschenken gehören Schreibgeräte, Notizblöcke, Schokoladen, Wand- und Tischkalender, Poster und vieles mehr.

Werbematerial wie Magazine, Faltblätter und Broschüren werden den Müttern über Geschäfte, Gesundheitseinrichtungen oder durch Postsendungen zugänglich gemacht. Häufig unter dem Vorwand, das Stillen fördern zu wollen, enthalten diese Materialien durchgängig falsche Informationen über das Stillen und unzutreffende Bilder, sorgfältig entworfen, um Zweifel in den Müttern gegenüber ihrer Fähigkeit, stillen zu können, zu säen.

Mindestens sieben Babynahrungshersteller benutzen Baby-Clubs als eine Strategie, um mit Müttern in Kontakt zu kommen und ihre Produkte zu verbreiten. Für diese Baby-Clubs wird in Magazinen, auf Flugblättern, über persönliche Kontakte und Etikettaufkleber geworben. Die Mütter, die Mitglied geworden sind, bekommen Geschenke, Gratisproben von Milchpulver sowie Beikost und Rabattmarken.«

Die Rechnung geht auf: Mitglieder im Hipp-Penaten-Baby-Club beispielsweise sind treuere Käufer der Firmenprodukte als Nichtmitglieder, fanden Marktforscher heraus. Die Eltern frühzeitig auf einen Firmennamen einzuschwören ist wichtig. Denn nur wenige wechseln zur Konkurrenz: 90 % der Kunden bleiben bei der einmal gewählten Marke. (media&marketing 1/2001)

In Taiwan bestehen laut IBFAN Verträge mit Krankenhäusern, denen von Babynahrungsherstellern 25 bis 30 US-$ für jeden gefütterten Säugling gezahlt werden. So sichern sich die Firmen die kleinen Neukunden schon im Krankenhaus. Denn es gilt als sicher, dass die Mütter nur selten die Säuglingsnahrung wechseln, wenn ihr Kind das bisherige Produkt gut verträgt.

Für diese frühzeitige Festlegung auf einen Hersteller investieren die Unternehmen viel Geld in Direktmarketing. Gratislieferungen von Anfangs- und Folgenahrungen an Krankenhäuser, Geschenke mit Firmenlogo an Krankenhauspersonal, die Finanzierung von Reisen und Forschungsprojekten seien ›vorherrschende Praxis‹. Das ist das Resümee der IBFAN-Studie.

In einem Zeitraum von sieben Monaten befragten Mitarbeiter der IGBM jeweils rund 800 Schwangere und junge Mütter und 120 Gesundheitshelfer in Polen, Bangladesch, Thailand und Südafrika. Die Auswertung der Ergebnisse lieferte den Beweis:

In den vier untersuchten Ländern verstoßen die führenden Babynahrungshersteller gegen den Kodex, und das nicht nur gelegentlich. Die Wissenschaftler stellten fest, dass Frauen, die der Werbung der Babynahrungshersteller ausgesetzt waren, ihre Kinder häufiger mit der Flasche fütterten als andere Mütter.

Die Studie beobachtete auch das strategische Verhalten der Babynahrungshersteller. Dabei scheint gerade Polen nach der Öffnung des »Eisernen Vorhangs« ein beliebtes Ziel der Firmen gewesen zu sein. Und auch hier führte der Weg wieder über Krankenhäuser und ähnliche Institutionen:

Mehr als die Hälfte der Gesundheitseinrichtungen erhielten

Informationen, die gegen den Kodex verstießen, gleichzeitig bekamen die Mütter Informationen, die für Babynahrung warben oder vom Stillen abrieten, in staatlichen Gesundheitseinrichtungen.

Viel scheint sich im Laufe der darauf folgenden Jahre nicht geändert zu haben:

»Wer ein Kind bekommt, kann sich vor Gratisproben kaum retten«, berichtete die Westdeutsche Zeitung am 4. 1. 2003. Weiter heißt es in dem Artikel: »Nach wie vor beginnt die Werbung im Krankenhaus. Zu den Geschenken der Industrie gehören Schnuller, Fencheltee, Hirsebrei, Babywasser, Feuchttücher, Stilleinlagen und Handcreme oder gar eine Wickeltasche samt Inhalt.

Zwar ist die Werbung für Säuglingsanfangsnahrung durch das Säuglingsnahrungsgesetz (SNWG) verboten, doch sind Firmen wie Alete, Hipp, Humana und Milupa dennoch vor Ort.

Hipp verschenkte ein Büchlein mit dem Titel *Das wunderbare erste Jahr*, das der Marketingdirektor Reiner Tafferner als ›objektive‹ Information bezeichnet. Zwar begrüßt er offiziell, dass Mütter stillen, und versichert, es sei ›überhaupt nicht in unserem Interesse, Mütter vom Stillen abzuhalten‹, doch wird der 600-Millionen-Euro-Markt für Babyfertignahrung heftig umkämpft.«

Man nennt das zielgruppenorientiertes Direktmarketing, und es beginnt schon in der Schwangerschaft mit kostenlosen Mutterpasshüllen, die das Logo der Babynahrungsfirma zeigen. Weiter geht's mit Vitamintabletten für Schwangere und Stilleinlagen, denn spätestens im Beikostalter greifen auch Stillmütter zur Fertignahrung, und dann muss die Bindung an eine Marke perfekt sein.

Deshalb gibt es auch nach der Werbung im Krankenhaus kostenlose Gläschenkost-Pakete per Post. Sogar mit Beigaben: Von Hipp gibt es Lego, von Alete Playmobil – oder Camelia-Artikel, Milupa wartet mit einer Fingerpuppe von Jako-O auf.

Und weil durch das SNWG nur Proben von Anfangsnahrung untersagt sind, nicht von Pflegemitteln, verteilt Nestlé beispielsweise Gratismuster seiner Tochterfirma Bübchen ganz legal und wirbt dadurch auch für die Mutterfirma.

Die Firma NUK verteilt pro Jahr 600000 Schnuller gratis. Dies ist zwar nach SNWG- und WHO-Kodex erlaubt, es ist aber nicht im Einklang mit den Prinzipien des »Stillfreundlichen Krankenhauses« – und sollte zumindest in diesen Häusern zurückgewiesen werden.

In vielen Entwicklungsländern ist die Werbung für Muttermilchersatznahrung grob fahrlässig. Hier ist es, wie schon erwähnt, nahezu unmöglich, die Fläschchen nach Anweisung und unter hygienisch einwandfreien Umständen zuzubereiten. Und weil die Milchersatznahrung, gemessen am Einkommen, sehr teuer ist, wird sie häufig mit zu viel Wasser verdünnt und nicht in ausreichender Menge verabreicht.

Auch in Deutschland ist verbotene Werbung für Babyersatznahrung an der Tagesordnung: So wird beispielsweise weiterhin in Elternzeitschriften mit strahlenden Kindern für künstliche Flaschennahrung geworben. Die Abbildung von lachenden Kindern im Zusammenhang mit Werbung für Milchpulver ist aber verboten. Auch auf die Vorteile des Stillens gegenüber der Ersatznahrung weisen die Hersteller in ihrer Werbung nicht immer hin.

Laut Säuglingsnahrungswerbegesetz können Verstöße gegen das Gesetz bei den zuständigen Lebensmittel-Überwachungsbehörden gemeldet werden. Die Behörden sind gehalten, den Fall zu verfolgen.

Die TV-Doku-Sendung »Schnulleralarm«, die staffelweise in RTL2 ausgestrahlt wurde, zeigte in jeder Folge minutenlang junge Mütter, die ihre Kinder mit dem Fläschchen füttern. Selten gab es kurze Sequenzen, in denen eine stillende Mutter zu sehen ist.

Eine Studie aus England beobachtet Ähnliches. Dr. Abou-Dakn dazu: »Ein Wissenschaftler hat sich alle TV-Sendungen angesehen, die für jugendliche Zuschauer interessant sind, also Soap-Operas, Serien usw. Inhaltlich vorrangig wichtig sind die Themen Sexualität und Beziehung, aber auch Geburten und hübsche Säuglinge sind ein wahrhaftig attraktives Thema. Wenn in einer Serie ein Kind geboren wurde, kommt allenfalls noch mal jemand mit einer Flasche vorbei. Im besten Fall der Vater. Ein Baby, das an der Brust gestillt wird, passt überhaupt nicht in diese Sendungen. Das zeigt, dass Stillen in unserer heutigen Kultur so gut wie nicht wahrgenommen wird.«

All diese Beispiele machen deutlich, dass die Festschreibung eines Verhaltenskodexes allein nicht ausreicht. Deshalb fordern UNICEF, das Internationale Netzwerk für Babynahrung IBFAN und viele andere Organisationen wirksame Kontrollmechanismen. Auch »Stillfreundliche Krankenhäuser« sind Träger dieser internationalen Kampagne gegen die Vermarktung künstlicher Säuglingsnahrung.

Anlass zu vorsichtigem Optimismus gibt Dr. Abou-Dakn als Vorsitzender der WHO/UNICEF-Initiative »Stillfreundliches Krankenhaus« in folgendem Statement für dieses Buch:

»Bei der Verwirklichung der Bestimmungen zum Schutz des Stillens besteht noch sehr viel Handlungsbedarf. Aber es gibt auch erste Erfolge, so zum Beispiel bei den Geschenksets für Mütter in der Schwangerschaft und nach der Geburt. Diese Geschenkpakete enthalten u.a. Pflegeartikel, Schnuller, Lätzchen und natürlich Produktwerbung für künstliche Babynahrung. WHO-Kodex und Säuglingsnahrungswerbegesetz (SNWG) untersagen, Säuglingsanfangsnahrung direkt bei den Müttern zu bewerben. Dennoch ist dies gängige Praxis in fast allen geburtshilflichen Einrichtungen. Es gibt jedoch immer mehr Kliniken, die nicht mehr dazu bereit sind, Geschenk-Sets zu verteilen. Dies hat zu Absatzproblemen bei einem Marketingunternehmen geführt, das sich daraufhin an die WHO/ UNICEF-Initiative ›Stillfreundliches Krankenhaus‹ gewandt hat. Wir sind jetzt im Gespräch mit dem Geschäftsführer, um ein »stillfreundliches« Paket zu entwickeln. Es gibt Beispiele aus dem Ausland, bei denen dieser Kontakt letztlich dazu geführt hat, dass Marketingunternehmen nicht mehr gegen den WHO-Kodex verstoßen. Ich bin sehr optimistisch, dass uns dies auch in Deutschland gelingen wird.«

Gestillt zu werden ist, wie die WHO feststellt, ein Menschenrecht. Jedes Kind hat das Recht auf Muttermilch, jede Mutter hat das Recht, ihr Kind zu stillen.

Die Hersteller von Babynahrung haben aber nur ein Interesse: unter allen Umständen möglichst viele Produkte zu verkaufen.

Möglichst viele Mütter von der Flaschennahrung zu überzeugen muss das Ziel der Hersteller sein. Jede Mutter, die stillt, macht der Babynahrungsindustrie Konkurrenz – also muss ihr »Produkt« disqualifiziert werden.

Das heißt für werdende Mütter, die vor der Entscheidung für oder gegen das Stillen stehen: Alle Sinne schärfen für offene und unterschwellige Botschaften, die Babynahrungshersteller in ihrer Werbung aussenden!

Stark umworben: Babys in Deutschland

Der seit mehr als zwanzig Jahren bestehende *Internationale Kodex zur Vermarktung von Muttermilchersatznahrung* hat zwar Veränderungen bewirkt – so sind beispielsweise in vielen Ländern Anzeigen verschwunden, die mit einem glücklich lächelnden Baby für Muttermilchersatznahrung werben oder das Stillen ganz eindeutig mit industriell gefertigter Säuglingsnahrung vergleichen –, doch die Beschränkungen machen erfinderisch. Marketingexperten lassen sich Winkelzüge einfallen, um das Gesetz zu umgehen, machen die Werbung subtiler – und damit für die Mütter weniger durchschaubar. Zudem setzen die Hersteller sowohl das SNWG als auch den Kodex, zu dessen Einhaltung sie sich freiwillig verpflichtet haben, nur halbherzig um.

In nahezu jeder Werbung, jedem Ratgeber der Nahrungsmittelhersteller werden die Standards ignoriert. Einige Beispiele:

»Weil das Kind jedoch in erster Linie einer ausgeglichenen Mutter bedarf, sollte sich eine Frau niemals zum Stillen zwingen. Die gesundheitlichen Vorteile des Fütterns an der Brust wiegen nämlich die seelischen Konflikte nicht auf. (...) Keine Frau muss heute mehr beim Füttern mit dem Fläschchen ein schlechtes Gewissen haben.« (Aus: »Milch, die Babys brauchen«, Nestlé 1997)

»Was aber, wenn Sie nicht oder nur bedingt stillen? Kein Problem, wenn Sie darauf achten, Ihrem Baby eine Säuglingsmilchnahrung zu geben, die weitestgehend an das Vorbild der Muttermilch angepasst ist (...)« (Milupa Homepage)

»Säuglingen mit diagnostizierter Nahrungsmittelallergie wird vom Arzt eine Flaschennahrung wie Milupa Pregomin verschrieben.« (Milupa Homepage)

Spätestens nach dem vierten Lebensmonat des Babys setzt die Werbung massiv ein. Dieses Alter ist eine magische Grenze für die Säuglingsnahrungshersteller; das SNWG verbietet ja nur, Anfangsnahrung zu bewerben.

So sind die Firmen dazu übergegangen, zwar das Stillen bis zum vierten Monat als optimale Ernährung zu empfehlen, vom fünften Monat an aber Beikost zu propagieren. Schenkt man den Konzernen Glauben, nehmen der Nährwertgehalt und die positiven Eigenschaften der Muttermilch auch sowieso nach dem vierten Monat rapide ab.

Das Baby, so warnen die Hersteller, habe nun einen erhöhten Bedarf an Eisen und werde mit der Muttermilch nicht mehr genügend mit jenen Nährstoffen versorgt, die es in seiner jetzigen Entwicklungsphase benötige, zudem sei die Menge der Muttermilch nun nicht mehr ausreichend.

Kein Wunder, dass viele Mütter bereits nach dem vierten Monat zur Gläschenkost greifen. So werden Säuglinge Löffel für Löffel an Industrienahrung gewöhnt, obwohl in den meisten Fällen kein Grund besteht, vor Ende des ersten halben Jahres zuzufüttern.

Tatsächlich beginnt der Kampf ums Kind für die Hersteller natürlich schon viel früher. Wer erst im fünften Lebensmonat versucht, die kleinen Kunden zu gewinnen, kommt zu spät. Die Weichen werden, wie berichtet, bereits im Krankenhaus gestellt.

Mit Probenpaketen, Geschenk-Sets, Pflegeprodukten und Anforderungscoupons für Babynahrung versuchen die Hersteller, junge Mütter an ihre Marke zu binden. Firmeneigene Service-Hotlines und Informationsanforderungen via Internet sind weitere wichtige Quellen, um Mütter mit der Produktpalette vertraut zu machen.

Ein lohnendes Geschäft, in dem jeder Hersteller den Wettbewerb gern für sich entscheiden würde: So wurden laut dem *Report über die Verstöße gegen den internationalen Kodex zur Vermarktung von Muttermilchersatzprodukten* im Jahr 1996 in Deutschland insgesamt 1,2 Milliarden DM mit Milch- und Nahrungsprodukten für Säuglinge umgesetzt, im Einzelnen: 420 Millionen DM mit Säuglingsmilchnahrungen, 590 Millionen mit Babynahrung in Gläschen, 134 Millionen mit Getreidebreien und 66 Millionen mit sonstigen Babynahrungsprodukten. Und dass die Zahlen nach dem Jahr 1996 nicht stagnierten oder zurückgingen, zeigen allein die Umsätze von Nestlé im Jahr 2000. Über ein Umsatzplus von 11,4 % bei Milch- und Nahrungsprodukten freute sich der Konzern schon in den ersten neun Monaten. Bei einem Gesamtumsatz von 16,4 Milliarden Schweizer Franken allein in diesem Bereich ist das eine erhebliche Steigerung. Zurückzuführen ist dieser Erfolg insbesondere auf den wachsenden Verkauf von Säuglingsnahrung und Pulvermilchgeschäften in Asien (Pressemitteilung Nestlé vom 20. 10. 2000).

Im Folgejahr lagen die Umsätze sogar bei 17,3 Milliarden Schweizer Franken – ein Plus von 5,7 %.

Und ein wichtiger Absatzmarkt für die Säuglingsnahrung ist, wie schon beschrieben, die »Dritte Welt«, wo Werbung noch mehr beeinflussen kann als hier. Auch dort wollen die Menschen gesunde, wohlgenährte Kinder haben, die sie von den Plakaten aus der westlichen Welt kennen –, mit fatalem Effekt, wie die genannten Beispiele zeigen.

Hypoallergene Nahrung – leere Versprechungen?

Kritisches Verbraucherverhalten ist in jedem Fall empfehlenswert: Nicht jedes Produkt auf dem Markt hält, was es verspricht.

Mit hypoallergenem Muttermilchersatz, so genannter HA-Nahrung, wollen die Hersteller jenen Müttern den Wechsel zur Flasche erleichtern, die unter Allergien leiden. Dabei ist die Empfehlung, Kinder aus allergisch vorbelasteten Familien mindestens sechs Monate lang voll zu stillen, unter Experten unumstritten.

Wenn eine Mutter aus einer Allergikerfamilie nicht stillen kann oder möchte, greift sie meist sicherheitshalber zur HA-

Nahrung. Hier ist das Kuhmilcheiweiß so stark aufgespalten, dass der kindliche Darm es nicht als fremdartig erkennt und so keine allergische Reaktion auslöst.

In einer Untersuchung von *Ökotest* war allerdings die effektive Vorbeugung gegen Allergien nur bei sechs von sechzehn getesteten Produkten mit umfangreichen Studien der Hersteller belegt worden. Die anderen zehn blieben den überzeugenden Wirksamkeitsnachweis schuldig.

Zudem berge die HA-Nahrung das Risiko, an Diabetes des Typs I zu erkranken, sagt Lebensmittelchemiker Udo Pollmer: Ein Teil des Kuhmilcheiweiß sei in seiner Oberflächenstruktur identisch mit einem Eiweißbestandteil der Bauchspeicheldrüse, die das lebenswichtige Insulin bildet. Das Immunsystem, das die fremden Kuhmilcheiweiße erkennt, will diese zerstören, hält plötzlich die ähnlich aufgebauten Zellen der Bauchspeicheldrüse ebenfalls für fremd und greift auch sie an. Ein dadurch hervorgerufener Insulinmangel könne später zu Diabetes führen.

Auch für Babys aus Familien mit Neurodermitis-Risiko ist längst nicht jede hypoallergene Nahrung geeignet. Einer Studie des *German Infant Nutritional Intervention Programms* (GINI) zufolge, die verschiedene HA-Nahrungen auf ihre Wirksamkeit bei der Verhinderung einer Allergie untersucht hat, bieten nur bestimmte HA-Produkte wirksamen Schutz gegen das Auftreten jeder Allergie. Entscheidend für den Effekt einer HA-Nahrung ist auch, und weitaus stärker als bisher angenommen, der genetische Hintergrund des Säuglings: Leiden Eltern oder Geschwister unter Asthma, Heuschnupfen, Nahrungsmittelallergien oder allergischer Urtikaria (»Nesselsucht«), nicht aber unter Neurodermitis, schützt hypoallergene Babynahrung durchaus.

»Vor dem Füttern einer HA-Nahrung sollten die Eltern grundsätzlich den Kinderarzt um Rat fragen«, betont die Studienleiterin Andrea von Berg. »Er kann anhand der aktuellen Forschungsergebnisse am besten beurteilen, welches Produkt im individuellen Fall empfehlenswert ist.«

Ob sich die Verwendung von HA-Nahrung langfristig positiv auf die Allergieneigung eines Kindes auswirkt, wird erst die endgültige Auswertung der auf drei Jahre angelegten Studie zeigen, an der insgesamt 2252 Kinder aus Allergikerfamilien teilgenommen haben.

Klarheit besteht aber darüber, dass ein Kind nach Möglichkeit sechs Monate lang voll gestillt werden sollte, unabhängig davon, ob in der Familie eine Allergie besteht oder nicht.

Ernüchternd ist auch eine weitere Untersuchung von *Ökotest*: »Die Wirksamkeit von therapeutischem Muttermilchersatz ist bei vielen Produkten fragwürdig. Diese spezielle Säuglingsnahrung ist gedacht für Babys mit Blähungen und Verdauungsproblemen. Doch längst nicht jedes Schreibaby hat Bauchkrämpfe, nicht jedes Spucken weist auf Verdauungsprobleme hin.«

»Hier besteht die Gefahr des Missbrauchs«, sagt Ernährungsexperte Professor Berthold Koletzko[25], der im Auftrag von *Ökotest* verschiedene Produkte geprüft hat. Er moniert zudem, dass viele Wirkungsversprechen nicht belegt sind. Die Ernährungskommission der Deutschen Gesellschaft für Kinderheilkunde und Jugendmedizin kritisiert, dass die Spezialnahrung frei im Handel verkäuflich ist.

»Die Vermarktung, die sich unmittelbar an den Verbraucher wendet, gewährleistet somit nicht die medizinische Überwachung«, lautet die Warnung. So besteht die Gefahr, dass Eltern ohne ärztliche Diagnose zur Spezialnahrung greifen – oftmals grundlos, weil das Schreien des Babys vollkommen andere Ursachen haben kann.[25]

Kapitel 6

Legenden über das Stillen

Es gab und gibt viele Missverständnisse rund um das Stillen. Fehlinformationen aus Unwissenheit, aber auch aus Vorsatz haben Mütter immer wieder davon abgehalten, ihre Kinder zu stillen. »Ammenmärchen« nennt man solche Hirngespinste, die auch heute noch dafür sorgen, dass manche Frauen ihre Kinder nicht oder nur für kurze Zeit stillen.

Hier sind die am weitest verbreiteten, die gleichzeitig die absurdesten sind, die die Aktionsgruppe Babynahrung, Göttingen, und Lisa Marasco von der La Leche Liga USA zusammengestellt haben:

Ammenmärchen:
Häufiges Stillen führt zu geringer Milchbildung.
Tatsache:
Die Milchmenge wird gesteigert, wenn ein gesundes Baby an der Brust trinken darf, sooft es das Bedürfnis hat.

Ammenmärchen:
Eine Mutter braucht nur 4- bis 6-mal am Tag zu stillen, um eine reichliche Milchmenge gleich bleibend zu erhalten.
Tatsache:
Wenn eine Mutter frühzeitig und oft stillt (im Durchschnitt 9,9-mal pro Tag während der ersten zwei Wochen), ist ihre Milchproduktion größer, ihr Kind nimmt mehr zu, und sie

stillt über einen längeren Zeitraum. Es wurde nachgewiesen, dass die Milchproduktion mit der Häufigkeit des Stillens zusammenhängt und geringer wird, wenn das Stillen nur selten oder eingeschränkt stattfindet.

Ammenmärchen:
Ein Baby erhält alle Milch, die es braucht, innerhalb der ersten 5–10 Minuten.
Tatsache:
Obwohl viele größere Babys in der Lage sind, den Hauptteil ihrer Milch in den ersten 5–10 Minuten zu trinken, kann dies nicht für alle Babys verallgemeinert werden. Neugeborene, die das Stillen erst lernen und nicht immer effizient saugen, brauchen oft viel länger für eine Mahlzeit.

Ammenmärchen:
Eine stillende Mutter sollte die Fütterungszeiten so legen, dass ihre Brüste zwischendurch Zeit haben, sich wieder zu füllen.
Tatsache:
Jedes Baby/Mutter-Paar ist einzigartig. Der Körper einer stillenden Mutter produziert ständig Milch. Ihre Brüste dienen auch als »Vorratsbehälter«, bei manchen Frauen mehr als bei anderen. Je leerer die Brust, desto schneller produziert der Körper wieder Milch; je voller die Brust ist, desto langsamer wird die Milchbildung. Wenn eine Mutter wartet, bis ihre Brüste voll sind, übermittelt sie ihrem Körper womöglich die Botschaft, dass er zu viel Milch produziert, und verringert so die Gesamtproduktion.

Ammenmärchen:
Der zeitliche Abstand, den ein Baby von sich aus zwischen seine Mahlzeiten legt, hängt nicht davon ab, ob ein Baby Muttermilch oder künstliche Milch trinkt, sondern von der Menge, die es trinkt.

Tatsache:
Der Magen eines gestillten Babys leert sich schneller als der eines mit künstlicher Nahrung ernährten Babys – ca. alle 1,5 Stunden gegenüber fast alle 4 Stunden –, weil die in der Muttermilch enthaltenen Eiweißmoleküle kleiner sind.

Ammenmärchen:
Man darf niemals ein schlafendes Baby aufwecken.
Tatsache:
Während die meisten Babys zeigen, wann sie Hunger haben, wachen manche Neugeborene nicht oft genug von selbst auf und sollten nötigenfalls geweckt werden, um mindestens acht Mahlzeiten pro Tag zu erhalten.

Ammenmärchen:
Stillende Mütter müssen bei jeder Mahlzeit beide Brüste geben.
Tatsache:
Es ist wichtiger, das Baby an der ersten Seite zu Ende trinken zu lassen, selbst wenn es dann die zweite Brust bei dieser Mahlzeit nicht mehr nimmt. Hintermilch steht dem Baby erst allmählich zur Verfügung, während es die Brust leert. Werden sie zu früh an der anderen Seite angelegt, dann trinken sich manche Babys an der kalorienärmeren Vordermilch aus beiden Brüsten satt, anstatt die normale Mischung von Vorder- und Hintermilch zu erhalten, und das führt zu einem unzufriedenen Baby und zu ungenügender Gewichtszunahme. In den ersten Wochen bieten allerdings viele Mütter beide Brüste bei jeder Mahlzeit an, um den Aufbau der Milchmenge zu fördern.

Ammenmärchen:
Die Mutter sollte nicht als Schnuller für das Baby dienen.
Tatsache:
Das Trösten und die Erfüllung des Saugbedürfnisses an der

Brust liegt im ursprünglichen Plan der Natur. Schnuller oder Beruhigungssauger sind lediglich ein Ersatz für die Mutter, wenn sie nicht da sein kann.

Ammenmärchen:
Füttern nach Bedarf hilft nicht, die Bindung der Mutter zu ihrem Baby zu vertiefen.
Tatsache:
Füttern nach Bedarf ist ein Verhalten, das bei Mutter und Baby eine Angleichung des Schlaf-/Wach-Rhythmus bewirkt, was wiederum ihre Bindung zueinander stärkt.

Ammenmärchen:
Wenn eine Mutter ihr Baby oft trägt, wird es sehr verwöhnt.
Tatsache:
Babys, die oft gehalten werden, weinen weniger Stunden pro Tag und zeigen mehr Selbstsicherheit, wenn sie älter werden.

Ammenmärchen:
Häufiges Stillen führt dazu, dass ein Kind später im Leben dick wird.
Tatsache:
Studien zeigen, dass gestillte Babys, die sowohl ihre eigenen Fütterungszeiten als auch die Menge der jeweils aufgenommenen Nahrung bestimmen können, meist die für sie gerade richtige Milchmenge trinken. Nicht Stillen nach Bedarf, sondern das Füttern künstlicher Nahrung und die frühe Einführung fester Nahrung sind als Risikofaktoren für spätere Fettleibigkeit festgestellt worden.

Ammenmärchen:
Stillen ist kraftraubend und zehrt die Mutter aus.
Tatsache:
Müdigkeit ist ein Teil des Lebens einer jeden Mutter mit ei-

nem Baby. Eine ausgewogene Ernährung, Vermeidung von Stress, hilfreiche Hände und ein stillfreundliches Umfeld stärken die Mutter.

Ammenmärchen:
Die meisten Frauen stillen doch heute ihr Baby und verzichten auf Babynahrung.
Tatsache:
11 Mrd. US-Dollar wurden im Jahr 2000 durch den Verkauf von Muttermilchersatzprodukten auf dem Weltmarkt umgesetzt.

Kapitel 7

Kulturgeschichte des Stillens

Betrachtet man die menschliche Entwicklung, so wird deutlich, dass sich der Mensch erst vor kurzer Zeit von seiner Ur-Natur entfernt hat.

Menschen betreiben seit 12000 bis 15000 Jahren Ackerbau und Weidewirtschaft – das ist nur ein Prozent der Gesamtzeit, in der es den Menschen auf der Erde gibt.

Als es noch keine Weidewirtschaft gab, tranken Säuglinge keinerlei Milch außer Muttermilch.

In vielen Gesellschaften wurde auch später niemals Tiermilch getrunken, und tatsächlich fehlt den meisten Menschen auf der Erde das Magenenzym Laktase, das zur vollständigen Verdauung von Milch nötig ist. Die Produktion von Laktase beginnt normalerweise einige Zeit vor der Geburt und endet während der Babyzeit. Nur Europäer und Einwohner einiger anderer Völker, die Rinder halten, produzieren Laktase auch nach der Babyzeit.

Das Stillen und die kindliche Entwicklung in anderen Kulturen

Wenn wir unterschiedliche Kulturen vergleichen, zeigt sich ein Bild von hoher Übereinstimmung, was die Aufzucht von Säuglingen und die Behandlung von Kleinkindern betrifft

(Vergleichende Analyse völkerkundlicher Beschreibungen über das Säuglingsalter und die Mutter-Kind-Beziehung in traditionellen Kulturen[26], Krebs 2002).

Die Beziehungsformen zwischen Mutter und Säugling sind in traditionellen Gesellschaften einander so ähnlich, dass man von einem natürlichen, arttypischen Grundmuster des Menschen sprechen kann, das selbstverständlich auch für unsere westliche Industriegesellschaft gültig ist.

In allen Naturvölkern tragen die Mütter den Säugling stets am Körper. Bei häuslichen Arbeiten, Garten- und Sammeltätigkeiten, bei Wanderungen der Nomaden: Immer befindet sich das Baby auf der Bauch- oder Rückenseite der Mutter.

Trotz der erheblichen Klimaunterschiede, von arktisch bis tropisch, gibt es grundsätzlich keine Unterschiede. Nur in der praktischen Handhabung gibt es verschiedene Lösungen, die den Wetter- und Klimabedingungen angepasst sind:

Während Viehzüchterkulturen in Afrika ihre Säuglinge in einem Fellsack auf dem Rücken tragen, legen die Eskimomütter ihr Baby in eine große, tiefe Kapuze ihres Anoraks, »Amaut« genannt.

In einigen Indianerkulturen wird der Säugling sowohl in einem Tuch oder Korb vor der Brust, als auch festgebunden auf einem Tragbrett auf dem Rücken getragen.

Eine prägnante, aus besonderen Umweltgründen entstandene Ausnahme zeigen die Navaho-Indianer: Sie befestigen ihre Babys in den ersten sechs bis zwölf Monaten auf einem Wickelbrett, das stets senkrecht abgestellt wird. Wahrscheinlich zum Schutz vor Klapperschlangen, die im Krabbelalter gefährlich wären.

Auch Jean Liedloff[3] berichtet, dass die Säuglinge der Yequana-Indianer überallhin mitgenommen werden. An jeder Stelle, ob bei der Arbeit draußen oder in der heimischen Hütte, bei Tänzen und Festen, trägt die Mutter das Baby an ihrem Körper.

Welche Reize für das Kind richtig sind, wird schnell verstanden, und diese werden, ermutigt durch die belohnende Reaktion des Kindes, von der Mutter wiederholt. Spiele des Annäherns und Sich-Zurückziehens gehören zum natürlichen Wechselspiel bei den Yequana-Indianern.

Sie beginnen vielleicht mit einem liebevollen Kuss auf Gesicht oder Körper des Kindes. Es lächelt und kräht vor Vergnügen. Hierauf folgt ein weiterer Kuss. Das Baby zeigt seine Ermutigung und gerät in freudige Erregung und quietscht laut.

Die Sinne, so Liedloff, werden mit einer enormen Vielfalt von Ereignissen konfrontiert und so geschult.

Besonders deutliche Merkmale der frühkindlichen Betreuung sind: konstanter, intensiver Körperkontakt, ständiges Tragen bei aufrechter Haltung, kontinuierliches Stillen, eine hohe Erwiderung auf Laute sowie eine intensive Reaktion der Mutter und Familie auf die Mimik und Gestik des Babys.

Herauszuheben ist, dass die Säuglinge in Naturvölkern grundsätzlich niemals allein schlafen, den Einschlafzeitpunkt selbst bestimmen können und durch den stetigen Körperkontakt keine Einschlafprobleme haben.

Die Säuglinge haben nahezu vierundzwanzig Stunden Körperkontakt mit ihrer Mutter. Die Mutter dient als Nahrungsquelle, Sicherheitsbasis und Ort der Zärtlichkeit und Wärme. Von dieser Sicherheitsbasis aus erkunden die Kleinkinder ihr Umfeld und lernen so, sich mit wachsender Selbstständigkeit zurechtzufinden. Und diese Selbstständigkeit wird in fast allen traditionellen Gesellschaften relativ früh gefördert.

Das Abstillen erfolgt überwiegend abrupt durch das Einschmieren der Brustwarzen mit scharfen Substanzen, es gibt jedoch auch allmähliches Abstillen. Der Grund für das Abstillen ist in der Regel die erneute Schwangerschaft der Mutter, obwohl in vielen traditionellen Kulturen der Geschlechtsverkehr während der Stillzeit nicht erlaubt ist.

Nachdem das Kind die ersten zwei bis drei Lebensjahre nahezu ohne Frustrationserlebnisse und Enttäuschungen verbracht hat und seine Bedürfnisse nach Nähe, Liebe und Zuwendung fortwährend erfüllt wurden, wird es vorbereitet auf die Arbeit innerhalb der Familien oder des Clans.

Bereits ab dem dritten Jahr erwartet man zum Beispiel von den Kindern in Papua-Neuguinea, dass sie ihren Eltern im Haushalt, Garten oder beim Fischen helfen.

Bei den Tuareg, einem Nomadenstamm in der Sahara, wird ein vier Jahre altes Kind »ettedja tenfalelfayda« genannt, was so viel bedeutet wie »es hat Nutzen«, es kann also in der Familie schon kleine Handreichungen machen.

Auf West-Java in Indonesien beginnt die Erziehung zur sozialen Verantwortung ebenfalls früh: 90 % der Kinder zwischen fünf und sieben Jahren helfen im Garten, im Handel und im Haushalt mit. Ab dem zehnten Lebensjahr wird dem Kind oft volle Verantwortung übertragen, auch für Zeitarbeit, die vom Staat zwar als unerwünscht bezeichnet, aber unvermeidlich gebilligt wird.

In einigen Stämmen existieren bemerkenswerte Kinderhierarchien, die mit bestimmten Aufgaben und Zuständigkeiten verbunden sind. So gibt es zum Beispiel bei einem Stamm am Fuße des Arapeh in Papua-Neuguinea unter den Mädchen den Rang der »kleinen Mutter«. Das Mädchen, das am besten mit Babys umgehen kann, erhält das »Babyrecht« an ihren jüngeren Geschwistern.

Die Jungen im selben Stamm fallen zwischen zwei und acht Jahren in die Klasse der »Schalenwegräumer«. Werden im Dorf Kokosnüsse geschält, Pfefferschoten gereinigt oder andere Arbeiten verrichtet, so sind die kleinsten Jungs dafür zuständig, den Dorfplatz zu reinigen und die Schalen in den Busch zu werfen.

Ab dem vierten Lebensjahr können die »Schalenwegräumer« beruflich und sozial aufsteigen und, falls sie geschickt und flink genug sind, zu »Monkeys« werden, deren Aufgabe es ist, auf die Bäume zu klettern und dort Betel- und Kokosnüsse abzuschlagen.

Zwischen dem neunten und elften Lebensjahr sind die Buben stolz auf den Status »Monkey« und zeigen den »Schalenwegräumern« gern ihre Überlegenheit, indem sie die Kleinen herumkommandieren. Doch erst derjenige, der eine Kokosnuss von ihrer harten Schale befreien kann, gilt als ein »wirklich starker Mann«, dem auch die »Monkeys« untertan sind. Schafft es ein Junge, bis zu diesem Status aufzusteigen, genießt er ein hohes Ansehen unter den Gleichaltrigen und den Respekt der Erwachsenen.

Auf diese Weise hat jede Altersgruppe ihre besonderen Aufgaben, die die Kinder mit Stolz erfüllen. Und diese Aufgaben geben den Kleinen gleichzeitig Anreize, zu lernen und zu wachsen.

Das, was wir »Erziehung« nennen, erfahren die Kinder in der Gruppe der Gleichaltrigen, nicht jedoch von ihren Eltern, die meistens eher für die Beschaffung von Essen und für die Nestwärme zuständig sind.

Die Yequana-Indianermädchen kümmern sich ab dem dritten Lebensjahr vollverantwortlich um die Kleinkinder des Stammes. Das ist ihre Lieblingsbeschäftigung, hindert sie aber nicht daran, gleichzeitig anderes zu tun: Feuer zu hüten, Wasser zu holen, andere kleine Küchenarbeiten zu verrichten.

Die Jungen üben sich ab einem Alter von etwa achtzehn Monaten bereits mit scharfen Pfeilen im Bogenschießen, dabei ist das Schießen weder auf bestimmte Stellen begrenzt, noch gelten irgendwelche »Sicherheitsregeln«.

In tiefem, selbstverständlichem Vertrauen in ihre Kinder und deren Können mischen sich die Eltern in die alltäglichen Vorkommnisse nur in den allerseltensten Notfällen ein.

Der hier maßgebliche Faktor ist offenbar die Zuteilung von Verantwortung. Der Mechanismus des »Sich-um-sich-selbst-

Kümmerns« ist bei den meisten Kindern der westlichen Welt nur teilweise in Kraft gesetzt, weil die Erwachsenen einen Großteil übernommen haben.

Während Yequana-Mädchen den größten Teil ihrer Kindheit mit den Frauen verbringen und dabei, wie erwähnt, von Anfang an die Haus- und Gartenarbeit teilen, bleiben die Jungen unter sich. Ihre Väter erlauben ihnen nur, sie zu begleiten, wenn Schnelligkeit und Durchhaltevermögen nicht unbedingt erforderlich sind. In der Zwischenzeit schießen die Jungen tausende Male auf Grashüpfer, später auf kleine Vögel. Der Mann, währenddessen auf der Jagd, schießt vielleicht nur ein bis zweimal am ganzen Tag, was einem Jungen wenig Gelegenheit gäbe, seine Fähigkeit auf dem Gebiet des Schießens zu entwickeln.

Das Yequana-Kind ist sehr gut in der Lage, Dinge allein zu erledigen. Mädchen und Jungen gleichermaßen gehen allein zum Fischen, sitzen häufig an irgendeinem Platz und flechten Körbe oder stellen, ebenfalls nicht in der Gruppe, Waffen her.

Das Einhämmern von Zacken in die Kassaba-Reibhölzer, das Weben von Armbändern oder Hängematten und natürlich das Kochen wird häufig von einem Mädchen allein erledigt, oder nur mit einem Säugling als Gesellschaft.

Andere Kinder sind für die Entwicklung wichtig

Das Aufwachsen und die Eingliederung in die Gemeinschaft wird bei den Naturvölkern weniger von der eigenen Familie als vielmehr von der Gruppe begleitet.

Das Kind erfährt sich schon ab den ersten Lebensmonaten nicht als Objekt einer ausschließlichen Zweierbeziehung mit seiner Mutter, sondern als Teil einer Gruppe. Es wird auch von Geschwistern oder anderen Stammesmitgliedern getröstet und geschaukelt, die manchmal sogar um seine Gunst wetteifern. Es nimmt verschiedene Körper wahr, sieht wechselnde Gesichter, jedoch in dauerhafter Wiederholung.

Die Kinder erfahren aufmerksame und liebevolle Zuwendung, was ihnen ein grundlegendes Gefühl der Sicherheit und des Vertrauens in Menschen gibt. Auch Hauptantriebe zum Lernen erfolgen durch die Gruppe: durch Vorbild, Lob, aber auch durch Spott der anderen.

Gelernt werden allerdings nur lebensdienliche Fertigkeiten wie Fischen oder Jagen. Die jungen Leute werden im Dorf danach beurteilt, ob sie gute Gärtner, Fischer oder handwerklich geschickt sind. Die Dorfgemeinschaft bildet sich eine Meinung über jeden, und jeder lernt mit dieser Beurteilung umzugehen, wenn er mit zunehmendem Alter mehr und mehr Aufgaben übernimmt und sich einen Ehepartner sucht.

Von Schulen hält man in den Naturvölkern (hier sind diejenigen gemeint, die einen Zugang zur modernen Zivilisation haben) nicht viel, da die einerseits sehr oft im Widerspruch zu traditionellen, magischen Vorstellungen stehen und andererseits dem Kinde die Zeit wegnehmen, die es sonst zum Arbeiten im Garten oder beim Fischen nutzen könnte. Die Lebensumstände sind in den traditionellen Gemeinschaften relativ stabil. So besteht auch kein Bedürfnis, sich ein neues Wissen und neue Inhalte anzueignen.

Die Kindheitsphase endet in fast allen traditionalen Kulturen mit der ersten Regelblutung bei den Mädchen (12–14 Jahre), die danach als erwachsen und heiratsfähig gelten.

Meist unausweichlich für den Übergang in den Status des erwachsenen Mannes ist für die Jungen das Ritual der Initiation. Damit ist die Aufklärung über die Aufgaben, Sexualität und das spirituelle Leben der Erwachsenen gemeint.

Häufig gehört die rituelle Beschneidung dazu, und in manchen Fällen auch das schmerzhafte Verprügeln mit brennesselähnlichen Pflanzen.

Dieser Initiation geht meist eine Bewährungsphase voran,

die vier bis sechs Jahre dauern kann. In dieser Zeit werden die jungen Männer aus dem Elternnest verbannt und ziehen in eine abgelegene Hütte oder in ein Zelt mit anderen gleichaltrigen Jungen, wo sie lernen müssen, wie man eine Hütte baut, einen Garten anlegt, das Wild jagt, sprich, wie man sich selbst versorgt, um später die Verantwortung für eine ganze Familie übernehmen zu können.

Mutter und Kind heute: Getrennt von Brust und Bett

Während also in traditionalen Kulturen die Säuglinge nahezu durchgehend am Körper der Mutter oder eines Familienmitgliedes gehalten werden und auch das Nachtlager grundsätzlich mit der Mutter teilen, sind sie in den Industrieländern doch sehr oft allein.

Der Diplompsychologe Stephan Valentin stellt in seiner Arbeit für http://www.eltern.de fest, dass die Kinder in westlichen Kulturen so früh wie möglich lernen müssen, eine Nacht durchzuschlafen, am besten von ihren Eltern getrennt und im eigenen Zimmer.

Das so genannte Co-Sleeping wird als kulturell nicht angebracht eingestuft. Diese Überzeugung, so Valentin, ist von der Angst geprägt, das Baby könnte in der Nacht von den Eltern erdrückt werden.

Woanders überwiegt jedoch diese Art des Zusammenschlafens, das heißt die Mutter bzw. die Eltern nehmen ihr Kind nachts zu sich ins Bett. Co-Sleeping war bis Mitte des zwanzigsten Jahrhunderts auch in den USA verbreitet und wird dort seit einiger Zeit mancherorts wieder praktiziert.

Dr. Michael Abou-Dakn von der Initiative »Stillfreundliches Krankenhaus«: »Es ist spannend, herauszufinden, wie es überhaupt dazu kam, dass die Säuglinge aus unseren Betten verschwanden und die Babywiege Einzug in unsere Zivilisation hielt.

Vor dem 19. Jahrhundert gab es keine Familienplanung wie heute, und Abtreibungen waren natürlich auch nicht legalisiert. Nicht nur aus dem Mittelalter, sondern auch aus der heutigen Zeit (zum Beispiel aus Rumänien zur Zeit der Diktatur) wissen wir, dass bei solchen Konstellationen die Säuglingssterblichkeit steigt.«

Die Tötung von Neugeborenen ist für verschiedene traditionale Kulturen belegt und folgt einem Muster, das im Tierreich ebenfalls bekannt ist: Ziel ist meist die Erhöhung der Gesamtfortpflanzungsrate. Also werden vor allem weibliche Säuglinge umgebracht. Dadurch kann die Mutter schnell wieder schwanger werden und dann möglichst einem männlichen Säugling das Leben schenken. Söhne sichern in der Regel die Nahrungsversorgung und den Altersschutz besser ab und haben eine höhere Fortpflanzungsrate als Töchter.

Das Töten von Säuglingen durch Mütter oder Verwandte tritt in seltenen Fällen auch bei extremer Nahrungsknappheit auf. Und beim Tod der gebärenden Mutter wird in vielen Kulturen der Säugling ebenfalls getötet und mit ihr beerdigt.

Neugeborene werden keineswegs nur bei Naturvölkern umgebracht. So gibt es Berichte über das Recht germanischer Hausväter, ein Kind auszusetzen. Und eine Auswertung ostfriesischer Kirchen- und Ortssippenbücher hat ergeben, dass der frühe Kindstod oft »sozial induziert«, also eingeleitet wurde, etwa durch gezielte Vernachlässigung, wenn dies vom Elternstandpunkt aus gerechtfertigt erschien. In Konflikte dieser Art gerieten vor allem junge Witwen mit einem Kind, die glaubten, dass ihre Heirats- und Fortpflanzungsmöglichkeiten auf diese Weise verbessert würden.

Zur Verbannung der Kinder aus dem Bett der Eltern schreibt der Diplom-Kinderpsychologe Stephan Valentin:

»In Europa führt körperliche Distanz der Eltern zum Säugling zurück bis ins Mittelalter. Schon damals predigte die Kirche, dass die Kinder nicht im Elternbett schlafen sollten, wegen der hohen Sterberate der Kinder durch Erstickung und Erdrücken im Elternbett. Eine Ausrede, die auch von der Gesellschaft akzeptiert wurde. Die Kinder starben nicht unbedingt aus Versehen, sondern sie wurden meistens von ihren Eltern umgebracht. Und für die Kirche war es eine Möglichkeit, jeglichen körperlichen Kontakt zwischen Eltern und ihren Kindern zu verhindern. Dieses Tabu wurde von der Medizin aufgegriffen, als Louis Pasteur auf die Ansteckungsgefahr durch Mikroben hinwies. Ein eigenes Kinderzimmer wurde als wichtig für die Gesundheit des Säuglings angesehen.

Die Psychoanalytiker deuten übrigens solchen willkürlichen Tötungsakt als eine unbewusste Selbstmordabsicht der Mütter gegen sich selbst:

Alle Eltern tragen entsprechende Schmerzen und Verletzungen in sich, sie haben ihre Lungen wund geschrieen, als sie selber noch ein Baby waren. Wenn nun besonders sensible Mütter nächtlicherweise ihr Kind schreien hören, so werden ihre alten Verletzungen aufgerissen. Wenn sie sich dann im Schlaf auf ihr Kind legen, so bringen sie das eigentlich schreiende Kind in sich selbst zum Schweigen. So gesehen ist der Mordimpuls am Baby eher als eine unbewusste Suizidhandlung zu verstehen, so die Wissenschaftler.

Im mittelalterlichen Europa also kam es zu einer Verbannung der Säuglinge in die Wiege und somit zur Trennung des ursprünglichen, engen Körperkontakts zwischen Mutter und Kind. Heutzutage müssen die meisten Kinder alleine einschlafen.

Ist es der Einfluss der Kirche, die also die Kinder vor dem Kindstod schützen wollte, oder der der Medizin, die eine ›hygienische Distanz‹ zwischen Eltern und Kindern vorschrieb?

Oder waren es die Einwirkungen der Industrialisierung oder einfach die Tatsache, dass die Überlieferung unserer kulturellen Praktiken gescheitert ist – das Kind kann anscheinend nicht auf unsere Kultur vertrauen, dass sie ihm ein ruhiges Einschlafen ermöglicht.«

Co-Sleeping ist also nicht, wie vielfach behauptet, gefährlich für das Baby. Im Gegenteil, es kann in manchen Fällen auch lebensrettend sein. Die Untersuchung einer Australierin, die sich mit dem gemeinsamen Schlafen von Mutter und Kind in einem Bett beschäftigte, förderte erstaunliche Ergebnisse zutage. Mit Nachtkameras filmte sie die Mütter und Kinder, führte Temperaturmessungen durch und leitete EKGs ab.

Festgestellt wurde, dass die Mutter im Schlaf bemerkte, wenn das Kind zu warm wurde, ein Umstand, der häufig im Zusammenhang mit plötzlichem Kindstod auftritt. Unbewusst stupste die Mutter das Kind an und veränderte damit die Luftzirkulation. Was im Fall der Fälle lebensrettend sein kann. In Kulturen, in denen die Kinder im Bett der Eltern schlafen, ist die Rate des plötzlichen Kindstodes nicht zufällig viel niedriger als bei uns.

Körpernähe beim Einschlafen verhindert Ängste beim Kind

In Afrika ist bei vielen Menschen der Glaube verbreitet, dass der Schlaf mit einer unsichtbaren Welt der Nacht zusammenhängt. Die Kinder müssen in der Nacht beschützt werden, damit die Toten sie nicht rufen. Das Weinen des Kindes in der Nacht, so fand Valentin heraus, wird oft als ein unverständlicher Dialog mit der Geisterwelt verstanden. Deswegen würde eine afrikanische Mutter ihr Kind niemals weinen lassen.

In Indien, in Japan und auch in Taiwan werden die kleinen

Kinder von ihren Eltern im Arm gehalten, bis sie eingeschlafen sind. Teddys oder andere Stofftiere gibt es hier nicht. Sie werden überflüssig, wenn die Mutter oder der Vater so lange beim Kind bleiben, bis es eingeschlafen ist.

In unserer eigenen Kultur wurde im Hochmittelalter zusätzlich zu der Trennung am Tag der nächtliche Körperkontakt zwischen Mutter und Kleinkind unterbunden und das Baby in die Wiege verbannt.

In den meisten Hochkulturen, angefangen vom alten China bis hin zu den Azteken, wird das Baby in der hoch sensiblen ersten Lebenszeit von dem beruhigenden Körperkontakt mit der Mutter getrennt: Eine frühkindliche Angst, die sich damit im Kind festsetzt, bildet also die Grundlage jeder weiteren Entwicklung. Man betrachtet sie heute als wesentliche emotionale Grundlage dafür, dass sich der Mensch in den »aufblühenden« Zivilisationen an die entfremdete Lebensweise in den Städten hat anpassen können. Und je »höher« sich die Kultur entwickelt hat, desto nachdrücklicher wurde das ursprüngliche Band zwischen Mutter und Kind auseinander gerissen.

Valentin stellt auch fest, dass in anderen Regionen häufig Wiegenlieder als Einschlafhilfe dienen, während bei uns Spieluhren laufen:

»Dabei haben diese Lieder eine sehr wichtige Funktion: Die Klänge und Worte der Wiegenlieder bilden eine sonorische Hülle. In diese Hülle werden die Trennung durchs Schlafen, die Abwesenheit und der Verlust mit eingeflochten. Diese psychische Hülle der Wiegenlieder symbolisiert die Trennung von Mutter und Kind durch den Schlaf. Sie bereiten das Kind auf diese Trennung vor. Gerade das Verschwinden der Wiegenlieder in unserer eigenen Kultur würde verhindern, dass Eltern und Kinder sich mit der abendlichen Trennung in dieser Art auseinander setzen.

In den letzten Jahren scheinen Schlaflieder wieder aktuell zu werden. 80 % der deutschen Eltern singen ihrem Kind abends ein Lied vor. Sehr beliebt ist auch das Vorlesen einer Geschichte. Aber das Ritual dauert nicht bis zum Einschlafen des Kindes. 86 % der Eltern hierzulande denken, dass es nicht nötig ist, beim Kind zu bleiben, bis es eingeschlafen ist.

In Japan wie auch in Taiwan liegen die Eltern abends bei ihrem Kind, ohne bestimmte Gesten zu vollführen. Allein die körperliche Gegenwart des Elternteils genügt, um dem Kind ein Gefühl von Sicherheit zu geben, so dass es einschläft. Dies verlangt aber eine Portion Geduld bei den Eltern. Und auch die Voraussetzung, dass man seinem Kind Zeit opfert. Zeit, die man vielleicht anderweitig am Abend verplanen könnte.

In unserer westlichen Welt scheint dieses Opfer schwieriger zu sein, als man annehmen möchte. Durchschnittlich bleiben Mütter in Deutschland 30 Sekunden bei ihrem Baby und auf jeden Fall nicht länger als eine Minute, um es ins Bett zu bringen. Und alleine gelassen wälzen sich 51 % der Babys noch bis zu 15 Minuten in ihrem Bettchen, um in den Schlaf zu finden.« Schlafgegenstände, so fand Valentin heraus, »ein Tuch (31 %), der Schnuller (57 %) oder ein Teddy (71 %) sind in unserer Zeit von größter Bedeutung. Nicht unbedingt für das Kind, aber für seine Eltern, die ohne Schuldgefühle ihren Nachwuchs der Nacht überlassen können. Das Kind wird erzogen, sich mit diesem Schlafgegenstand über die Trennung von den Eltern hinwegzutrösten. Das Kind scheint also etwas zu brauchen, um einschlafen zu können. Sei es nun die Gegenwart seiner Mutter, ein Schlafobjekt oder auch das Daumenlutschen. Dieses In-den-Schlaf-Begleiten kommt von außen und hilft dem Kind, sich zu beruhigen.

Welche Art der Schlafbegleitung für ein Kind die richtige ist, ist schwer zu beurteilen. Manche Forscher behaupten, dass gerade ein Schlafobjekt sich zum Beispiel sehr positiv auf die Kreativität des Kindes auswirkt. Andere denken, dass nichts die Mutter als Begleitung in den Schlaf ersetzen kann, dass die Kinder dann ruhiger schlafen würden.

Wie Eltern auf der ganzen Welt das Zu-Bett-Bringen handhaben, ist tief in ihrer jeweiligen Kultur verankert, denn häufig gibt man gerade das weiter, was man in seiner eigenen Kindheit erlebt hat.

Wichtig ist vor allem, dass Eltern diesen Moment mit Liebe angehen. Vor allem aber sollten wir bedenken, dass das Einschlafen sehr schwierig für ein Kind ist, sonst bräuchte es keine Hilfe von außen, um sich von seiner Mutter und seinem Vater trennen zu können. Und sei es auch nur für eine Nacht.

Das Schlafritual existiert schon lange in Europa, aber oft wird es als ›Schlafmittel‹ angesehen. Dieser Moment des Zubettgehens könnte eigentlich der wärmste und innigste Kontakt zwischen Eltern und Kind sein. Die häufige Angst der Eltern, sie könnten wieder eine schlaflose Nacht verbringen, erzeugt Spannungen zu dieser Stunde. Deshalb empfinden Kinder heute oftmals das Schlafengehen als Bestrafung, als eine Trennung von den Eltern aus einem ihnen unverständlichen Grund.«

Wolfgang Callensee bemerkt dazu in seinem Buch *Frühe Kindheit*[27]: »Es ist nicht verwunderlich, dass der Mensch schon in vorhistorischer Zeit versucht hat, Hilfsmittel und Einrichtungen zu schaffen, um sich die Last des sich anklammernden Kindes ›vom Halse‹ zu halten. Und sich dadurch Erleichterung zu verschaffen. Aus der Not heraus, aber auch aus Bequemlichkeitsgründen. Die Mittel, die die ersehnte Erleichterung herbeiführen sollten, wurden mit der Zeit immer raffinierter. Heutzutage kann man mit deren Hilfe die Mutter fast vollständig ersetzen. Es wird jedoch selten darüber nachgedacht, ob diese Ersatzmittel auf längere Sicht eine günstige oder ungünstige Wirkung haben. Hauptsache, sie funktionieren.«

Zu den frühesten Hilfsmitteln, derer sich die Mutter notgedrungen bedienen musste, da sie eine wesentliche Arbeitserleichterung brachten, gehörten das Tragegestell und das Tragetuch. Sie verschafften ihr freie Hände für die Feldarbeit, ohne das Baby ablegen zu müssen.

Einrichtungen wie die Kinderkrippe, das Kinderheim und die Amme wurden ebenfalls als Entlastung gesehen. Mit der Zeit kamen Schmusetiere und -tücher, die Wiege, der Kinderwagen, der Schnuller und die künstliche Muttermilch dazu. All diese Dinge sind dazu da, die Mutter zu vertreten oder ganz zu ersetzen.

So schaffte sich der Mensch Attrappen und Surrogate, mit denen er seinen eigenen Nachwuchs irreführt und ihm den wohltuenden Mutter-Kind-Kontakt ganz oder teilweise verweigert. Und es ist nicht immer sofort sichtbar, welche Nachteile er dafür in Kauf nehmen muss.

Während wir weit davon entfernt sind, in den genannten Hilfsmitteln eine Gefährdung zu sehen, zeigen Tierversuche, wie verheerend sich der Mutterentzug auswirken kann. Man erinnere sich an das klassische Experiment mit Rhesusaffen von Harry Harlow im Jahre 1963, das deutlich macht, dass die Bindung zwischen Mutter und Kind nicht ausschließlich über das Nahrungsangebot erfolgt. Die kleinen Affenjungen nahmen in dem Versuch auch dann die Mutterattrappe an, wenn sie dafür mit einem kalten Luftstrahl betraft wurden.

In den Findelhäusern und Kinderheimen wurden ähnliche Symptome wie bei den Harlowschen Affenjungen beobachtet. Für die eingetretenen Schäden hat sich die Bezeichnung Hospitalismus oder Deprivation (leibseelischer Entwicklungsrückstand bei Kindern durch Entzug der Mutter) eingebürgert.

»Hilfsmittel, die eine Attrappenfunktion haben, sollten deshalb nicht unbedacht angewandt werden. Ein Kind, das allein gelassen im Bett schreit, braucht weder Schmerz- noch Beruhigungsmittel, sondern den direkten Körperkontakt mit den Eltern«, schreibt Andrea Schmelter[28].

Das Stillen im 19. und 20. Jahrhundert

In den vergangenen Jahrhunderten verschwanden nicht nur die Kinder aus den Betten der Mütter und Väter, sondern die ganze Stillkultur veränderte sich drastisch: Ende des 18. Jahrhunderts war es für die gebildete, wohl situierte Frau nicht üblich, selbst zu stillen. Dafür gab es Ammen. So waren die Damen frei für gesellschaftliche Verpflichtungen.

Das aufstrebende Bürgertum tat es den Adelskreisen gleich, in denen es schon lange üblich war, die Säuglinge von Ammen stillen zu lassen. Diese neue Lebensform und der dazu gehörende Erziehungsstil waren also Ausdruck und damit auch Symbol politischer und wirtschaftlicher Veränderung.

Nach und nach gaben auch Arbeiterinnen ihre Säuglinge aus der Hand, etwa zur Nachbarin, wo sie oft mit Mehlbrei und Wasser zu Tode »ernährt« wurden. Die Findelhäuser quollen über, es fehlte nicht nur an Brustmilch, sondern auch an liebevoller Zuwendung. Aufgrund beruflicher Hektik ging das Stillen immer mehr zurück. 1866 gab es übrigens auch das erste Nestlé-Produkt.

»Dann kam es zu einem Wandel und einer Rückbesinnung auf die eigene Milch«, berichtet Dr. Abou-Dakn. »Das hing vor allem mit der Angst vor der damals weit verbreiteten Tuberkulose zusammen, deren Übertragung man fürchtete. So stillten auch großbürgerliche und adlige Frauen plötzlich ihre Babys wieder selbst.

Es schickte sich damals aber nicht, das Kind außerhalb des Hauses an die Brust zu legen, und so musste man ein System entwickeln und die Behandlung des Kindes in ein Schema zwingen, das den Lebensumständen entsprach. Man wollte Ordnung schaffen, ein Phänomen, das in die Zeit des Preußentums nicht nur zufällig passte. Die Kinder sollten frühzeitig Zucht und Disziplin lernen, damit sie ordentliche Menschen wurden.

Auch die Wissenschaft begann Ideen zu entwickeln, mit denen die Forderungen nach Ordnung und Erziehung umgesetzt werden könnten. Der Kinderarzt, Professor Adalbert Czerny, gab Anfang des 20. Jahrhunderts Ernährungsempfehlungen heraus und stellte folgende Regeln auf: Tagsüber sollte der Säugling alle vier Stunden, nachts gar nicht gestillt werden.

Wenig später stellte der neuseeländische Arzt Truby King eine neue These auf. Seine Empfehlungen zur Babypflege wurden in den zwanziger Jahren des 20. Jahrhunderts sehr populär.

Wie viele seiner anderen Kollegen hatte der Mann die fixe Idee einer ›Ruhepause für den Magen‹ des Kindes. Der Magen des Kindes, so wurde behauptet, sei noch nicht komplett entleert, wenn der Säugling zu früh wieder Nahrung bekomme. Er nahm an, dass auf diese Weise die Milch im Magen säuere. Durch erneute Zugabe von Nahrung gäbe es dann eine Mischung, die bei den Kindern starke Bauchschmerzen verursachen könnte.

›Ein völlig leerer Magen bekämpft wirksam solche Mikroben, die ansonsten Gärung, Magenverstimmung, Durchfall usw. verursachen könnten‹, hieß es wörtlich in Kings Empfehlungen. Fazit war, dass eine ›gute‹ Mutter ihr Kind nicht nach Bedarf anlegte, sondern Zeiten einhielt.

Es gibt erstaunliche Beschreibungen aus dieser Zeit, in der die Frauen schließlich auch anfingen, sich zu artikulieren. Die Mütter bemängelten, dass Männer und Mediziner über ihr Leben und ihre Zeit entscheiden wollten. Sie registrierten, dass ihre Kinder überhaupt nicht gut reagierten, wenn man ihnen ihre Nahrung vorenthielt.

Die Theoretiker jedoch behaupteten, dass Kinder, die zu

häufig gestillt wurden, dadurch weinerlich und verzogen würden. Heute wissen wir, dass das Gegenteil richtig ist.

Die Wissenschaftler tüftelten ihr theoretisches Konstrukt aus, und gleichzeitig entwickelte die Industrie die »Idealform« der Babynahrung: Muttterersatzmilch!

Frauen mussten nicht mehr stillen, erhielten weitaus mehr Unabhängigkeit und hatten ein hygienisch sauberes, getestetes Produkt, das gut aussah und sehr einfach, nämlich nur mit heißem Wasser, zubereitet werden konnte.

Die Industrie gab sich viel Mühe und entwickelte immer bessere Produkte. Die Vorteile des Stillens – die Bindung von Mutter und Kind und die gesundheitlichen Vorteile – blieben unerwähnt und weitgehend auf der Strecke.«

Die Saugflasche als »Emanzipationsmittel«

Vielleicht kann der Boom der Babyflasche in den Nachkriegsjahren in Deutschland als eine Gegenreaktion auf den seelischen Druck angesehen werden, der in der Nazi-Zeit auf deutsche Mütter ausgeübt wurde.

Die so genannte Stillpropaganda hatte für heutige Begriffe so dramatische Formen angenommen, dass man von einem regelrechten Stillfanatismus sprechen kann. Vom Rückgang der Stilltätigkeit beunruhigt, wurde ein massiver Druck von staatlicher Seite aus auf die deutschen Mütter ausgeübt. Sie wurden persönlich angegriffen, indem man ihnen, wie in der *Deutschen Medizinischen Zeitschrift*, ein »beschämendes Versagen der Mütterlichkeit« vorwarf. »Eine Mutter, die ihr Kind nicht stillen kann, verdient nicht den Namen einer Mutter.« Martin Hohefeld, der Leiter der Mütterberatungsstellen in Leipzig, schlug sogar vor, dass man die unwilligen Mütter in Gefängnisse stecken solle (1938).

Aussagen von Fachleuten, die sich bestimmt bewusst darüber waren, dass diese Art von Vorwürfen emotionalen Stress verursachen könnte, so Stephan Valentin. Stress, der dann letztlich zu Stillschwierigkeiten führt. Also das genaue Gegenteil des von der Stillpropaganda beabsichtigten Ziels.

Der durch die beiden Weltkriege ausgelöste Industrialisierungsschub führte schließlich zu einer nachhaltigen Veränderung der Lebensformen und Lebensumstände in der westlichen Welt.

Das wirkte sich auch auf Schwangerschaft, Geburt, Säuglingspflege und frühkindliche Erziehung aus. Die Menschen feierten ständig neue technische Errungenschaften, die natürlich auch den privaten Lebensbereich und die Denkweise der Menschen veränderte.

Nach dem Ende der Wiederaufbauphase in Deutschland, ab Mitte der fünfziger Jahre und in den sechziger Jahren, war die Begeisterung und Faszination für neueste Technik fast grenzenlos.

Für den häuslich-privaten Bereich von Mutter und Kind war nicht nur der medizinische Fortschritt wichtig. Auch die Herstellung und Einführung verschiedenster Konsumartikel für das Baby und Kleinkind faszinierten die Mütter. Für diese »lebenserleichternden« Dinge wurde nun auch in immer stärkerem Maße geworben.

Im Rahmen dieser Entwicklung konnte es nicht ausbleiben, dass auch der noch nicht modernisierte Bereich der Säuglingsernährung ins Visier der Industrie geriet. Mit der Erfindung der Babynahrung galt das aufwändige natürliche Aufzuchtverhalten als veraltet und antiquiert. Das natürliche Stillen geriet ins Abseits.

Verschärft wurde die Situation durch ein neues Rollenverständnis der Frau: Die Emanzipationsbewegung sorgte für eine rasch ansteigende Zahl berufstätiger Frauen. Stillrate und Stilldauer sanken auf ein historisches Rekordtief!

Einige Jahre später, zu Beginn der siebziger Jahre, kamen die ersten ernsten Zweifel auf: Der »Club of Rome«, ein Zusammenschluss von Wirtschaftsführern, Politikern und Wissenschaftlern aus aller Herren Länder, der es sich zum Ziel gesetzt hat, Ursachen und Zusammenhänge der Menschheitsprobleme zu erforschen, verwies auf die Grenzen des wirtschaftlichen Wachstums.

Die Wissenschaftler machten deutlich, dass durch die ungebremste Ausbeutung der natürlichen Ressourcen Umweltbelastungen entstehen, gesundheitsgefährdende Veränderungen der Lebensmittel und unnatürliche Abweichungen der Lebensräume für Mensch und Tier.

Die Gründung der politischen Partei »Die Grünen« im Jahre 1980 war dann der Kristallisationspunkt einer Bewegung, in der neben einigen anderen Aspekten wie Pazifismus, Basisdemokratie und der Frauenrolle das Verhältnis zwischen Mensch und Umwelt in den Mittelpunkt des Interesses rückte. Damit wurde die Frage nach der Natürlichkeit der Natur offen diskutiert. So wurde eine Entwicklung eingeleitet, die eine deutliche Rückbesinnung auf unser natürliches Erbe beinhaltete.

Stillen in der DDR

Eine etwas andere Entwicklung gab es in der Deutschen Demokratischen Republik. Dort scheint die Entscheidung pro oder contra Stillen überwiegend davon abhängig gewesen zu sein, ob junge Mütter kompetente Ansprechpartner und ein sensibles Umfeld vorfanden. In ihrer wissenschaftlichen Untersuchung zu dem Thema stellt Katrin Harz[29] fest:

»Obwohl sich der Staat stark machte für stillende Mütter, entwickelten sich die Stillquoten hier in den sechziger Jahren ebenso negativ wie in der BRD. Das Stillen verlor immer mehr an Bedeutung. Erst Ende der siebziger Jahre – später als in

Westdeutschland – gab es eine Rückbesinnung auf die natürliche Ernährung der Säuglinge.

Der Hintergrund der stillbefürwortenden Haltung der DDR-Führung war rein pragmatisch: Ziel war es, die Säuglingssterblichkeit zu bekämpfen, denn eine geringe Säuglingssterblichkeit galt als Zeichen für die Leistungen des Staates im Gesundheitssystem.

Die Vorteile des Stillens lagen für den sozialistischen Staat auf der Hand: Muttermilch hat einen hohen Anteil an Abwehrstoffen. Gestillte Kinder sind deshalb weniger krankheitsanfällig, heißt es in einer Broschüre von 1978.

Das Gesundheitspersonal wurde vom Ministerium für Gesundheitswesen (MfG) angewiesen, die Mütter in Beratungsgesprächen zum Stillen zu bewegen und bei auftretenden Schwierigkeiten zu unterstützen.

Das MfG hatte über die Jahrzehnte kontinuierlich Anreize geschaffen, um Mütter zum Stillen zu ermutigen: Von 1958 an wurde ein monatliches Stillgeld von zehn Mark an die Mütter ausgezahlt, Stillpausen von zweimal 45 Minuten sollten den Frauen das Arbeiten auch in der Stillzeit ermöglichen. Für die staatliche Geburtenbeihilfe und das Stillgeld wurden 1970 133,2 Mio. Mark, 1986 gar 206,3 Mio. Mark gezahlt.

Zudem ermöglichte es die DDR ihren Müttern ab 1976, nach der Geburt des ersten Kindes ein Jahr unbezahlten Urlaub zu nehmen. Nach der Geburt des zweiten Kindes gab es sogar eine bezahlte Freistellung für zwölf Monate.

Die Entwicklung der Stillquote blieb von diesen Anstrengungen unbeeinflusst. Erst als neben den finanziellen Anreizen ein stillfreundlicheres Umfeld geschaffen wurde, gewann das Stillen wieder an Bedeutung.

Der gesundheitliche Aspekt des Stillens stand in der DDR stets im Vordergrund. Wichtig war ausschließlich die Entwicklung des Kindes. Sie wurde akribisch in den staatlichen

Mütterberatungsstellen kontrolliert. Über jedes Kind legten die Mitarbeiter Akten an. In speziell ausgearbeiteten Formularen, den Wiegekarten, hielten sie den gesundheitlichen Status des Kindes fest. Psychische Werte wie die innige Mutter-Kind-Beziehung spielten kaum eine Rolle. Daher wundert es nicht, dass sich die ostdeutschen Mütter häufig unsentimental vom Stillen verabschiedeten.

Ebenso wie jenseits der Mauer nahm auch in der DDR der Stellenwert der künstlichen Babynahrung in den sechziger Jahren zu. Die Babynahrung war problemlos verträglich, die Kinder entwickelten sich gut – scheinbar gab es keinen Grund mehr zum Stillen. Die Orientierung am ›Goldenen Westen‹ tat ein Übriges: Wohlstand war verbunden mit Freiheit – auch der Freiheit, das Kind abgeben zu können.

Ganz entscheidend für die negative Entwicklung der Stillquote war der Anstieg der Klinikgeburten (1952: 48 %, 1968: 99 %). Stark reglementierte Stillzeiten im Krankenhaus und die räumliche Trennung von Mutter und Kind nach der Entbindung schafften ein stillunfreundliches Umfeld. Den Müttern wurde in den meisten Fällen ein starrer Vier-Stunden-Rhythmus zum Stillen empfohlen, die übrige Zeit verbrachten die Kinder im Säuglingszimmer.

Damit war es den Müttern in der DDR genauso unmöglich wie den Müttern in der BRD, sich instinktiv auf die Bedürfnisse ihres Babys einzulassen. Das Stillen wurde zur reinen Nahrungsaufnahme nach einem vorgegebenen Zeitplan degradiert. Das Klinikpersonal wurde in der Ausbildung kaum mehr auf Fragen rund um das Stillen vorbereitet; nicht selten fütterten die Säuglingsschwestern zu, wenn das Baby schrie.

In dieser Zeit ging wichtiges Wissen über das Stillen verloren: So wurde in Ratgebern aus den fünfziger Jahren noch auf einen erhöhten Flüssigkeitsbedarf der stillenden Mutter hingewiesen, während er 1973 im Ratgeber *1x1 für junge Eltern* völlig außer Acht gelassen wurde.

Mit der Veränderung der Entbindungsstationen, in denen zuvor die Kinder in der Obhut der Säuglingsschwestern gelassen wurden, um die ›kranken‹ Mütter zu schonen, trat das Stillen auch in der DDR einen Siegeszug an.

Schon 1969 hatten Wissenschaftler auf die Notwendigkeit individueller Betreuung in den Geburtskliniken hingewiesen. Doch erst 1974 bot die Frauenklinik Halle-Kröllwitz die erste Rooming-in-Station der DDR an. Mitte der siebziger Jahre gewannen auch die Stillschwestern an Bedeutung, die jungen Müttern mit Rat und Hilfe zur Seite standen.

Sie arbeiteten – rekrutiert und unterstützt von Ärzten, die dem Stillen positiv gegenüberstanden – häufig gegen den immensen Widerstand des übrigen Klinikpersonals. Auch viele Mütter begegneten ihnen zunächst misstrauisch. Doch die Stillschwestern gaben nicht auf. Wie sehr sie sich dabei einsetzten, zeigt das Beispiel der Stillschwester Ursula Reinhold:

Sie arbeitete in der Kinderklinik in Jena, in der kranke Säuglinge und Frühgeborene weit entfernt von ihren Müttern lagen. Ursula Reinhold animierte die Mütter, ihre Milch abzupumpen, und brachte die Muttermilch zur Kinderklinik. Sie hatte sowohl den physischen Nutzen für die Kinder als auch den psychologischen Vorteil für die Mütter erkannt, die trotz der räumlichen Trennung etwas für ihr krankes Kind tun konnten.

Stillen nach Bedarf und Rooming-in in den Krankenhäusern zeigte in der DDR den gleichen Erfolg wie in allen anderen Ländern:

Die Stillquote stieg stetig an. So stillten beispielsweise in der Klinik Halle-Kröllwitz bis 1978 rund 20 Prozent der Mütter zum Zeitpunkt der Klinikentlassung voll, bis 1983 war ihr Anteil auf 94,7 Prozent gestiegen. Dabei war die Kombination der räumlichen Nähe und des Stillens nach Bedarf entscheidend für den Erfolg:

Die Entbindungsstation der Universitäts-Frauenklinik in Leipzig bot 1984 Rooming-in an, hielt aber zunächst am Stillrhythmus von vier Stunden fest. Die Stillquote jedoch verbesserte sich erst, nachdem man den Frauen ermöglichte, ihr Kind jederzeit anzulegen.

Publikationen zum Thema Stillen bereiteten – wenn auch langsamer als in anderen europäischen Ländern, weil der Informationsaustausch mit der westlichen Welt mühsam war – nach und nach auch in der DDR den Boden für eine neue Stillfreundlichkeit. Über Westkontakte gelang es engagierten Stillschwestern, Verbindung zur La Leche Liga aufzunehmen und den Gedanken des Stillens auch in Ostdeutschland wieder mehr zu etablieren. Unter dem Dach der evangelischen Kirche wurden erste Stillgruppen gegründet. Es spricht einmal mehr für die positive Grundhaltung des Staates zum Stillen, dass diese Stillgruppen zwar nicht gefördert, aber auch nicht verboten wurden.«

Annemarie Stolzenburg, ehemalige langjährige Ausbilderin von La Leche Liga, berichtet:

»Im Jahre 1984 fing LLL an, die ersten Stillberaterinnen in der ehemaligen DDR auszubilden. Bis zum Mauerfall hatten über 30 Frauen die Ausbildung begonnen, und die ersten hatten ihre Ausbildung abgeschlossen. Diese Fernausbildung verlief in einem ausführlichen Briefwechsel ohne jegliches Telefon, wobei der Schwerpunkt in der intensiven Reflektierung der eigenen Stillgeschichte und Rolle als Mutter lag.

Da der Staat die Aufgabe der Kindererziehung weitgehend übernahm, brauchten diese Mütter (weit mehr als die Frauen im Westen) eine umfassende Unterstützung und Bestärkung in ihrem Verständnis vom Muttersein. Sie mussten sich ihre große Eigenverantwortung zunächst einmal bewusst machen, diese dann an vielen Alltagsbeispielen belegen und schließlich ihr Selbstbewusstsein vertiefen und festigen.

Da es diesen isolierten Frauen nicht möglich war, an LLL-

Stilltreffen oder Konferenzen teilzunehmen, fehlte ihnen insbesondere der Austausch mit Müttern in ähnlicher Situation sowie die praktische und aktive Anleitung in der Gruppenarbeit. Um diesen Teil der Ausbildung abzudecken, reisten die Ausbilderinnen vom Westen nach Dresden. Sie trafen sich in kirchlichen Räumen, um Workshops abzuhalten und um den letzten Teil der Ausbildung (die mündliche Abschlussprüfung) abzunehmen.

Indem das Selbstbewusstsein der Frauen durch den sehr persönlichen Briefwechsel gestärkt wurde, hat LLL hier einen wichtigen Anteil an der Veränderung des Frauenbildes im Osten.«

Frauenmilchsammelstellen in der DDR

Katrin Harz: »Da der gesundheitliche Vorteil der Muttermilch in der DDR sehr wohl bekannt war, hielt man auch nach dem Einzug der künstlichen Babynahrung noch lange an Frauenmilchsammelstellen fest. Hier wurde Muttermilch an jene Frauen weitergegeben, die nicht oder nicht genug stillen konnten. Die Sammelstellen waren überwiegend Krankenhäusern angegliedert. Die spendenden Frauen und ihre Kinder wurden ärztlich überwacht. So war gewährleistet, dass die Mütter einwandfreie und tatsächlich nur überflüssige Milch abgaben. Die Milch wurde auf Krankheitserreger und Fremdstoffe untersucht und pasteurisiert. 1959 bestanden auch in Westdeutschland noch 24 Frauenmilchsammelstellen, die bis 1972 sämtlich geschlossen wurden. In der DDR gab es 1989 noch 60 dieser Stellen, die nach der Wiedervereinigung aus wirtschaftlichen Gründen nach und nach geschlossen wurden.«

Stilldauer in historischen Zeiten

Die ältesten überlieferten Empfehlungen zur Stilldauer sind aus Mesopotamien, Ägypten und der Levante überliefert und stammen von etwa 3000 v. Chr.: In diesen Ländern wurde empfohlen, Kinder zwei bis drei Jahre lang zu stillen.

Laut dem Koran sollen Kinder mindestens zwei Jahre lang gestillt werden.

In Indien gibt es Zeugnisse von 1500 und 800 v. Chr., die besagen, dass die Säuglinge ein Jahr lang gestillt, danach ein Jahr lang teilgestillt und danach allmählich abgestillt werden sollten.

In Byzanz, 600 bis 300 v. Chr., wurde das Abstillen zwischen dem zwanzigsten und vierundzwanzigsten Monat empfohlen.

Im Talmud, 536 v. Chr., wurden achtzehn bis vierundzwanzig Monate Stillen empfohlen.

Untersuchungen der Knochen aus archäologischen Funden bringen noch ältere Erkenntnisse:

In Tennessee (ca. 2500–2000 v. Chr.) und Süddakota (1650–1700) wurde mit achtzehn bis zwanzig Monaten zugefüttert, im Mittelalter in Arabien (800–1300) geschah das Abstillen vermutlich zwischen zwei und drei Jahren, und in Ohio (1300–1450) begann ein allmähliches Abstillen mit unter zwei Jahren, Muttermilch war jedoch das Hauptnahrungsmittel für mindestens weitere sechs Monate.

Für das westliche Europa zeigen früheste Dokumente, dass dort praktisch alle Kinder ein bis drei Jahre lang gestillt wurden. Im Mittelalter wurde in Europa mit ein bis zwei Jahren abgestillt, während der Renaissance mit etwa zwei Jahren.

In Großbritannien erfolgte das Abstillen im 16. bis 17. Jahrhundert mit zwölf bis siebzehn Monaten, im späten 18. Jahrhundert mit sieben bis neun Monaten.

Um 1900 wurde je nach den Lebensumständen der Mutter gestillt, bisweilen nur ganz kurze Zeit oder überhaupt nicht.

In Italien war ein Abstillen im frühen 19. Jahrhundert zwischen zwölf und vierzehn Monaten üblich.

In den USA wurden gegen Ende des 19. Jahrhunderts über 95 % der Babys gestillt, völlig abgestillt waren die Kinder in der Regel mit zwei bis vier Jahren.

Stilldauer heute

Nachdem in den fünfziger Jahren in den USA das Stillen nahezu unmodern geworden war, drehte sich der Trend zwischen 1970 und 1980 wieder um. Der Höhepunkt wurde 1984 erreicht, als 59,7 % der Mütter im Krankenhaus stillten und 8 % davon nach zwölf Monaten noch immer.

In den neunziger Jahren wurde etwa die Hälfte aller Babys gestillt, drei Viertel davon waren mit sechs Monaten ganz abgestillt.

Eine Untersuchung von 46 nicht-industrialisierten Gesellschaftsgruppen aus verschiedensten Teilen der Welt ergab in der Zeit zwischen 1950 und 1990:

75 % stillten nach zwei bis drei Jahren ab, 24 % nach 18 Monaten, 1 % nach sechs Monaten.

Eine andere Studie mit verschiedensten Volkstämmen, darunter Samoaner (etwa ein Jahr), australische Ureinwohner (circa zwei bis drei Jahre), Grönländer (drei bis vier Jahre), Hawaiianer (etwa fünf Jahre), Inuit (ungefähr sieben Jahre) ergab ein Durchschnittsalter von drei bis vier Jahren Stilldauer weltweit.

Besonders genau wurden die Kung San, ein Volk von Jägern und Sammlern, das in der afrikanischen Kalahari lebt, untersucht. Diese stillen intensiv drei bis vier Jahre lang (etwa vier Mal pro Stunde am Tag, mehrmals pro Stunde in der Nacht). Von 78 untersuchten Babys und Kindern waren 58 % mit zwei Jahren abgestillt, 76 % mit drei Jahren und 90 % mit etwa vier Jahren.

Eine Liste, die 1991 in den USA erschienen ist und Maßnahmen zur Förderung der Volksgesundheit enthält, empfiehlt:

»Der Anteil der Mütter, die ihre Babys im frühen Babyalter stillen, sollte auf mindestens 75 % gesteigert werden, und mindestens 50 % sollten mit fünf bis sechs Monaten noch stillen.« *(Healthy People 2000 Report)*

1993 heißt es: »Bis zum Alter von neun oder zehn Monaten sollte das Baby vor jedem Zufüttern gestillt werden. Das Stillen sollte noch weit in das zweite Lebensjahr fortgesetzt werden und, wenn möglich, noch länger.« (P. Adamson: *Facts for Life* 1993)[31]

Eine weitere Empfehlung aus dem Jahre 1993 lautet: »Im zweiten Lebensjahr profitiert ein Baby vom Stillen und braucht gleichzeitig auch solche Nahrung, wie sie für den Rest der Familie üblich ist. Stillen ist gut für das Kind, als Teil einer Mahlzeit, zwischen den Mahlzeiten oder wann immer das Kind Hunger hat. Aber in diesem Alter brauchen alle Kinder auch andere Nahrung. Im zweiten Lebensjahr sollte das Stillen kein Ersatz für andere Mahlzeiten, sondern ein Zusatz zu anderen Mahlzeiten sein.«

La Leche Liga International schreibt 1997: »Wir halten es für ideal, wenn die Stillbeziehung zwischen Mutter und Kind so lange andauert, bis das Baby entwachsen ist.«

Im Dezember 1997 gab die Amerikanische Akademie der Kinderärzte neue Richtlinien zum Stillen heraus. Sie lauten, dass Säuglinge mindestens zwölf Monate lang gestillt werden sollten und danach so lange, wie Mutter und Kind es wünschen.

Langzeitstillen heute

In Deutschland ist es nicht üblich, dass ein Kind mit ein oder zwei Jahren noch gestillt wird. Mütter eines Stillkindes in diesem Alter gelten häufig als ein bisschen verrückt oder übertrieben fürsorglich und fühlen sich oft auch dementsprechend.

Früher haben die Mütter ihre Kinder einige Jahre lang gestillt, und niemand nahm Anstoß daran. Warum haben sich die Gepflogenheiten derart drastisch verändert?

Ursula Leslie dokumentiert, wie sich die Einstellung zum Stillen entwickelt und verändert hat:

»Wie lange würden Menschen stillen, wenn die Geschichte und die Gewohnheiten der Gesellschaft, in der wir leben, überhaupt keinen Einfluss hätten?

Menschen gehören biologisch zu den Primaten, Stillen und Abstillen erfolgt bei den verschiedenen nichtmenschlichen Primaten nach bestimmten Mustern.

Wie müsste das entsprechende Muster beim Menschen aussehen?

Für Menschenbabys müsste eine Stilldauer von mindestens 2,5 Jahren angenommen werden, drei bis vier Jahre wären völlig normal, und die überdurchschnittlich lange gestillten Kinder würden mit etwa sieben Jahren abgestillt.

Im Vergleich zu Tieren könnte als Faustregel gelten, dass das Abstillalter von Kindern dann erreicht ist, wenn sie ihr Geburtsgewicht vervierfacht haben oder sechs Mal so lange gelebt haben, wie die Schwangerschaft dauerte.

Schimpansen sind unsere nächsten tierischen Verwandten. Sie stillen ca. drei Jahre lang voll und dann noch zwei bis drei Jahre lang zusätzlich zu anderer Nahrung.«

Iris-Susanne Brand-Schenk, International Board Certified Lactation Consultant (IBCLC) und WHO- bzw. UNICEF-Gutachterin, schreibt in ihrem 1998 erschienenen Buch *Stillen*:[31]

»Stillen Sie, solange Sie und Ihr Kind Spaß haben. Lassen Sie sich nicht beeinflussen von anderen, die meinen, durch langes Stillen verwöhne man die Kinder, oder die das Stillen von älteren Babys oder Kleinkindern einfach peinlich finden. Achten Sie auf Ihr eigenes Gefühl und auf die Signale Ihres Kindes.«

Die Ernährungskommission der Österreichischen Gesellschaft für Kinder- und Jugendheilkunde schreibt in ihren Stillempfehlungen, veröffentlicht im Journal für Ernährungsmedizin 2/2001:

»Die gesamte Stilldauer unterliegt keinen medizinisch begründbaren Beschränkungen, Mutter und Kind sollen das Abstillen gemeinsam festlegen.«

Dr.med. Bruno Ölsböck, Facharzt für Kinder- und Jugendheilkunde: »Das Stillen über die ersten sechs Lebensmonate hinaus bis ins zweite Lebensjahr hinein und, wenn gewünscht, noch darüber hinaus, hat trotz vieler gegenteiliger Behauptungen große ernährungsphysiologische und immunologische Vorteile. In unserer Kultur ist es üblich, früh – viel zu früh – abzustillen und feste Nahrung zu geben.«

Die Ärztin Yvette Piovanetti in ihrer Studie *Stillen über zwölf Monate hinaus*[32]: »Wenn die Mutter und ihr Kind in beiderseitigem Einvernehmen aufhören zu stillen, ist das ideal. In Kulturen, in denen das Stillen auch als enge Beziehung zwischen Mutter und Kind gesehen wird, ist dies auch ein Vorgang, der dem Kind beim Erkunden seiner Umwelt immer wieder Sicherheit und Geborgenheit gibt. Zwei- oder dreijährige Stillkinder sind da nichts Ungewöhnliches.

Zum Stillen in das zweite Lebensjahr hinein sollte aus zahlreichen Gründen ermutigt werden. Das Abstillalter sollte sich im 21. Jahrhundert über die ersten zwölf Monate verschieben.«

Piovanetti beschäftigt sich auch eingehend mit der historischen Perspektive, mit dem Einfluss des Langzeitstillens auf die kindliche Gesundheit und auch auf die Gesellschaft.

Sie zitiert aus historischen Quellen wie dem Talmud und dem Koran, die belegen, dass es damals schon Stillempfehlungen von zwei bis drei Jahren gab. Der römische Arzt Soranus empfahl das Stillen bis zur Beendigung des kompletten Zahndurchbruchs, sein Kollege Galen bis zum Alter von drei Jahren.

Die wissenschaftlichen Aufzeichnungen dieser beiden Ärzte fanden bis ins 18. Jahrhundert Beachtung. Der hohe Stellenwert des Stillens zeigte sich in zahlreichen Funden von Stillgöttinnen und Mythen. Neben der Bedeutung als Säuglingsnahrung haben etwa Chinesen, Inder, Ägypter, Römer und Samoaner den therapeutischen Nutzen der Muttermilch bei Augenproblemen gekannt.

Engagierte Ärzte, Stillberaterinnen, WHO, UNICEF, La Leche Liga, Nationale Stillkommission, all diese Organisationen, Institutionen und Fachleute ringen darum, dass in Deutschland mindestens ein halbes Jahr ausschließlich gestillt wird. Danach sollte mit dem Zufüttern fester Nahrung begonnen und mindestens zwei Jahre lang weiter gestillt werden.

Die WHO ist der Ansicht, dass Frauen insgesamt bis zu zwei Jahre stillen sollten. Das ist die weltweit gültige Empfehlung. Das Weiterstillen nach sechs Monaten erfüllt das Bedürfnis der Kinder nach Liebe und Zuwendung am besten.

»In vielen Kulturen bedeutet das Zufüttern nach einem halben Jahr ein sanftes ›Ausschleichen‹ aus dem Stillen. Mutter und Kind lassen sich viel Zeit mit dem Beenden, wenn sie eine gute Still-Beziehung haben«, sagt Dr. Abou-Dakn.

Wenn man die durchschnittliche Stilldauer weltweit damit vergleicht, ist auch das noch wenig: Sie beträgt 4,2 Jahre.

Als ich vor vielen Jahren nach Hamburg zog, wurde ich von Kollegen auf eine Mitarbeiterin aufmerksam gemacht, die ihr dreijähriges Kind noch an die Brust ließ. Hinter ihrem Rücken war fast eine Verschwörung gegen sie im Gange. Aus der Sicht fast aller Kolleginnen und Kollegen war das Stillverhalten befremdlich und unnatürlich, und man war sich darüber einig, dass dieses Verhalten fatale Folgen für den Jungen haben würde.

Auch ich war nicht frei von diesen Vorurteilen. Es wirkte merkwürdig auf mich, wenn der Dreijährige auf meine Kollegin zulief, die Bluse hob, drei-, viermal saugte und wieder ging.

Heute weiß ich, was diese Mutter für ihr Kind getan hat. Sie nahm den schweren Weg auf sich, gegen das allgemein herrschende Vorurteil anzukämpfen! Sie vertraute ihren Instinkten und ihrem Gefühl. Und sie gab ihrem Sohn das Allerbeste mit auf den Weg, was eine Mutter geben kann: Sicherheit, Liebe, Körpernähe und Zärtlichkeit.

Im Jahre 1991 sagte die Kinderpsychiaterin Coello-Novello während ihrer Amtsperiode als Vorsitzende der US-Gesundheitsbehörde: »Es bedeutet für ein Baby ein besonderes Glück, bis zwei Jahre gestillt zu werden.« Die mittlerweile gesammelten wissenschaftlichen Erkenntnisse erhärten diese Feststellung.

Stillen in der Öffentlichkeit

Die Reaktionen auf das Stillen in der Öffentlichkeit sind sehr unterschiedlich. In Großstädten ist es selbstverständlicher als in ländlichen Gegenden. In Berlin, Hamburg, Leipzig oder München, besonders in Gegenden, wo viele Studenten wohnen, kann man vielerorts Frauen beobachten, die ihre Kinder an die Brust legen.

Christiane Abou-Dakn, Ehefrau von Dr. Michael Abou-Dakn und Mutter eines Sohnes: »Ich habe in der Öffentlichkeit eher negative Erfahrungen gemacht. Wenn das Kind noch ganz klein ist, kann man in den Blicken eher ein gewisses Verständnis entdecken. Sobald das Kind aber ein paar Monate älter ist, ändert sich das. Ich kann mich noch daran erinnern, als mein Sohn ein halbes Jahr alt war und ich ihn auf einer Parkbank im Sommer gestillt habe. Ich hatte schon alles ziemlich verdeckt, und trotzdem habe ich böse Blicke geerntet. Ich hatte eher negative Erlebnisse. Und je älter die Kinder werden, umso mehr nimmt das zu.«

Dr. Michael Abou-Dakn dazu: »Es ist ein absolutes Tabu, ein Kind, das über ein Jahr alt ist und schon läuft, zu stillen. Ich weiß von Frauen, die richtig lange gestillt haben, zwei oder drei Jahre. Die haben mit ihren Kindern eine Art Geheimzeichen entwickelt, weil es ihnen vor den Verwandten zu peinlich war, wenn das Kind an die Brust wollte. Sie verschwanden dezent im Nebenzimmer.«

Norma Jane Bumgarner berichtet in ihrem Buch *Wir stillen noch …*[33] zum Thema Langzeitstillen in der Öffentlichkeit, wie entsetzt sie selbst war, als sie zum ersten Mal sah, wie ein Kind, das schon laufen konnte, an der Brust der Mutter trank. Sie war erschüttert über dieses Opfer, das die Mutter offenbar für ihr Kind erbringen musste, entsetzt über den schamlosen Anblick und entrüstet über den Mangel an guter elterlicher Autorität, ohne die sich diese Sache so lange hinziehen konnte.

Dann lernte sie die Mutter und ihr Kind näher kennen und änderte ihre Meinung. Weder konnte sie feststellen, dass die Mutter unnötige Opfer brachte, im Gegenteil, sie schien das Stillen zu genießen, noch fehlte es an elterlichem Durchsetzungsvermögen, wenn es nötig war.

Mit der Zeit musste die Autorin begreifen, dass die Stillbeziehung zwischen Mutter und Kind auch keiner seltsamen

Perversion entsprang; das Stillen war eindeutig ein warmherziger und zärtlicher Bestandteil des Zusammenlebens der beiden; eine der vielen Arten, auf die sich die beiden Menschen liebten und sich aneinander erfreuten.

Sie war zum Schluss derartig beeindruckt von dieser Beziehung und von dem, was diese Mutter ihr über das Langzeitstillen erzählen konnte, dass sie ihr eigenes Kind nicht abstillte, sondern wartete, bis die Zeit des Abstillens von alleine kam.

Sie beschreibt in ihrem Buch das große Glück, das sie darüber empfand, ihr Kind nicht abstillen zu müssen, weil andere Menschen das von ihr erwarteten, sondern dass sie so lange stillen konnte, wie Mutter und Kind es wollten.

Zu den Reaktionen auf das Stillen in der Öffentlichkeit schreibt sie: »Ich habe den Eindruck, dass Personen in unseren Breiten, die mit einer stillenden Mutter und ihrem Baby konfrontiert werden, irritiert oder sogar schockiert sind. An den Anblick von Kindern mit Saugersatz wie Schnuller, Fläschchen, Daumen usw. ist man gewöhnt. Diese Ersatzobjekte gelten im Allgemeinen als notwendig für den Baby- und Kleinkind-Alltag.«

Ursula Krafeld schrieb an La Leche Liga:

»Mein Sohn wurde von mir 3 Jahre lang gestillt. Bis zu seinem 2,5. Lebensjahr war es für mich noch relativ selbstverständlich, ihn öffentlich zu stillen. Doch je größer er wurde, desto verwunderter oder auch ablehnender wurden die Blicke und Bemerkungen. So stillten wir nur noch zu Hause oder in geschützten Räumen.

Folgende Äußerungen wurden mir während der langjährigen Stillzeit entgegengebracht:

Wenn du deinen Sohn so lange stillst, verwöhnst und verzärtelst du ihn und bindest ihn viel zu sehr an dich (eine Freundin, die selbst keine Kinder bekam, aber zwei Kinder adoptiert hatte).

Kinder, die zu lange gestillt werden, werden später zu egoistisch (behandelnder Homöopath).

Rudolf Steiner, Begründer der Anthroposophie, sagt, wenn man während einer Schwangerschaft weiter stillt, bekommt das Kind im Mutterleib den Eindruck, nicht willkommen zu sein (mein Bruder nach meiner Fehlgeburt im sechsten Monat, während ich meinen Sohn weiter stillte).

In dem Buch *Der kleine Tyrann* von Jirina Prekop las ich, dass häufig Einzelkinder, die lange gestillt wurden, dieses ›tyrannische Verhalten‹ aufweisen.

Kann man denn überhaupt so lange stillen? Hast du denn noch Milch? Bei Mutter hat das immer nur wenige Wochen geklappt, und dann hat ihre Milch nicht mehr ausgereicht, um euch zu ernähren (mein Vater, wir sind fünf Kinder).

Meine Mutter äußerte sich mir gegenüber nicht zu dem langen Stillen, war jedoch sichtlich erleichtert, als sie erfuhr, dass ich endlich abgestillt hatte.

Es ist nicht gut, ein Kind über ein Jahr hinaus zu stillen. Es gewöhnt sich zu sehr an die Mutter. Und, stört es deinen Mann überhaupt nicht, wenn beim Sex die Milch fließt? (Eine befreundete Nachbarin).«

Man kann sich vorstellen, wie viel Kraft eine stillwillige Mutter immer wieder aufbringen muss, um sich nicht von ihrem Vorhaben abbringen zu lassen.

Es sind jedoch nicht immer nur Freunde und Verwandte, die Müttern, die ihre Kinder stillen möchten, das Leben schwerer machen, als es nötig wäre.

Im Frühjahr 2003 veröffentlichte die Nachrichtenagentur dpa folgende Meldung, die in vielen deutschen Tageszeitungen abgedruckt wurde:

»Schottland will Müttern das Recht auf Stillen in der Öffentlichkeit gesetzlich garantieren. Restaurants und Cafés, die das Stillen verbieten, sollen bald bis zu 4000 Euro Strafe zahlen müssen. Das sieht ein Gesetzentwurf der regierenden Labour-Partei für das schottische Regionalparlament vor. In Großbritannien ist es vielerorts verpönt, Kindern in der Öffentlichkeit die Brust zu geben. An manchen Restaurant-Türen stehen sogar Schilder mit der Aufschrift: ›Kinder unerwünscht.‹ Hunde sind dagegen meist zugelassen.«

Prominente Frauen, die gestillt haben

Claudia Schiffer, weltweit berühmtes und erfolgreiches Model, entschied sich, ihren Sohn Caspar zu stillen. Für dieses Buch schildert sie, was sie dabei erlebte:

»Die ersten 3 Monate habe ich meinen Sohn rund um die Uhr gestillt, das heißt alle 3 bis 4 Stunden. Vom 4. bis zum 6. Monat bekommt er nur noch 2-mal am Tag – morgens und abends – Muttermilch und zwischendurch Milch aus der Flasche.

Ich denke, dass Stillen nur Vorteile hat.

Zum einen gilt die Mutterbrust als beste Nahrungsquelle für das Baby, allein schon wegen des Immunschutzes, und Stillen gibt einem das Gefühl der Nähe und Verbundenheit zum Kind.

Zum anderen ist das Stillen auch noch einfach zu handhaben!

Und was das Beste ist: Durch das Stillen purzelten nach 3 Monaten nur so die Pfunde.«

Ein Schmunzeln ruft folgende Meldung hervor, die FOCUS in seiner 20. Ausgabe 2003 veröffentlichte:

»Als Sexkolumnistin Carrie findet Jessica Parker in der TV-Kultserie ›Sex and the City‹ unkonventionelle Antworten auf alle Probleme. In Realitas ist die 38-jährige ähnlich eigenwillig. Die Windeln für Sohn James Wilkie Broderick, sechs Monate, befördert Parker stilecht in einer Luis-Vuitton-Tasche. Und, trotz extremen Star-Appeals, hat sie keine Hemmungen, ihrem Kind in der Öffentlichkeit die Brust zu geben.

Zuletzt schockte die Star-Mama die Bosse des US-Senders HBO mit einer Stilleinlage am Konferenztisch. ›Ich dachte, denen knallt der Unterkiefer auf die Tischkante‹, so Co-Star Kristin Davis (Charlotte).«

Meine Kollegin und Freundin Bettina Tietjen, für mich einst mein Stillvorbild, schrieb für dieses Buch ihre »Stillgeschichten« auf:

»Durch Schwangerschaften und Stillen hat sich mein Leben grundlegend verändert. Mutter zu werden und zu sein ist eine völlig neue Seite meiner Weiblichkeit – eine Erfahrung, die mein Selbstwertgefühl und meine Lebensfreude (beides schon vorher in nicht unerheblichem Maße vorhanden) noch gesteigert haben. Dass ich meine beiden Kinder stillen konnte, hat mich glücklich gemacht. Ich war in dieser Zeit ihre wichtigste Bezugsperson, konnte sie beschützen und ihnen all das geben, was sie zum Start ins Leben brauchten. Ein wunderbares Gefühl!

Theo habe ich 9 Monate und Pia ca. 7 Monate gestillt.

Meine Schwestern und ich sind alle von meiner Mutter gestillt worden. Das war eine Selbstverständlichkeit. Babys wurden gestillt – das war bei allen anderen Familien in unserem Umfeld genauso und wurde gar nicht groß thematisiert. Auch meine beiden Schwestern, die vor mir ihre Kinder bekamen, stillten.

Also war es für mich völlig klar, dass ich es mit meinen Kindern ebenso machen würde. Als Theo zur Welt kam, konnte ich es kaum erwarten und war ganz überrascht, dass die Milch nicht von der ersten Minute an aus meiner Brust in sein Mündchen floss. Die Krankenschwester beruhigte mich und erklärte mir, dass Mutter und Kind eine Weile brauchen, um den Weg zueinander zu finden. Und siehe da – am 2. Tag ging's schon viel besser. Das Stillen meiner Kinder war für mich sehr wichtig, weil ich zum einen die Muttermilch für das gesündeste Baby-Nahrungsmittel halte, das es gibt. Dazu kommt natürlich die Psyche: Die Mutter-Kind-Beziehung mit all ihrer Zärtlichkeit, ihrer emotionalen und körperlichen Nähe, die beim Stillen entsteht, hält das ganze Leben lang. Ich habe jede Minute, die meine Kinder an meiner Brust lagen, genossen – und meine Kinder hoffentlich auch!

Ich kann mich nicht erinnern, dass über das Stillen bei uns zu Hause groß gesprochen wurde. Es war (s.o.) einfach selbstverständlich. Manchmal wurde (fast hinter vorgehaltener Hand) über Frauen gesprochen, die »nicht stillen konnten«. Das klang für mich irgendwie nach einer schlimmen Krankheit, die ich auf gar keinen Fall bekommen wollte.

Meine wichtigste Beraterin war, neben den Krankenschwestern des sehr intimen kleinen Krankenhauses, meine Hebamme. Sie gab mir alle Tipps, die ich brauchte. Vor allem, als ich mich darauf vorbereitete, wieder zu arbeiten. Denn ich wollte ja unbedingt beides: stillen UND arbeiten. Also musste ich vorsorgen: Die Milch musste abgepumpt und eingefroren werden. Das klappte aber nicht gleich so reibungslos, wie ich dachte. Tröpfchen für Tröpfchen habe ich mir den Vorrat abgerungen. Dank Elektropumpe und dem SEHR wertvollen Ratschlag meiner Hebamme: »Bleib ganz ruhig und gelassen. Du hast viel Zeit.«, floss es aber dann irgendwann. Außerdem holte ich mir noch Rat bei der Frau eines Kollegen, die ebenfalls alle vier Kinder gestillt hatte und trotzdem berufstätig war.

Diese Gespräche, das Gefühl, jemanden zu haben, der sich auskennt, war sehr wichtig für mich. Denn wenn es nicht gleich klappt, schleichen sich schnell Selbstzweifel, Versagensängste und der Vorwurf ein, keine gute Mutter zu sein. Davon darf man sich auf keinen Fall unterkriegen lassen. Durchhalten ist ganz wichtig. Ich hatte am Ende so viele abgepumpte

Fläschchen im Tiefkühlschrank gestapelt, dass ich einen Teil davon wegschütten musste.

Meine Stillvorbilder waren neben meiner Mutter (die ich beim Stillen meiner kleinsten Schwester noch genau vor Augen habe) meine beiden Schwestern. Sie gingen beide mit dem Stillen ganz natürlich um, legten ihre Babys in jeder Situation an die Brust – so wollte ich das auch. Und genauso habe ich es auch gemacht. Im Übrigen hat es mich auch als Kind stets fasziniert, wenn eine Frau ihr Baby an die Brust legte. Ich wollte schon immer Mutter werden – ein Leben ohne Kinder lag außerhalb meines Universums.

Zum Glück habe ich jetzt zwei – dass das nicht so selbstverständlich ist, wie es mir als Kind erschien, ist mir heute klar. Und ich bin sehr dankbar dafür. Übrigens ist meine kleine Tochter (6) schon jetzt eine Mama mit Leib und Seele. Ihre Freundinnen und sie schleppen ihre Puppen an der Brust mit sich herum. Sie können's kaum erwarten. Muss wohl in den Genen liegen.«

Weitere prominente Frauen haben ihre Kinder gestillt. La Leche Liga trug eine Liste mit ihren Namen zusammen:

Albright, Madeleine, ehem. US- Außenministerin

Anderson Lee, Pamela, Schauspielerin, hat mit Brustimplantaten gestillt

Andress, Ursula, Schauspielerin

Auermann, Nadja, Model

Becker, Barbara

Brinkley, Christie, Model

Clement, Karin, Ehefrau des Bundesministers für Wirtschaft und Arbeit, Wolfgang Clement

Clinton, Hillary, Anwältin, Frau des ehem. amerikanischen Präsidenten

Diana Princess of Wales

Elizabeth II., Königin von England

Epple-Waigel, Dr. med. Irene, Sportlerin

Fox, Tracy, Schauspielerin, Ehefrau von Michael J. Fox

Garth, Jennie, Schauspielerin

Gilbert, Melissa, Schauspielerin

Gore, Tipper, Fotografin, Frau des ehem. amerikanischen Vizepräsidenten Al Gore

Gracia Patricia, Prinzessin von Monaco, Preisträgerin von La Leche Liga International Award of Appreciation für hervorragende Unterstützung

Graf, Steffi, Tennisspielerin und Ehefrau von Andre Agassi

Hagen, Nina, Sängerin

Karven, Ursula, Schauspielerin

Lemke, Heide, Ärztin, Ehefrau v. Willi Lemke, Bremer Senator für Bildung und Wissenschaft

Loren, Sophia, Schauspielerin

Madonna, Sängerin, Schauspielerin

Maria Theresia von Österreich

Matthäus-Maier, Ingrid, ehem. Bundestagsabgeordnete

McDowell, Andie, Schauspielerin

McMahon, Brigitte, Triathlon-Olympiasiegerin

McPherson, Ellie, Model

Moore, Demi, Schauspielerin

Nena, Sängerin

Niemann-Stirnemann, Gunda, Olympiasiegerin im Eisschnelllauf

Rau, Christina, Schirmherrin von UNICEF

Roosevelt, Eleanor

Ross, Katherine, Schauspielerin

Schrowange, Birgit, TV-Moderatorin
Schweiger, Dana, Schauspielerin und Model
Selecca, Conny, Schauspielerin
Seymour, Jane, Schauspielerin (Zwillinge)
Shepard, Cybil, Schauspielerin
Streep, Meryl, Schauspielerin
Thatcher, Margret, ehem. britische Premierministerin
Wagner, Lindsey, Schauspielerin
Wilson, Rita, Schauspielerin, Ehefrau von Tom Hanks

Kapitel 8

Stillen und Stillförderung heute

Als ich beschloss, ein Buch über das Stillen zu schreiben, und mit der Recherche begann, lernte ich schnell, dass ich es mit einem facettenreichen Thema zu tun hatte – mit keinem, über das man sich locker und gern unterhält. Es eignet sich kaum für Diskussionen im größeren Kreis, in der U-Bahn oder am Stammtisch. Es sei denn, man erwartet gerade selbst Nachwuchs.

Fragt man eine werdende Mutter, ob sie beabsichtigt, ihr Kind zu stillen, ist die Antwort zunächst ziemlich eindeutig: Mehr als 90 % aller Mütter wollen stillen und beginnen auch damit.

Das zeigen auch die meisten Untersuchungen: Zahlreiche Mütter fangen zwar an zu stillen, geben aber nach wenigen Tagen oder Wochen wieder auf.

Auf die Frage, warum nicht einmal zehn Prozent der deutschen Frauen ihre Kinder bis zum sechsten Lebensmonat stillen, sagt Dr. Abou-Dakn: »Das hat wahrscheinlich auch damit zu tun, dass sich unsere Stillkultur Anfang des letzten Jahrhunderts nicht nur allmählich veränderte, sondern systematisch zerstört wurde. Es gab schon im 19. Jahrhundert Karikaturen, die deutlich machen, dass man um die damit verbundenen Gefahren wusste.

Auf einem Bild ist ein Kinderarzt zu sehen. Er steht auf einer Tonne, auf die Nestlé geschrieben ist, und dieser Arzt ist gerade dabei, sich in den Rachen eines Walfisches zu stürzen. Darunter steht, dass der Kinderarzt sich in den Rachen wirft, der Kommerz heißt.

Die Milchindustrie hat es offensichtlich geschafft. Sie hat vermitteln können, dass man nicht mehr zu stillen braucht, und erklärt, dass die Schadstoffe in der Muttermilch zu hoch seien. Mittlerweile wissen wir, dass das auf Dauer kein Problem war und es auch heute nicht ist. Bei allen Schadstoffbelastungen, die sich im Übrigen im gesamten Nahrungskreislauf befinden, ist Muttermilch die gesündeste Ernährungsform für den Säugling.

Es ist auch völliger Unfug, dass langes Stillen den Anteil der Verformungen und Schädigungen eines Kindes erhöht. Das aber wurde in den fünfziger und sechziger Jahren von Seiten der Industrie immer wieder behauptet. Ein weiteres Argument ist, dass die Frau wieder parat stehen muss für den Job.

Auch die Sexualität ist ein Argument. Es gibt Männer, die nicht wollen, dass die Frauen durch das Stillen ihre Brustform verändern. Ein Argument, das wirklich unsinnig ist, weil die Brust sich durch die Schwangerschaft verändert. In der Stillzeit kriegt die Frau eine positive Unterstützung für ihre Figur, weil sie meist abnimmt. Die ursprüngliche Figur kommt eher wieder, wenn man stillt, weil Rückbildungsprozesse, die von der Natur eingerichtet worden sind, mit jedem Zug, den das Kind trinkt, einsetzen. Das betrifft vorrangig die Brust und die Gebärmutter. Und auch im Hüftbereich wird für das Stillen in der Schwangerschaft Fett angelagert, das verschwindet eben dann, wenn gestillt wird.«

Es ist bekannt, dass viele Frauen verunsichert sind. Natürlich hat jede schon einmal gehört, dass Muttermilch die vollwertigste Nahrung für den Säugling ist. Aber vor über hundert Jahren ist sie durch kulturelle und wissenschaftliche Entwicklungen erstmals in Misskredit geraten, und seit mindestens vierzig

Jahren ist sie unterschwellig wie auch ganz offen ins Visier der Hersteller von Milchersatznahrung geraten.

Seit Ende der fünfziger Jahre wird künstliche Babynahrung weltweit verwendet. Durch den unkritischen Einsatz der Muttermilch-Ersatzprodukte sank die Stillrate, und die bislang selbstverständliche Tradition des Stillens als natürliche physiologische Form der Ernährung wurde unterbrochen. In zahlreichen Studien weltweit konnten jedoch die Vorteile des Stillens gegenüber den Ersatzprodukten inzwischen eindeutig bestätigt werden.

Ungenügende Information, fehlende Unterstützung im familiären Umfeld und unangemessene Reaktionen von Dritten tragen ebenfalls häufig dazu bei, dass bereits stillende Frauen sich unwohl fühlen und aufhören zu stillen.

Es ist heute leider mehr als gesellschaftsfähig, wenn »sorgfältig zusammengestellte Flaschennahrung der Industrie an die Stelle des Stillens, der Wärme der Mutterbrust und des Erlebens des zärtlich daran genährten Kindes tritt«.

Nachteilig wirkt sich schließlich auch der leider immer noch häufig fehlende Wille von Ärzten, Schwestern und Hebammen aus, sich für das Stillen einzusetzen. Bis in die Mitte des letzten Jahrhunderts führte diese Haltung zu einem starken Rückgang des Stillens in den westlichen Gesellschaften.

Vor gut dreißig Jahren setzte ein Umdenken ein, das vor allem von Organisationen wie der Weltgesundheitsorganisation WHO, von UNICEF und La Leche Liga ausging und immer noch ausgeht.

Heutzutage werden in fast allen Gebärkliniken die Mütter im Wochenbett zum Stillen angehalten. Die Weltgesundheitsorganisation (WHO) und das Kinderhilfswerk der Vereinten Nationen (UNICEF) erkannten schon in den siebziger Jahren, dass es notwendig ist, weltweit eine neue Stilltradition zu etablieren.

Entbindungskliniken sollten eine Schlüsselrolle und eine besondere Unterstützung erhalten. Schon 1979 wurden in einer gemeinsamen Erklärung der WHO und UNICEF (»Stillen – Schutz, Förderung und Unterstützung – Die besondere Rolle des Gesundheitspersonals«) die Grundsteine festgelegt für die

Zehn Schritte zum erfolgreichen Stillen

Hier die Übersetzung der WHO:
Alle Einrichtungen, in denen Entbindungen stattfinden und Neugeborene betreut werden, sollten folgende zehn Anforderungen erfüllen:

Sie sollten:

schriftliche Richtlinien zur Stillförderung haben, die dem gesamten Pflegepersonal in regelmäßigem Abstand nahe gebracht werden;

das gesamte Mitarbeiter-Team in Theorie und Praxis so schulen, dass es diese Richtlinien zur Stillförderung mit Leben erfüllen kann;

alle schwangeren Frauen über die Vorteile und die Praxis des Stillens informieren;

Müttern ermöglichen, ihr Kind innerhalb der ersten halben Stunde nach der Geburt anzulegen;

den Müttern das korrekte Anlegen zeigen und ihnen erklären, wie sie ihre Milchproduktion aufrechterhalten können, auch im Falle einer Trennung von ihrem Kind;

neugeborenen Kindern weder Flüssigkeiten noch sonstige Nahrung zusätzlich zur Muttermilch geben, wenn es nicht aus gesundheitlichen Gründen angezeigt scheint;

Rooming-in praktizieren – Mutter und Kind erlauben, zusammenzubleiben – 24 Stunden;

zum Stillen nach Bedarf ermuntern;

gestillten Säuglingen keinen Gummisauger oder Schnuller geben;

die Entstehung von Stillgruppen fördern und Mütter bei der Entlassung aus der Klinik oder Entbindungseinrichtung mit diesen Gruppen in Kontakt bringen.

Weltweit sind es bisher etwa 15000 Krankenhäuser, die die Auszeichnung »Stillfreundliches Krankenhaus« erhielten. In Deutschland sind es zum jetzigen Zeitpunkt vierzehn. Die Dichte in Skandinavien, speziell in Schweden, ist sehr hoch. In Frankreich hingegen gibt es so gut wie keine dieser Einrichtungen, in Italien ebenso nur wenige.

»In Deutschland haben vor allem die Kinderärzte sich lange dagegen gewehrt«, berichtet Dr. Abou-Dakn. »Zunächst war ihnen der Begriff ›Babyfreundliches Krankenhaus‹ ein Dorn im Auge. Weltweit heißt die Initiative ›Babyfriendly Hospital Initiative‹, aber ›Babyfreundlich‹ empfanden Kritiker der Initiative als zu umfassend, kinderfreundlich seien doch alle Kliniken, argumentierten sie. Aus diesem Grund hat die WHO/UNICEF-Initiative in Deutschland unter der Bezeichnung WHO/UNICEF-Initiative ›Stillfreundliches Krankenhaus‹ Fuß gefasst. Diese Bezeichnung ist zusammen mit dem Picasso-Motiv patentrechtlich geschützt.

In den neunziger Jahren waren qualitätssichernde Maßnahmen in der Ärzteschaft noch unbekannt. Die Ärzte glaubten, dass durch Kontrollen die individuelle Behandlungsfreiheit des Ärzte eingeschränkt würde. Die Durchführung der Zertifizierung gestaltete sich dementsprechend schwierig und wurde von vielen Chefärzten abgelehnt. Es ist nicht nötig, Ärzte im Krankenhaus zu zertifizieren, lautete ihre Meinung. Das hat sich durch die Einsicht der Mediziner, auch ihr Handeln kritisch zu sehen, und durch den Wunsch der Politik, aber auch durch den Druck der Patienten verändert. Heute sind qualitätssichernde Maßnahmen mit entsprechender externer Kontrolle auch bei den Medizinern üblich.

Viele Krankenhäuser nennen sich stillfreundlich. Sie sind aber nicht zertifiziert.«

In der Suse-Studie (s. Anhang) wurde u.a. gezeigt, dass auch Krankenhäuser, die sich stillfreundlich nennen, nur einen Teil der für die Plakette notwendigen Maßnahmen umsetzen. Es konnte jedoch gezeigt werden, dass möglichst viele der zehn Schritte umzusetzen das Stillen effektiv fördert. Die Qualitätssicherung und die Rezertifizierung sind also sinnvoll bei dem Bemühen, die Stillquote zu erhöhen.

Dr. Abou-Dakn: »Ein Beispiel für unterschiedliche Grade von ›Stillfreundlichkeit‹ ist das Rooming-in. Hier ist das Kind auch nachts bei der Mutter. Rooming-in ist inzwischen eine sehr gängige Praxis, aber sie wird meist nicht nachts praktiziert.

Im Vivantes Humboldt Klinikum Berlin liegen maximal drei Frauen in einem Zimmer, also mit den Babys sechs Menschen. Und wenn die Ärzte morgens nachfragen, wie die Mütter die Nacht verbracht haben, so machen sie in den allermeisten Fällen dieselbe Erfahrung:

Die Frauen berichten, dass sie sofort wach werden, wenn ihr eigenes Kind schreit. Wenn es sich um ein anderes Baby handelt, nehmen sie es im Schlaf nicht wahr.

Mütter, die ihr Kind auch nachts bei sich behalten, schlafen bedeutend besser, weil sie angeblich mehr Ruhe haben. Anders die Mütter, die von ihren Kindern getrennt sind. Sie sind immer mit einem Ohr bei ihrem Kind, und dadurch sind sie viel gestresster. Jedes Schreien, das sie vernehmen, könnte ihr Kind sein.«

Und hier, in den ersten Lebenstagen des Neugeborenen, prägt sich das Verhältnis zwischen Mutter und Kind entscheidend.

Als mein Sohn geboren war, versuchte die Nachtschwester mich jeden Abend neu zu überreden, ihn ins Säuglingszimmer zu legen. Sie versicherte mir, ich könne auf diese Weise endlich einmal durchschlafen. Möglich, dass ich mich darauf eingelassen hätte, wenn ich nicht das Gespräch mit der Stillberaterin gehabt hätte. Sie hatte mir empfohlen, mein Kind ununterbrochen im Bett zu behalten. Und damit erfüllte ich auch meine intuitiven Wünsche. Ich wollte in keiner Sekunde von meinem Sohn getrennt sein.

Ich schlief übrigens wunderbar mit ihm im Arm und fühlte mich jeden Morgen ausgeruht und glücklich.

Der Einfluss der Entbindungskliniken auf das Stillverhalten

Welch immensen Einfluss die Entbindungsklinik auf den Stillbeginn und die Stilldauer hat, berichten Dr. Michael Abou-Dakn und sein Kollege Professor Jürgen R. Strecker in einer *Studie über das Vivantes Humboldt Klinikum Berlin*, das seit 1997 als »stillfreundliches Krankenhaus« ausgezeichnet ist:

In Ihrer Publikation (siehe Anhang) werden die zehn Schritte in folgenden Gruppen zusammengefasst:

Maßnahmen, die das Personal der Kliniken motivieren und informieren

Maßnahmen, die die Eltern motivieren und unterstützen

Maßnahmen, die die Voraussetzungen zum Stillen und den Stillbeginn optimieren

Maßnahmen, die das Vermeiden von fremden Nahrungsmitteln und Materialien ermöglichen

Die Autoren untermauern die »zehn Schritte« mit wissenschaftlichen Studien und zeigen die jeweilige praktische Umsetzung in ihrer Klinik. Schließlich zeigen sie an Hand von internationalen Studien, aber auch mit ihren eigenen Zahlen, den positiven Wert der WHO/UNICEF-Initiative auf. Als Ergebnis machen sie deutlich, dass die Stillquoten nachhaltig verbessert werden konnten, was sich auf die Gesundheit der Kinder niederschlug. Die Mitarbeiterzufriedenheit in den Kliniken wuchs, und das Image der Klinik in der Öffentlichkeit konnte ebenfalls verbessert werden.

Innocenti-Declaration

Am 1. August 1990 wurden auf dem Weltgipfel für Kinder in Florenz Empfehlungen an die Entbindungskliniken, die so genannte *Innocenti-Declaration*, verabschiedet.

Diese Erklärung wurde von 32 Regierungen und zehn UNO-Dienststellen unterschrieben, und sie war Ausgangspunkt für eine Vielzahl von Programmen und Initiativen zur Unterstützung des Stillens.

Hier die Übersetzung:

Wir sind der Überzeugung, dass:

Stillen ein einzigartiger Vorgang ist.

Es bietet Säuglingen die ideale Nahrung und trägt dazu bei, dass sie sich gesund entwickeln und gedeihen;

es vermindert die Häufigkeit und Schwere von Infektionskrankheiten bei Säuglingen und senkt damit auch ihre Erkrankungs- und Sterblichkeitsziffer;

es dient der Gesundheit der Frauen, da es das Risiko von Brust- und Eierstockkrebs herabsetzt und den Zeitabstand zwischen den Schwangerschaften vergrößert;

es bringt der einzelnen Familie und dem gesamten Volk soziale und wirtschaftliche Vorteile;

es vermittelt den meisten Frauen ein Gefühl der Befriedigung, wenn sie erfolgreich stillen können.

Nach neuesten wissenschaftlichen Erkenntnissen verstärken

sich diese Vorteile umso mehr, je länger während der ersten sechs Monate voll und danach zusätzlich zur Beikostfütterung gestillt wird, können gezielte Programme zur Stillförderung eine positive Änderung des Stillverhaltens bewirken.

Deshalb erklären wir:

Ein weltweites Ziel für die bestmögliche Gesundheit und Ernährung von Mutter und Kind sollte sein, alle Frauen in die Lage zu versetzen, voll zu stillen, und alle Säuglinge sollten in den ersten vier bis sechs Lebensmonaten ausschließlich mit Muttermilch ernährt werden. Danach sollten die Kinder eine geeignete und ausreichende Beikost erhalten, daneben aber bis zum Alter von zwei Jahren oder noch länger weiter gestillt werden. Diese ideale Form der Kinderernährung lässt sich verwirklichen, wenn die Frauen in ihrer Umwelt eine verständnisvolle Unterstützung erfahren, die es ihnen ermöglicht, ihre Kinder so zu stillen.

Dieses Ziel lässt sich in vielen Ländern allerdings nur erreichen, indem man sich auf seine »Stillkultur« besinnt und sich nachdrücklich gegen das Vordringen einer »Flaschennahrungskultur« wehrt. Deshalb muss man sich engagiert für eine gesellschaftliche Mobilisierung einsetzen und dafür bewusst das Ansehen und die Autorität anerkannter Persönlichkeiten des öffentlichen Lebens ausnutzen.

Das Vertrauen der Frauen in ihre Stillfähigkeit sollte gestärkt werden. Dazu gehört, dass Zwänge und Einflüsse ausgeräumt werden, die die Auffassung und die Haltung zum Stillen oft geschickt und indirekt negativ beeinflussen. Das wiederum erfordert Feingefühl, ständige Wachsamkeit und eine flexible und umfassende Kommunikationsstrategie, die alle Medien einbezieht und sich an alle Schichten der Gesellschaft wendet. Außerdem müssen Stillhindernisse im Gesundheitssystem, am Arbeitsplatz und in der unmittelbaren Umwelt beseitigt werden.

Durch geeignete Maßnahmen sollte gewährleistet werden, dass die Frauen eine Ernährung erhalten, die ihre und die Gesundheit ihrer Familien bestmöglich sichert. Außerdem sollte dafür gesorgt werden, dass allen Frauen das Beratungsangebot und die sonstigen Leistungen der Familienplanung offen stehen, damit sie weiter stillen und zu schnell aufeinander folgende Geburten vermeiden können, die ihren eigenen und den Gesundheits- und Ernährungszustand ihrer Kinder gefährden könnten.

Alle Regierungen sollten für ihr Land eine Stillpolitik entwickeln und sich für die neunziger Jahre geeignete Ziele setzen. Sie sollten ein landesweites System zur laufenden Überwachung der Zielverwirklichung schaffen und dafür zweckdienliche Indikatoren aufstellen, wie z.B. die Rate der voll gestillten Säuglinge beim Verlassen der Entbindungsklinik und im Alter von vier Monaten.

Die Regierungen der einzelnen Länder sind zudem dringend aufgerufen, ihre Stillpolitik in ihre übergeordnete Gesundheits- und Entwicklungspolitik einzubinden. Sie sollten dabei alle in einander ergänzenden Programmen vorgesehenen Maßnahmen zum Schutz, zur Förderung und Unterstützung des Stillens stärken. Das gilt beispielsweise für die Geburtsvorbereitung und -nachsorge, für die Ernährungsberatung, die Familienplanung sowie die Verhütung und Behandlung von häufigen Krankheiten bei Mutter und Kind. Dem gesamten Gesundheitspersonal sollten in Fortbildungskursen die Kenntnisse vermittelt werden, die ihm die praktische Umsetzung dieser Stillpolitik ermöglichen.

Praktische Ziele:

Bis zum Jahr 1995 sollten alle Regierungen

einen allerseits anerkannten nationalen Stillkoordinator ernannt und einen sektorübergreifenden nationalen Stillausschuss gebildet haben, der sich aus Vertretern der zuständigen

Ministerien, von nichtstaatlichen Organisationen und Berufsverbänden aus dem Gesundheitsbereich zusammensetzt;

erreicht haben, dass in allen Entbindungseinrichtungen alle »Zehn Schritte zum erfolgreichen Stillen« befolgt werden, die in der gemeinsamen WHO/UNICEF-Erklärung »Stillen – Schutz, Förderung und Unterstützung – Die besondere Rolle des Gesundheitspersonals« angeführt sind;

durch tatkräftige Maßnahmen die Prinzipien und das Ziel aller Artikel des Internationalen Kodex zur Vermarktung von Muttermilchersatzprodukten sowie die sich daran anschließenden einschlägigen Resolutionen der Weltgesundheitsversammlung in ihrer Gesamtheit zu verwirklichen suchen und

neue Ansätze eröffnende Gesetze erlassen haben, die auch für berufstätige Frauen das Recht zum Stillen verbürgen; zudem sollten sie für die praktische Durchsetzbarkeit der Gesetze gesorgt haben.

Außerdem fordern wir die internationalen Organisationen auf:

Handlungsstrategien für den Schutz, die Förderung und die Unterstützung des Stillens zu entwerfen, was auch die weltweite begleitende Überwachung und Evaluierung der Strategien einschließt;

die Ausarbeitung nationaler Situationsanalysen und die Durchführung von Erhebungen sowie die Aufstellung nationaler Ziele und Handlungsvorgaben zu unterstützen und

die zuständigen nationalen Stellen bei der Planung, Umsetzung, begleitenden Überwachung und Evaluierung ihrer Stillpolitik zu fördern und zu unterstützen.

In der Bundesrepublik wurde daraufhin 1994 die Nationale Stillkommission gegründet, die in enger Anlehnung an das WHO/UNICEF-Programm die »Empfehlung zur Stillförderung in deutschen Krankenhäusern« formuliert hat.

Kapitel 9

Die stammesgeschichtliche Entwicklung der Mutter-Kind-Bindung und die Funktion des Stillens

Zum Schluss, ehe ich noch einmal einen Blick auf die Stillkultur in anderen Ländern werfe, möchte ich mich kurz mit der Zeit beschäftigen, in der kein Geschöpf auf dieser Erde ahnte, dass es den Homo sapiens einmal geben würde, mit all seinen segensreichen und unseligen Erfindungen und Entwicklungen.

Der Mensch stammt bekanntlich vom Tier ab und gehört im zoologischen System zur Klasse der Säugetiere und dort in die Ordnung der Primaten (Herrentiere).

Säugetiere sind mit rund 4000 Arten die höchstentwickelte Klasse von Wirbeltieren. Sie sind warmblütig, behaart und atmen durch ihre Lungen. Als ihr herausragendstes Merkmal jedoch, das sie von allen anderen Tieren fundamental unterscheidet, gilt die Tatsache, dass ihre Weibchen Milch erzeugen und damit ihre Jungen säugen, also »Säugetiere« sind.

Lateinisch lautet die Bezeichnung für Säugetiere »Mammalia«, worin die Wurzel »Mamma« steckt, und die steht für die »Quelle des Lebens«, die weibliche Brust.

Wie es stammesgeschichtlich zu dieser Quelle kam, ist unerforscht. Die Säugetiere haben sich parallel zu den Vögeln vor rund 200 Millionen Jahren aus Kriechtiervorfahren (Reptilien) entwickelt. Deswegen vermutet man, dass die Anfänge der Milchbildung und Absonderung (Laktation) bei einem eierlegenden, brütenden Reptil liegen, das eher zufällig ein Sekret absonderte, das aufgrund seiner antibakteriellen Zusammensetzung die Überlebenschancen des Nachwuchses verbesserte. Dieses neue Merkmal war offenbar so günstig und vorteilhaft, dass es sich im Laufe der Evolution stetig verbesserte.

Als schließlich vor etwa zwanzig Millionen Jahren die ersten menschenähnlichen Wesen die Weltbühne betraten, war Stillen bereits ein ausgereifter Vorgang, der Millionen Jahre lang von der Natur überprüft und für gut befunden worden war.

Dass die Natur eine Nahrungsquelle für den Nachwuchs relativ unabhängig vom aktuellen Nahrungsangebot der Umwelt installiert hat, und zwar in der Mutter selbst, war einfach segensreich. Ihr verdankt der Mensch seine Existenz.

Dass der Mensch vom Affen abstammt, ahnten vor Darwin schon einige Leute. Aber erst, als er 1871 der Menschheit wissenschaftliche Beweise dafür vorlegte, wurde dies deutlich. Der Skandal war groß, und einige regen sich heute noch darüber auf.

Unsere frühen menschlichen Vorfahren sind zwar allesamt ausgestorben, einige Arten der uns ganz eng verwandten Menschenaffen jedoch leben noch und können in ihrem Sozialverhalten genau beobachtet werden

Vor lediglich 350 000 Generationen waren die Stammlinien der Hominiden, das waren die Frühmenschen, und die der Schimpansen noch miteinander verschmolzen.

Aus diesem Grunde vertrat der britische Anthropologe Louis Leaky vor rund vierzig Jahren die Ansicht, dass die Erforschung des Soziallebens der großen Menschenaffen mehr Erkentnisse über die Natur des Menschen erbringen würde als etwa die Knochenfunde der Paläontologen.

Leaky selbst brachte solche Forschungen auf den Weg, und so existieren heute einzigartige Langzeitstudien, aus denen sich verblüffende Übereinstimmungen im Verhalten von Mensch und Tier ergeben.

So finden sich bei den Schimpansen neben Verhaltensmustern wie Krieg, Aggression, Eifersucht und männliches Dominanzstreben auch das der zärtlichen Mütter, die ihre Kinder etwa vier Jahre lang stillen und sich oft ein Leben lang ein liebevolles Verhältnis zu ihnen bewahren. Ihre kleinen Säuglinge tragen diese Mütter ständig bei sich, schlafen lange mit ihnen zusammen in einem Nest, pflegen sie und lehren sie, auf Gefahren und die richtigen Früchte zu achten. Und sie werden traurig und schwermütig, wenn sie ihr Kind trotz aller Aufopferung verlieren[34] (Goodall).

Sucht man nach entsprechenden Beweisen für die frühkindliche Erziehung beim Vormenschen, also dem archaischen Homo sapiens, wird es schwieriger. Das gilt auch für den Neandertaler und den modernen Homo sapiens, die allesamt Vertreter einer Geschichte sind, die unsere eigene Geschichte ist. Sie begann vor rund 100 000 Jahren in Ostafrika.

Natürlich können wir annehmen, dass das Muster, das wir bei den Menschenaffen beobachten können – zum Beispiel die enge Bindung von Mutter und Kind –, auch die frühen Menschenstämme prägte. Der wohl älteste Beweis ist in einem Aschefeld in Laetoli in Ostafrika zu finden: Seit 3,5 Millionen Jahren konserviert sehen wir dort die Fußstapfen eines Erwachsenen und eines Kindes.

Aus vorgeschichtlichen Funden von Werkzeugen, Gefäßen und künstlerischen Gegenständen wissen wir, dass der archaische Mensch in Kleingruppen lebte, also soziale Bindungen und Beziehungen einging. Die Höhlenmalerei des Cro-Magnon-Menschen (eine in Frankreich entdeckte Menschenart in der jüngeren Altsteinzeit) zeugt davon, dass vor rund 20 000 Jahren das ganz enge Zusammenleben von Erwachsenen und Kindern schon künstlerisch dargestellt wurde.

Auch aus der Tatsache, dass das Schimpansenhirn dem des Menschen anatomisch außerordentlich ähnlich ist, ja, eine fast identische Organisationsstruktur aufweist, kann der Schluss gezogen werden, dass der Frühmensch in seinen sozialen Verhaltensformen nicht stark vom Bild des Schimpansen abgewichen ist. Das betrifft natürlich auch die Säuglings- und Kinderbetreuung.

Das Gehirnvolumen allerdings hat sich enorm vergrößert, was an der allmählichen Entwicklung der Sprache liegt, die im Neokortex, der äußeren Hirnrinde, liegt. Das führte auch zu bestimmten Konsequenzen im Bereich der frühkindlichen Betreuung:

Die Beckenöffnung der Frau, die sich entwicklungsgeschichtlich kaum veränderte, stellte eine natürliche Grenze für die Gehirngröße, mit der die Kopfgröße zusammenhängt, des Neugeborenen zum Zeitpunkt der Geburt dar. Deswegen besitzt der Mensch im Vergleich zu den Primaten ein relativ kleines Kindergehirn, das sich erst im Laufe des Erwachsenwerdens erheblich vergrößert. Das bedeutet eine noch größere Betreuungsbedürftigkeit von Kind und Säugling. Der Mensch wird also im Vergleich zu den nächstverwandten Affen zu früh geboren und deswegen auch biologisch als eine »physiologische Frühgeburt« bezeichnet.

Die Biologen unterscheiden bei der Typisierung von Tierjungen zwischen »Nesthockern« und »Nestflüchtern«. Nestflüchter besitzen gleich nach der Geburt voll ausgebildete und deswegen funktionstüchtige Sinnesorgane, die es ihnen möglich machen, der Mutter zu folgen, so ist es etwa beim Pferd oder der Gazelle.

Die Nesthocker sind dagegen bei den Fellträgern meist nackt, haben geschlossene Augen und Gehörgänge und sind unfähig zur Fortbewegung und Nahrungssuche. Deswegen benötigen sie außerordentliche Zuwendung und Betreuung.

Ohne Zweifel gehört der Mensch zu dieser Kategorie, er ist bei seiner Geburt unfertig und nicht in der Lage, sich alleine fortzubewegen. Da er jedoch, wie auch die Menschenaffen, nicht wirklich hilflos in einem Nest hockt, hat die Biologie einen dritten Typus bestimmt und dafür den Begriff des »Traglings« geprägt.

Der menschliche Säugling wird zu den Traglingen gezählt, obwohl es ihm im Gegensatz zu den Menschenaffen, die sich an das Fell ihrer Mutter anklammern, nicht mehr gelingt, sein eigenes Gewicht zu tragen. Er besitzt aber noch Klammerreflexe in Händen und Füßen, die sich jedoch in den ersten drei Monaten seines Lebens abbauen, sein Bedürfnis nach ständigem Körperkontakt und Getragenwerden ist also absolut natürlich.

Säuglinge, die viel gestreichelt, geschaukelt oder auf andere Weise berührend stimuliert werden, zeigen eine bessere Gewichtszunahme, zudem sind sie aktiver, aber auch ruhiger. Und dass das Stillen beruhigend wirkt und Ängste mildert, drückt sich schon in dem deutschen Begriff »Stillen« aus. Das Kind wird »gestillt«, heißt es, wird nicht nur ernährt, sondern still gestellt.

Experimente an Rhesusaffen haben diese Funktion des engen Körperkontaktes bestätigt. Bei Angstzuständen wurde eine Mutterattrappe, die mit Fell überzogen war, einer Drahtattrappe als Fluchtort vorgezogen, obwohl diese als Milchspenderin funktionierte.

Dass auch der menschliche Säugling noch eine »Fellorientierung« besitzt, zeigt sich darin, dass »Mutter-Ersatz-Objekte«, nach denen das Kind in den westlichen Industrieländern verlangt, wenn es alleine ist, in der Regel aus weichen, wolligen Lappen oder Kuscheltieren bestehen.

Bei den Naturvölkern, die andauernden Mutter-Kind-Kontakt selbstverständlich pflegen, finden sich solche Mutter-Ersatz-Objekte nicht. Ebenso wenig wie Schnuller oder das Lutschen am Daumen, die einen direkten Brustersatz darstellen.

Der Säugling reagiert mimisch-gestisch unterschiedlich auf süß, salzig und bitter, und er kann den Geruch der mütterlichen Brust schon unmittelbar nach der Geburt sehr gut von anderen Gerüchen unterscheiden.

Man vermutet, dass die weibliche Brust ein spezifisches Pheromon absondert, denn auch Babys, die mit der Flasche groß gezogen wurden, drehen den Kopf sofort in die Richtung, in der, mittels eines Lappens, der Geruch einer stillenden weiblichen Brust angeboten wird. Schon knapp eine Woche nach der Geburt kann die Brust der eigenen Mutter von der fremden Frau unterschieden werden.

Neugeborene sind auch in der Lage, Gesichtsbewegungen nachzuahmen. So beherrschen sie ungelernt das Vorstülpen der Lippen (Schnute), das Mundöffnen und das Zungezeigen. Säuglinge können bei der Imitation automatisch das, was sie gesehen haben, in eigene Bewegungen umsetzen.

Das so genannte Fremdeln, das auch als Achtmonatsangst bezeichnet wird, weil es ungefähr zu diesem Zeitpunkt auftritt, kann ebenfalls als ein angeborenes Verhalten gedeutet werden. Es tritt nämlich in allen Kulturen auf und hat keine schlechte Erfahrung mit Fremden zur Voraussetzung. Selbst taubblind Geborene reagieren so, weil sie den Unterschied zwischen bekannt und fremd vermutlich geruchlich erfassen.

Das Fremdeln tritt auf, wenn der Sicherheitsantrieb der Mutterbindung gelockert wird und an diese Stelle das wachsende Bedürfnis der Neugierde eintritt.

Die Untersuchungen an taubblinden Kindern zeigen im Übrigen, dass das Grundrepertoire des gestischen und mimischen Verhaltens angeboren und nicht erlernt ist, weil für seine Verwendung kein Vorbild nötig ist.

Naturhafte, also angeborene Verhaltensweisen beschränken sich im frühen Mutter-Kind-Verhältnis keinesfalls auf das Kind. Vielmehr stimuliert das Kind die Mutter und die Mutter das Kind. So kann von einem spiegelbildlichen Verhalten, einer Verhaltenseinheit (Mutter-Kind-Dyade) gesprochen werden. Deswegen sagt man zu Recht, dass die Mutter-Kind-Bindung ein von der Natur entwickeltes Anpassungsmodell zur Sicherung der Überlebensmöglichkeiten des Kindes ist.

Dafür gibt es Beweise: zum Beispiel bei unnatürlichen Störungen.

Kinder, die von ihren Müttern misshandelt werden, bauen trotzdem eine starke Bindung zu ihnen auf. Die Natur hat hier offensichtlich keine Warn- oder Verhaltensformen entwickelt, weil eine vernachlässigende oder misshandelnde Mutter wohl immer eine absolute Ausnahme darstellte.

Auch die Beobachtungen des Säuglingsforschers René Spitz an Waisenhauskindern untermauern die überlebenswichtige Bedeutung der engen Mutter-Kind-Bindung. Kinder, die eine solche Bindung an eine Person nicht entwickeln konnten, weil die Pflegepersonen ständig wechselten, wurden inaktiv, depressiv oder sogar sterbenskrank.

Bei der Herstellung dieser Bindung ist die Zeit unmittelbar nach der Geburt von ganz besonderer Bedeutung: Die alte Bezeichnung vom »Wochenbett« deutet darauf hin, und auch in vielen Naturvölkern ziehen sich Mutter und Kind unmittelbar nach der Geburt für einige Zeit zurück.

Es gibt den Begriff des »intuitiven Elternverhaltens.« Er bedeutet, dass das Verhalten der Mutter und in begrenztem Maße auch das des Vaters unbewusst abläuft, also von einem instinktiven Programm gesteuert wird.

So machen die Mütter nach Äußerungen gegenüber dem Säugling immer eine Pause, die etwa genau so lang ist, wie das Baby für eine Antwort brauchen würde, obwohl das Kind sich noch gar nicht mit Lauten an dem Austausch beteiligt. Können die Kinder bereits brabbeln, so äußern sie keine Laute, wenn die Eltern zu ihnen sprechen, und produzieren viele

Laute, wenn die Eltern schweigen. Das Kind weiß offensichtlich etwas über den Rhythmus eines Dialogs.

Auch einige Spiele zwischen Eltern und Kind, wie etwa das »Kuckuck-Dada-Versteckspiel«, zeugen davon. Es ist in allen Kulturen zu finden und spricht ebenfalls für ein intuitives Elternverhalten.

Auch Männer fallen in eine ganz bestimmte Tonart und einen Sprachrhythmus, wenn sie mit einem Säugling reden. Insgesamt scheinen jedoch die männlichen körperlichen Stimulierungen stärker zu sein, was sich bei den Bewegungsspielen wie etwa dem Schaukeln bemerkbar macht.

Es gibt auch Vermutungen über ein unterschiedliches Verhalten der Eltern gleichgeschlechtlichen und gegengeschlechtlichen Kindern gegenüber. So sprechen einige Beobachtungen dafür, dass das gegengeschlechtliche Kind etwas mehr emotionale Zuwendung erhält (Schmusen, Streicheln), während dem Kind gleichen Geschlechtes mehr Anregung (Spiel) gegeben wird. Die Bedeutung dieses Verhaltens liegt vermutlich in einer Gewöhnung an das Rollenmuster des jeweiligen Geschlechtes.

Schließlich hat die Natur über das mütterliche und väterliche Verhalten hinaus noch einige Mechanismen bereitgestellt, durch die rücksichtsvolleres Verhalten kleinen Kindern gegenüber gewährleistet wird:

So wird die positive Ansprache von nichtverwandten Erwachsenen dem Kind gegenüber durch das so genannte »Kindchenschema« unterstützt. Zuneigung und Hilfsbereitschaft werden durch typische Merkmale des Kleinkindes ausgelöst. Dazu gehören dicke Backen, große Augen und eine hohe Stirn. Für diese Annahmen spricht, dass Menschen auch zu Tieren, die diese Merkmale besitzen, etwa Robben, Bären oder Affen eine besondere Sympathie und ein Schutzbedürfnis entwickeln, das etwa einem Hering oder einer Ratte versagt bleibt. Bei der Herstellung von Stofftieren werden diese Merkmale in der Regel über das natürliche Vorbild hinaus verstärkt (Teddybären).

Viele Indizien sprechen also dafür, dass die Mutter-Kind-Beziehung – oder, erweitert, die Eltern-Kind-Beziehung – durch angeborenes Verhalten gesteuert und das Leben des Kindes auf diese Weise abgesichert wird.

Natürlich gibt es Spielräume für Ungleichheiten, die mit den verschiedenen Kulturen zu erklären sind. Ganz sicher jedoch sind für den Bereich der Mutter-Kind-Beziehung die Spielräume nicht sehr groß. Das zeigt uns die relativ große Einheitlichkeit der Verhaltensweisen vom Schimpansen über die Naturvölker bis in die moderne Zeit.

Schlusswort

Die modernen Umwelten der westlichen Industriegesellschaften sind kaum 200 Jahre alt und präsentieren damit »nur« einen Augenblick der gesamten Menschheitsgeschichte.

Über 99 % dieser Geschichte verbrachten Mutter und Kind in Umwelten, die sich erheblich von den heutigen unterschieden. Da der Mensch sich seit rund 30 000 Jahren in seiner biogenetischen Ausstattung nicht mehr verändert hat, passt diese Gestaltung nicht zu den Bedingungen der modernen Welt.

Einem Bild des französischen Nobelpreisträgers François Jacob zufolge gleicht der Mensch einem alten Pferdewagen, dem man einen Düsenantrieb verpasst hat, weshalb man sich nicht darüber wundern darf, dass es zu Unfällen kommt.

Der menschliche Verhaltensapparat aber scheint außerordentlich anpassungsfähig zu sein. Denn auch Kinder mit nur kurzer oder gar keiner Stillzeit, die zudem noch räumlich und zeitlich weit entfernt von der Mutter großgezogen worden sind, starben nicht daran, wenn nicht gewisse Grenzen überschritten wurden.

Wenn es schon nicht um Leben oder Tod geht, so können durch mangelnde Bindung doch Fehlentwicklungen auftreten, deren Ursachen nur woanders gesucht werden.

Und allein diese Möglichkeit sollte den Menschen anregen, jene Bedingungen zumindest annähernd wieder herzustellen, zu denen die natürliche Mutter-Kind-Beziehung passt!

Das ist natürlich leichter gesagt als getan, und deshalb wird dieser Versuch auch gern als »familienpolitische Änderungsmaßnahme« beschrieben.

Auf jeden Fall ist der Konflikt Beruf oder Kind nicht einfach zu lösen und würde sich bei einer Rückkehr zu den traditionalen Modellen womöglich noch verschärfen.

Dennoch ist in Westeuropa und in den USA eine Umorientierung hin zu ursprünglichen Modellen im vollen Gange:

Rooming-in, Hausgeburten und Stillen nach Bedarf sind, wenn auch langsam, wieder auf dem Vormarsch. Eine Entwicklung, die als ein Indiz für die nachdrückliche und beharrliche Kraft der Natur gewertet werden kann, denn nach einer Theorie der Kulturanthropologen zeigen Menschen in der Gesellschaft eine Tendenz zur Rückkehr zu ihren herkömmlichen, traditionellen Verhaltensformen, wenn sie liberaler werden, wenn also der politische, religiöse oder wirtschaftliche Druck nachlässt.

Ein gutes Beispiel dafür ist die im Sommer 2003 aufgestellte These des Hamburger Soziologen Heinz Bude, der als Experte gilt, was die Gesellschaft in der Bundesrepublik Deutschland betrifft:

»Es ist vielen klar, dass die Bundesrepublik nach dem Ende ihrer glücklichen Zeit auf die Haltekonstruktionen des Sozialstaates nicht mehr bauen kann. Deshalb nimmt der Bedarf an Selbstverantwortung und Eigeninitiative zu. Das ist der Kern des Bürgers: Er ist für sich selbst verantwortlich. Zu den (alten) neuen Tugenden gehören Sitte, Höflichkeit, Disziplin, Respekt und Familienstolz.«

Die innere Stimme hören

Emotionen leiten uns. Sie sind begrenzt und uralt. Sie sind gewissermaßen die für uns hörbaren Töne, die das Orchester unserer Instinkte erzeugt. Wenn dieses Orchester musiziert, so läuten bei uns alle Glocken. Das Lied, das gespielt wird, ist von der Natur komponiert. Und das Lied ist einfach.

Über Millionen Jahre der natürlichen Anpassung (Evolution) sind nur die Noten übrig geblieben, die dem Leben und dem Überleben dienen.

Mütter und auch Väter sollten deshalb in sich hineinhorchen, diesen Tönen lauschen und sich durch ihr inneres Gefühl leiten lassen.

Die Natur zeigt uns ja sonst auch, wo es langgeht. Etwa in der Sexualität. Dazu brauchen wir keine Aufklärung, kein Wort und keine Schrift.

Hätten unsere tierischen und menschlichen Vorfahren zwecks Ausübung der sexuellen Fortpflanzung lesen, schreiben und sprechen können müssen, so gäbe es uns heute sicher nicht.

Das persönliche Empfinden von Glück tritt überhaupt nur auf, wenn wir einer Strategie der Natur gefolgt sind.

Wer jetzt einen Einwand machen will, der soll wissen, dass die Natur nicht immer auch moralisch ist.

Auch abweichendes Verhalten existiert immer. Das besagt nichts über die Regel. Wie in extremen Ausnahmesituationen Mütter ihre Kinder umbringen, so mag es auch Frauen ohne Kinderwunsch und solche geben, die beim Stillen kein Glück empfinden.

Diejenigen, die es empfinden, haben eine Belohnung empfangen, eine Belohnung von »Mutter Natur«.

Damit kein Missverständnis entsteht:

Es handelt sich nicht um naive Naturromantik, wenn hier die Wichtigkeit des Stillens und der Körpernähe zwischen Mutter und Kind als unser natürliches Erbe hervorgehoben wird.

Ein allumfassendes »Zurück zur Natur« ist keine Lösung für alle Menschheitsprobleme. Das forderte schon der französische Aufklärungsphilosoph Jean-Jacques Rousseau im 18. Jahrhundert und zeichnete damit ein falsches, mystifiziertes Bild von der Natur.

Die modernen Wissenschaften widersprechen heute der Auffassung, dass der Mensch in seinem Naturzustand moralisch gut war und ihn erst die Zivilisation verdorben habe.

Damit ist es auch unangebracht, alles Natürliche zu verklären und nur Positives wie Gesundheit und Vitalität in diesen Zusammenhang zu bringen.

Zur Natürlichkeit gehören auch Krankheit und Zerstörung. Und zum Bild von der unberührten Natur gehört, dass es in dieser nicht nur friedvoll zugeht, sondern dass dort auch mit blutigen Zähnen und Klauen gekämpft wird.

Es gibt also nicht nur eine gute Seite der Natur, und deswegen geht es auch hier nicht um einfache Naturschwärmerei.

Das bedeutet jedoch umgekehrt nicht, dass die Natur, das Natürliche, nicht auch als Vorbild für unser Verhalten und unser Handeln dienen kann. Nein, es ist eher umgekehrt, in vielerlei Hinsicht sollten wir das Naturhafte in uns beachten und befolgen.

Wie die ökologische Krise zeigt, die uns in Teilen bereits an den Rand der natürlichen Ressourcen führt, sind wir Menschen nicht die Beherrscher der äußeren Natur, in der wir leben. Sie folgt ihren eigenen Gesetzen, und auch eine Verleugnung oder gar Ablehnung der Stimme unserer inneren Natur kann ungute Folgen haben.

Einen guten Teil unserer Naturhaftigkeit sollten wir bewahren, weil in ihr ein zuverlässiges Wissen lagert, das seit

Jahrtausenden geprüft wurde und dem wir vertrauen sollten. Denn es hat sich als überlebensdienlich erwiesen.

Dass wir ein Teil der Natur sind, zeigt sich schon in unserer emotionalen Bindung zu Pflanzen, Landschaften und zu Tieren, die wir oftmals als um so edler und faszinierender empfinden, je wilder und ungezähmter sie sind. Diejenigen Tiere, so genannte Haustiere, die der Mensch vor Tausenden Jahren zu domestizieren begann und die wir schon meist als einen Teil von uns betrachten, haben das Bild der wilden Herrlichkeit für den Menschen meist verloren. Oder wie ist es sonst zu erklären, dass wir häufig negative Umschreibungen mit ihnen in Verbindung bringen wie etwa:

Einfältige Ziege, faules Schwein, dummer Hund, blöde Gans, aufgeregtes Huhn, dummer Esel usw., während die ungezähmten Tiere in der Wildnis immer noch schlanke Gazellen, wilde Tiger, königliche Löwen, majestätische Raubkatzen, schlaue Füchse usw. sind.

Einige Biologen sprechen deshalb in diesem Zusammenhang von einer biophilen Eigenschaft des Menschen, einer tief in uns eingelagerten Sehnsucht nach dem Ursprünglichen, aus dem wir Hoffnung und Lebenskraft schöpfen – aber nicht nur Hoffnung, sondern auch Sicherheit. Weil wir ahnen, dass »Mutter Natur« uns doch klare Hinweise zu geben vermag, was richtig und was falsch, was natürlich und was künstlich ist.

Und ganz gewiss trifft dies auf den Bereich der frühkindlichen Erziehung zu und im Besonderen auf das Verhältnis zwischen Mutter und Kind.

Die volkstümlichen Redensarten vom »Schoße der Natur«, in dem wir ruhen wollen, oder vom »Busen der Natur«, an dem wir uns laben möchten, zeigen uns direkt, wie das Gefühl der Geborgenheit Ausgang nimmt von dem, was am Anfang unseres Lebens stand.

Wenn wir also die klaren Hinweise von Mutter Natur erkennen und unserer Sehnsucht nach dem Ursprünglichen, dem Naturhaften, praktisch nachgeben möchten, dann stellt sich am Ende dieses Buches die Frage, wie dies gelingen kann in der heutigen Zeit. Kann eine Frau, die erfolgreich eine Karriere gestartet hat und sich beruflich weiterentwickeln will, trotzdem ein Kind bekommen und ihm die Vorteile der Natur wie das Stillen und eine intensive Mutter-Kind-Beziehung bieten?

Hier eine immer passende Antwort zu finden, ist schwierig. Vielmehr ist jedes einzelne Schicksal höchst individuell. Fest steht, dass Netzwerke bei der Organisation eines solchen Weges enorm wichtig sind, persönlich abgestimmte Konstellationen, die ein stillfreundliches Umfeld schaffen. Das können Mitglieder der eigenen Familie sein, Freundinnen, Tagesmütter. Wertvolle Informatioen, Erfahrungsaustausch mit anderen Müttern findet jede Frau in Stillgruppen und bei Informationsveranstaltungen. Auch im Internet gibt es regelmäßige Treffen. Wichtig ist es, ins Gespräch zu kommen mit anderen Frauen, die die Probleme kennen und ihren Weg gefunden haben zwischen privatem Stillen und beruflichem Status.

Wir haben durchschnittlich vierzig Jahre lang Zeit, um unsere beruflichen Wünsche und Ziele zu verwirklichen. Dagegen wirkt der Zeitraum unverhältnismäßig kurz, der uns als Mütter und Väter bleibt, um unseren Kindern das nötige Grundpotential an Sicherheit und Liebe, das sie benötigen, um stabile, gesunde und fröhliche Menschen zu werden, mit auf den Lebensweg zu geben.

Bestimmt wird es auf diesem Weg immer Momente geben, in denen es uns schwer fällt, allen Seiten gerecht zu werden: Aber vielleicht tröstet es, zu wissen, dass es Millionen anderen Müttern und Vätern in ähnlichen Situationen nicht anders ergeht.

Die Mühe lohnt sich immer, das ist sicher!

Anhang

Zeit für Gefühle
Ein praktischer Informationsteil für die ersten Wochen

von Gitta Hülsmeier und Renate Janzen

Fotos: Jurina Trüper

Weltweit werden täglich über 350 000 Babys geboren. Ihre Lebensbedingungen sind so unterschiedlich wie die vielen Kulturen dieser Erde. Eines vereint jedoch all diese Mütter:

Sie können ihr Baby stillen.

Wir möchten Sie in Ihrem Frausein darin bestärken, auf Ihren Körper und Ihre Fähigkeiten zu vertrauen. Ihrem Baby steht niemand anderes so nahe wie Sie.

Muttermilch ist der Maßstab, nach dem alle anderen Säuglingsnahrungen beurteilt werden.

Medizinisches Wissen, praktische Anleitungen, hilfreiche Tipps und Mütter mit eigener Stillerfahrung können Sie in Ihren Bemühungen unterstützen, für Ihr Baby zu sorgen.

Mütterliches Verhalten wie Einfühlungsvermögen und Sensibilität lernen Sie im Zusammensein mit Ihrem Baby. Allein die Nähe und Intimität beim Stillen verhilft Ihnen zu einer schnellen und sicheren Wahrnehmung der Gefühle und Bedürfnisse Ihres Babys. Ihr Selbstvertrauen wächst im Bewusstsein, dass Sie die Bedürfnisse Ihres Babys erkennen und auch befriedigen können.

So wie Sie Ihr Baby gleich nach der Geburt in den Arm nehmen und es liebkosen möchten, so verlangt auch das Neugeborene nach diesem zärtlichen Kontakt, der ihm Sicherheit und Geborgenheit gibt

… und was liegt da näher
als das Kind an der Mutterbrust!

Das Baby kommt

Während der Schwangerschaft nimmt die Vorbereitung auf die Ankunft Ihres Babys in Ihrem Leben einen zunehmend größeren Raum ein. Mit viel Sorgfalt wählen Sie das Beste für Ihre gemeinsame Zukunft aus.

Stillen ist ein Ausdruck von Liebe.

Im Rahmen der Geburtsvorbereitung haben Sie die Möglichkeit, sich grundlegende Informationen für die bevorstehende Stillzeit anzueignen. Englische Wissenschaftler stellten fest, dass Mütter, die anderen Müttern beim Stillen zusahen, danach besser informiert waren und mit mehr Selbstbewusstsein ans Stillen gingen.

Praktisch können Sie Ihre Brust ganz natürlich auf die bevorstehende Stillzeit vorbereiten. Klares Wasser, Luft und Sonne tun Ihrer Brust gut. Vermeiden Sie Cremes, Seife, Alkohol und starkes Frottieren.

Auf Ihrem Brustwarzenhof befinden sich die Montgomery-Drüsen. Diese pflegen Ihre Brust auf ganz natürliche Weise, indem sie eine ölige Flüssigkeit absondern.

Beim Anprobieren eines Still-BHs sollte dieser keine Abdrücke auf Ihrer Haut hinterlassen.

Tipp

- Besuchen Sie ein Stilltreffen. Stillberaterinnen zeigen Ihnen gern persönlich das richtige Anlegen, damit Sie und Ihr Baby das Stillen von Anfang an genießen können.
- Wir empfehlen Ihnen folgende Literatur:
Das Handbuch für die stillende Mutter von La Leche Liga
Das Stillbuch von Hannah Lothrop
»Stillen« von Márta Guóth-Gumberger, Elisabeth Hormann
Die Stillzeitschrift »Familienwelt« von La Leche Liga
- Das Tragen eines Brustwarzenformers kann bei Flach- und Hohlwarzen sinnvoll sein.

Faszination der Natur

Ihr Baby bringt sein ganz persönliches Temperament mit in Ihre Stillbeziehung ein. Vieles ist jetzt ungewohnt, neu und aufregend für Sie. Während Sie Ihr Baby stillen, wird das Milchbildungshormon »Prolaktin« in Ihrem Körper ausgeschüttet, und Sie entspannen sich. Dieser natürliche Vorgang fördert Ihr liebevolles Zusammenleben.

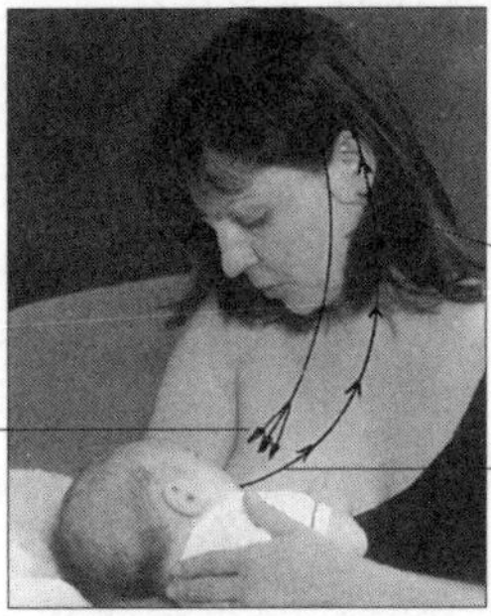

Milchbildung *(Prolaktin)*

Milchspendereflex *(Oxytozin)*

Saugreiz

BALD *stillen*

OFT *stillen*

NUR *stillen*

Je öfter Sie anlegen, desto eher kommt Ihre Milchbildung in Gang und desto reichlicher fließt die Milch. Dies gilt von der Geburt an. Außerdem erhält das Kind in den ersten Tagen das wertvolle Kolostrum. Durch seinen hohen Anteil an krankheitshemmenden Antikörpern ist es von unvergleichlichem gesundheitlichem Wert. Legen Sie deshalb nach dem ersten Anlegen im Kreißsaal Ihr Baby bald und häufig an die Brust. Viele Mütter berichten, dass sie auf diese Weise den Milcheinschuss, der häufig am 3. oder 4. Tag stattfindet, sanft erleben.

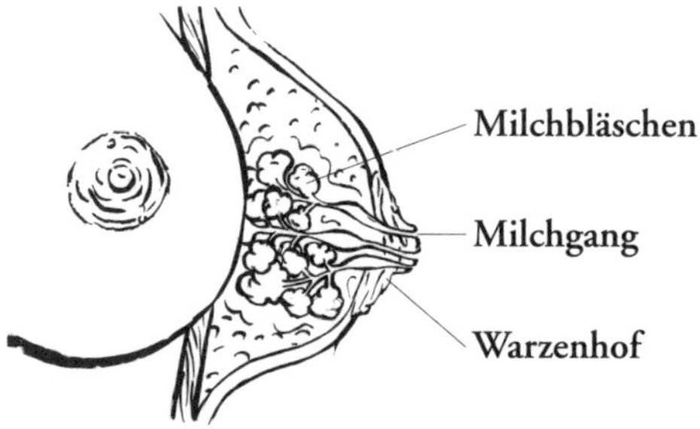

Zu Beginn der Stillmahlzeit bekommt Ihr Baby die durstlöschende Vordermilch. Beim Einsetzen des Milchspendereflexes erhält Ihr Baby die kalorienreiche Hintermilch. Diese Milch sichert Ihnen, dass Ihr Baby ausreichend an Gewicht zunimmt.

BALD stillen

Nach der Geburt hat Ihr Baby genauso wie Sie ein starkes Bedürfnis nach Nähe und Zärtlichkeiten. Deshalb sollte Ihnen die erste Zeit des Kennenlernens ungestört gehören. In dieser Zeit werden Sie ganz nah und vertraut miteinander. Die meisten Babys suchen innerhalb der ersten 20 Minuten die Brust. Hat Ihr Baby diese gefunden, beginnt es möglicherweise vorsichtig zu lecken und nach einer Weile das Kolostrum zu genießen. Die ersten Tage bieten sich an, um häufig das Stillen und den Umgang mit Ihrem Baby zu üben.

In unserem Kulturkreis ist es leider nicht mehr selbstverständlich, durch das Beobachten anderer Frauen das Stillen eines Babys »nebenbei« zu erlernen.

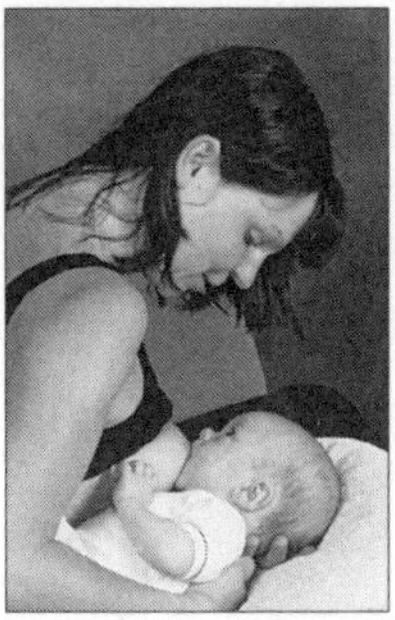

Dadurch entsteht bei uns Müttern eine Unsicherheit im Umgang mit dem Baby. Richtiges Anlegen von Anfang an verhilft Ihnen und Ihrem Baby zu einem guten Start. Auf den Fotos sehen Sie drei verschiedene Möglichkeiten, Ihr Baby anzulegen.

So beugen Sie Stillproblemen vor!

Legen Sie Ihr Baby auf eine Seite, mit seinem Bauch an Ihren Bauch. Dann liegt die Brustwarze genau vor seinem Mund, ohne dass es seinen Kopf zu drehen braucht. Auf diese Weise verhindern Sie ein Wundwerden Ihrer Brustwarze. Ihr Baby kann so auch die Brustwarze und einen möglichst großen Teil des Warzenhofes gut erfassen.

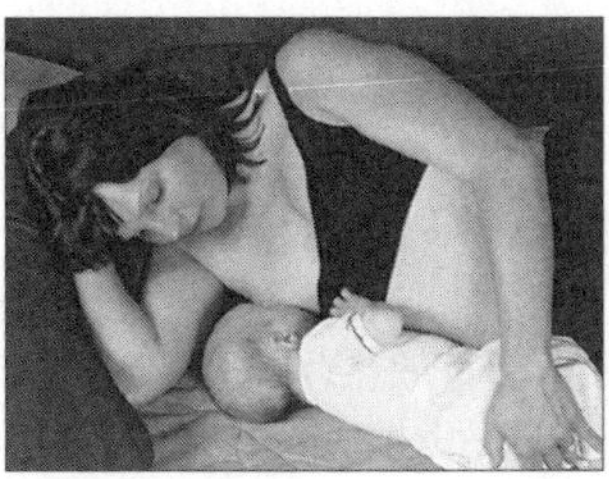

Ziehen Sie den Po Ihres Babys ganz dicht an sich heran, so dass die Nasenspitze Ihres Babys Ihre Haut berührt. Ihr Baby erkennt Sie auch am Geruch. Wenn Sie die Brust mit der Hand stützen, ist es sinnvoll dies nur von unten zu tun.

Durch ständiges Wiederkehren der Sinneswahrnehmungen wachsen allmählich Vertrauen, Geborgenheit und Liebe.

Wissenswertes
- Sollte es nicht möglich sein, Ihr Baby in den ersten zwei Stunden nach der Geburt anzulegen, kann das Saugbedürfnis bis zu eineinhalb Tage weniger stark ausgeprägt sein.
- Um die Stillmahlzeiten zu beenden, lösen Sie das Saugvakuum, indem Sie einen Finger vorsichtig in den Mundwinkel Ihres Babys schieben.

OFT stillen

Im Mutterleib ist Ihr Baby gewohnt, dass sein Bedürfnis nach Nahrungsaufnahme unmittelbar befriedigt wird. Ein gesundes Neugeborenes trinkt im Allgemeinen an beiden Seiten 8 bis 12 Mal innerhalb von 24 Stunden.

Grundsätzlich dürfen Sie Ihr Baby anlegen, sooft es will.

Babys unterscheiden sich nicht nur im Aussehen voneinander, sondern auch im Wesen. Selbst ihre Trinkgewohnheiten sind verschieden. Manche Neugeborene saugen ununterbrochen, bis sie satt sind, doch viele verhalten sich eher abwartend, saugen einige Minuten lang und ruhen dann mit der Brustwarze im Mund aus, bevor sie von neuem beginnen. Sobald Ihr Baby saugt, arbeiten seine Gesichtsmuskeln und Sie hören es nach einem kurzen Moment schlucken.

Nehmen Sie Ihr Baby zu sich, wann immer Ihr Gefühl es Ihnen sagt, und stillen Sie es, noch bevor es anfängt zu weinen. Muttermilch ist optimal beschaffen und leicht verdaulich. Daher werden gestillte Babys schneller wieder hungrig.

Frühe Hungerzeichen Ihres Babys
- Ihr Baby macht suchende und saugende Bewegungen.
- Ihr Baby macht Sauggeräusche.

- Ihr Baby ist unruhig.
- Ihr Baby saugt am Finger, Handrücken etc.
- Ihr Baby seufzt oder macht sanfte Laute.
- Die Augenlieder Ihres Babys bewegen sich rasch.

In vielen Kliniken wird inzwischen Rooming-in oder Bedding-in angeboten, das erleichtert es Ihnen, Ihr Baby früh kennen zu lernen. Ist Ihr Baby nicht bei Ihnen, teilen Sie dem Personal mit, dass Sie ein Interesse daran haben, Ihr Baby nach Bedarf zu stillen.

Die Milchbildung kommt ohne lange Nachtpause schneller in Gang, und wenn Sie nachts liegend stillen, fühlen Sie sich ausgeschlafener. Die meisten Mütter wachen nachts bereits einige Minuten, bevor Ihr Baby weint, auf.

Wissenswertes

- Studien belegen, dass Mütter in der ersten Nacht wachliegen und ihre Geburtserlebnisse verarbeiten.

Ein Neugeborenes lässt seiner Mutter wenig Zeit und Energie, um anderen Beschäftigungen nachzugehen. Deshalb wägen Sie gut ab, was Sie sich zumuten können. Lieb gemeinte Besuche in der ersten Zeit zu Hause bereiten Ihnen zwar Freude, und die Unterhaltung kann sehr anregend sein, doch gleichzeitig will mit ziemlicher Sicherheit Ihr Baby Ihre ganze Aufmerksamkeit haben. Kleine Babys suchen in der Zweisamkeit Trost und Geborgenheit, und besonders gegen Abend werden sie oft unruhig und möchten häufiger gestillt werden.

Viele Babys entwickeln eine Neugeborenengelbsucht. Um der Gelbsucht vorzubeugen oder sie schneller abklingen zu lassen, hilft häufiges Stillen. Durch die Aufnahme von Muttermilch wird die Darmtätigkeit angeregt und das Bilirubin schneller ausgeschieden. Tee und Glukose haben diese Wirkung nicht.

Ist Ihr Baby schläfrig, oder zeigt es kein Interesse am Stillen? Probieren Sie trotzdem, es häufig zu wecken und zum Trinken zu bewegen. Danach schläft es ganz bestimmt wieder vertrauensvoll ein.

Und je öfter Sie Ihr Baby anlegen, desto sanfter verläuft auch der Milcheinschuss. Vielleicht bemerken Sie ihn gar nicht.

So wecken Sie Ihr schläfriges Kind

- Versuchen Sie es aufzuwecken, wenn es sich in einem leichten Schlafstadium befindet.
- Achten Sie auf rasche Augenbewegungen unter den geschlossenen Lidern, Bewegungen von Armen und Beinen, Saugbewegungen der Lippen, Veränderungen im Gesichtsausdruck Ihres Babys.
- Bei Temperaturen über 27°C nimmt die Saugaktivität ab.
- Lockern Sie die Bettdecke, oder nehmen Sie die Decke weg.
- Bei warmen Raumtemperaturen ziehen Sie es ein wenig aus.
- Sprechen Sie mit Ihrem Baby, und versuchen Sie einen Blickkontakt herzustellen.
- Halten Sie Ihr Baby aufrecht.
- Bewegen Sie Ihr Baby sanft auf und ab.
- Massieren Sie sanft seine Hände, Füße, Rücken oder den Oberkopf.
- Tropfen Sie etwas Muttermilch auf die Lippen Ihres Babys.
- Wechseln Sie seine Windeln.

Manchmal möchte Ihr Baby häufiger trinken, um bei einem Wachstumsschub die Milchmenge zu steigern. Typisch ist das um die 2. bis 3. Woche, um die 6. Woche und um den 3. Lebensmonat herum. Ihr Baby trinkt dann 2 bis 3 Tage häufiger als gewohnt. Vielleicht stellen Sie auch fest, dass zu diesem Zeitpunkt die Strampler zu klein werden.

NUR stillen

In den ersten Wochen lernen Sie und Ihr Baby das Stillen. Auch Ihr Baby festigt sein Können und entwickelt Techniken, die es ihm ermöglichen, schneller und effektiver an die Muttermilch zu gelangen. Dieser Lernprozess ist störanfällig. Um Ihr Baby nicht zu verwirren, sollte es in dieser Zeit an nichts anderem saugen als an Ihrer Brust.

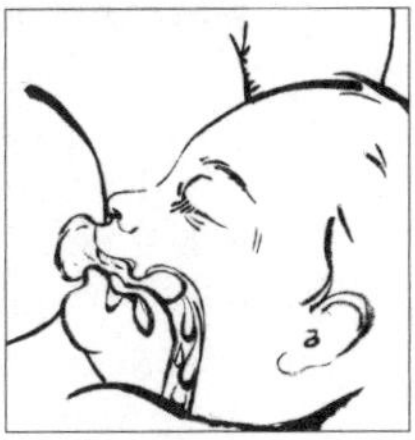

Das Saugen an der Brust unterscheidet sich erheblich vom Saugen an der Flasche, dem Beruhigungssauger oder an einem Brusthütchen.

Viele Babys sind mit den verschiedenen Techniken überfordert und trinken dann unzureichend an der Brust und nehmen folglich nicht genug zu.

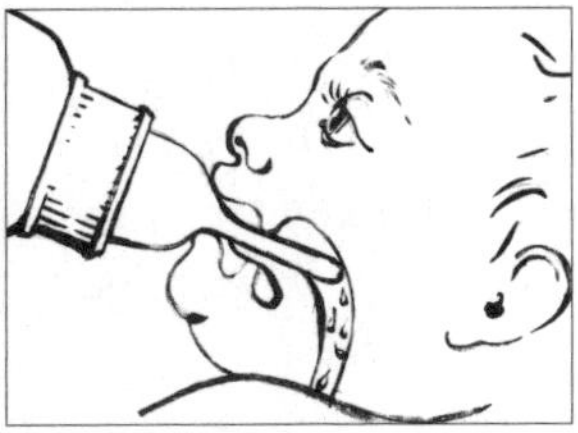

Lassen Sie Ihr Baby an der ersten Brust zu Ende trinken, bevor Sie ihm die zweite Brust anbieten, so erhält es eine ausgewogene Flüssigkeits- und Kalorienzufuhr. Ein gesunder Säugling braucht keine Zusatznahrung und keinen Beruhigungssauger.

Für Sie als Mutter hingegen mag die Verwendung eines Schnullers verlockend sein. Er kann Sie ersetzen und Ihre Aufgabe der Beruhigung übernehmen. Das Weinen Ihres Babys ist jedoch sein Ausdruck, um mit Ihnen zu kommunizieren.

Menschliche Nähe ist durch nichts zu ersetzen.

Vielleicht hat Ihr Baby irgendetwas geängstigt oder gestört. Möglicherweise ist es frustriert, weil es nicht sofort verstanden wurde, hat unerfüllte vergangene Bedürfnisse, oder es weint, weil es zu viele neue Reize erlebt. Was immer Ihr Baby auch hat, Sie können ihm helfen, indem Sie da sind, es halten und lieb haben und den Kummer mit ihm teilen. Geben Sie ihm Zuwendung, Liebe, Vertrauen und die Gewissheit, dass es mit seinem Kummer nicht allein ist. Wenn es Ihren Körper ganz nah an seinem spürt, erfährt es Sicherheit und Geborgenheit.

Wissenswertes

- 3 Stunden zusätzliches Tragen am Tag verringert das Weinen eines 4 Wochen alten Babys um 45 %.
- In den ersten Wochen sollte Ihr Baby täglich mindestens 6 nasse Windeln und mindestens 2 Stuhlwindeln haben.
- Eine Windel ist nass, wenn Sie 2 bis 4 Esslöfel Wasser draufgeben.
- Nach den ersten 14 Tagen sollte Ihr Baby mindestens 125 g in der Woche zunehmen.

Zeit fürs Vatersein

Beim Anblick Ihrer stillenden Frau und Ihres Babys mögen Sie als Vater eine große Zuneigung und innere Zufriedenheit spüren. Wärme, Geborgenheit, Nähe und Liebe und das innige Gefühl, für sie da sein zu wollen, durchströmen Sie.

Halten
Tragen
Baden
Singen
Sprechen
Wiegen
Wickeln
Spielen

Jeder Elternteil hat wichtige, einzigartige Fähigkeiten. Die Art der Zuwendung von Mutter und Vater unterscheiden sich, und erst zusammen bilden sie ein vollkommenes Ganzes.
Das Band zwischen Ihnen, der Mutter und Ihrem Kind wird fester, wenn Sie sich Zeit füreinander nehmen.

- Zeit zum Reden,
- Zeit für Aufmerksamkeiten,
- Zeit für den Austausch von Zärtlichkeiten,
- Zeit zum Genießen.

Ein erstes Kennenlernen, ein zärtliches Wiegen oder Schmusen festigen Ihre Gefühle für Ihr Baby. Durch dieses »Sich-Kümmern« bauen Sie eine wunderbare, innige Beziehung auf.

Babys sind jedoch unersättlich: Ihr Lebenswille fordert sofortige Befriedigung ihrer Bedürfnisse. Wenn Ihr Baby gestillt werde möchte, erfährt es ein tiefes Gefühl der Nähe und entspannt sich. Vielleicht sind Sie traurig und enttäuscht, da Sie all Ihre Kraft, Geduld und Phantasie eingesetzt haben, um Ihr Baby zu beruhigen. Doch allmählich werden Sie in die Vaterrolle hineinwachsen und Ihr Baby verstehen.

Lachen

Trösten

Massieren

Spazierengehen

Beruhigen

Anziehen

Schmusen

Lieben

Tanzen

Babyschwimmen

»Zeit fürs Vatersein« bedeutet auch, dass sich Ihre Frau unterstützt und begleitet fühlt. Ganz praktische Dinge, wie eine Rückenmassage oder das Reichen eines Getränkes, erleichtern den Alltag mit Ihrem neugeborenen Baby.

Mit Verständnis und einem kühlen Kopf helfen Sie Ihrer Frau, wenn sie Zweifel an ihren Still-Fähigkeiten hat. Sie stärken und unterstützen Ihre Frau, wenn Sie das Recht Ihres Babys auf Muttermilch gegenüber unliebsamen Bemerkungen anderer verteidigen.

Stillzeit heißt aber auch: Sie können die Zeit nutzen und an sich denken, denn Muttermilch ist immer richtig temperiert, keimfrei und zudem noch hübsch verpackt.

Wenn Sie mit Ihrer Frau Stilltreffen besuchen, können Sie Erfahrungen mit anderen Eltern, die sich in einer ähnlichen Lage befinden, austauschen. Dieser Kontakt ist entlastend und hilfreich und erleichtert Ihnen das »Vatersein«.

Vorteile des Stillens

- Muttermilch enthält nachweislich über 200 verschiedene Bestandteile und Inhaltsstoffe.
- 1 Tropfen Muttermilch enthält 4000 lebende Zellen.
- Muttermilch ist immer verfügbar, keimarm und richtig temperiert.
- Die Fettreserven, die während der Schwangerschaft eingelagert wurden, werden durch das Stillen abgebaut. Viele Frauen erreichen so schneller Ihr Vorschwangerschaftsgewicht.
- Stillen beeinflusst die Rückbildung der Gebärmutter und reduziert den nachgeburtlichen Blutverlust der Mutter.
- Stillende Frauen sind durch Stillhormone entspannter und ausgeglichener.
- Die geistige und motorische Entwicklung wird durch die Art der frühen Ernährung beeinflusst.
- Die erste Milch, das Kolostrum, ist ein wesentlicher Infektionsschutz für Ihr Kind.
- Muttermilch enthält Schutzstoffe gegen Bakterienwachstum.
- Stillen fördert die Entwicklung des Kindes.
- Frühes und häufiges Stillen sowie die einzigartige Zusammensetzung der Muttermilch beugt Neugeborenengelbsucht vor.
- Muttermilch schützt vor Mittelohrentzündung.
- Muttermilch schützt vor Herzerkrankungen.
- Ausschließliches Stillen schützt vor Diabetes.
- Muttermilch mindert das Allergierisiko des Babys, z. B. durch das arteigene Eiweiß.
- Muttermilch passt sich dem augenblicklichen Bedarf des Kindes an.
- Der Nährwert der Muttermilch reicht normalerweise für die ersten 6 Lebensmonate aus.

- Durch das Stillen erfährt das Baby sehr häufig Hautkontakt – etwa 600 Stunden im ersten halben Jahr. Dies unterstützt die seelische Entwicklung des Babys.
- Stillen verschafft der Mutter mehr Zeit für ihr Baby.
- Stillen unterstützt das optimale Wachstum von Kindern.
- Stillen fördert die Sprachentwicklung durch eine gesunde Entwicklung der Kiefer und der Zahnstellung, der Zungen- und Gesichtsmuskulatur.
- Gestillte Kinder weinen weniger.
- Stillen ermöglicht der Mutter auch in angespannten, hektischen Zeiten kleine Erholungspausen.
- Stillen bietet die optimalen Bedingungen für einen guten Blickkontakt zwischen Mutter und Kind.
- Muttermilch schützt gegen häusliche Keime. Das ist besonders vorteilhaft, wenn das Baby anfängt zu krabbeln oder alles in den Mund steckt.
- Gestillte Kinder haben ein besseres Sehvermögen.
- Ein Stillkind kann ohne großen Aufwand mitgenommen werden.
- Stillen senkt die Säuglingssterblichkeit.
- Stillen mindert die Chance, an Brust- und Eierstockkrebs zu erkranken.
- Volles Stillen nach Bedarf verzögert das Wiedereinsetzen der Fruchtbarkeit.
- Stillen bietet Müttern Schutz vor Osteoporose.
- Stillen erspart den Eltern und dem Baby Arztbesuche.
- Stillen belastet die Umwelt nicht, weil die energie- und rohstoffintensive Herstellung, der Transport und die Verpackung der künstlichen Nahrung wegfallen.
- Ausgaben für Milchpulver, Flaschen und Sauger sind überflüssig. Sie sparen viel Geld!
- Gestillte Kinder sind seltener krank. Sie benötigen weniger Medikamente und müssen während ihres 1. Lebensjahres 10-mal weniger stationär behandelt werden.

- Durch Stillen spart unser Gesundheitswesen Kosten.
- Stillen macht Frauen stark. Es stärkt das Selbstbewusstsein.
- und es geht weiter ...

Neue Erkenntnisse über die Vorteile des Stillens und den Wert der Muttermilch werden laufend gewonnen.

Die Informationen, die wir hier geben, beziehen sich ausschließlich auf gesunde, voll ausgetragene Babys. Wenn Sie sich in einer speziellen Situation unsicher sind oder unvorhersehbare oder unklare Begleitumstände auftreten, dann wenden Sie sich bitte an einen Arzt, oder nehmen Sie eine persönliche Einzelberatung in Anspruch.

Zu den Autorinnen

Gitta Hülsmeier ist aktive La-Leche-Liga-Stillberaterin. Bei der Ernährung ihrer Söhne sammelte sie Erfahrungen sowohl mit der Flaschenfütterung als auch mit dem ausschließlichen Stillen.
Renate Janzen war lange Jahre aktiv als La-Leche-Liga-Stillberaterin tätig. Ihre praktische Stillerfahrung verdankt sie ihren zwei inzwischen erwachsenen Töchtern.

Folgende Fachliteratur liegt dem Informationsteil zugrunde:

- N. Mohrbacher, J. Stock, Handbuch für die Stillberatung, La Leche Liga Deutschland e.V., 2. Auflage 2001
- La Leche Liga Schweiz, Handbuch für die stillende Mutter, 3. Ausgabe, 1. Auflage

Ausführliche Zusammenfassung der SuSe(Stillen- und Säuglingsernährung)-Studie

Stillen ist die natürliche und beste Ernährung für den Säugling. In den letzten 10 bis 20 Jahren wurden die Vorteile des Stillens aus geburtshilflicher, pädiatrischer und ernährungswissenschaftlicher Sicht wieder verstärkt in den Vordergrund gestellt.

Stillen bietet für den Säugling zahlreiche Vorteile. Muttermilch passt sich den Bedürfnissen des Kindes an und enthält als reife Muttermilch (ab der 3. Woche) alle erforderlichen Nährstoffe in ausreichenden Mengen.

Ferner bietet Muttermilch einen Schutz gegen zahlreiche infektionsbedingte Krankheiten.

Nach Auffassung der American Academy of Pediatrics (1997) führt Muttermilchernährung auch in entwickelten Ländern bei zahlreichen Krankheiten zu einer signifikanten Minderung des Risikos, so z.B. bei Diarrhöen (Durchfallerkrankungen), bronchopulmunalen Infektionen (Entzündung der Bronchien und der Lunge), Mittelohrentzündungen, Sepsis (Blutvergiftung), bakterieller Hirnhautentzündung, Botulismus (bakterielle Lebensmittelvergiftung), Harnwegsinfekten und schwersten Darmentzündungen.

Schutzeffekte der Muttermilchernährung werden auch gegen nichtinfektiöse Krankheiten diskutiert, wie plötzlicher Kindstod, Diabetes mellitus Typ 1 (insulinpflichtige Blutzuckererhöhung), Morbus Crohn (entzündliche Dünndarmerkrankung), Colitis ulcerosa (entzündliche Dickdarmerkrankung), Lymphome und Allergien.

Ferner werden fördernde Einflüsse der Muttermilchernährung auf die kognitive Entwicklung behauptet.

Weitgehend erwiesen ist die Schutzwirkung des Stillens gegen einen anomalen Zusammenbiss der Zähne.

Stillen fördert auch die Gesundheit der Mutter, u. a. durch beschleunigte Rückbildung des Uterus, verminderten Blutverlust, raschere Rückbildung der schwangerschaftsbedingten Gewichtszunahme, verbesserte Remineralisierung des Skeletts sowie vermindertes Risiko für Eierstock- und prämenopausalen Brustkrebs.

Ferner fördert Stillen die elementar wichtige Mutter-Kind-Beziehung und hat praktische und ökonomische Vorteile.

WHO und UNICEF haben sich zum Ziel gesetzt, das Stillen weltweit zu fördern. Stillwilligen Müttern soll ermöglicht werden, 4 bis 6 Monate voll zu stillen.

Eine Schlüsselrolle in der Stillförderung wird den Geburtskliniken zugeschrieben. Mit dem Programm der WHO/UNICEF »Zehn Schritte zum erfolgreichen Stillen« (s. S. 81) sollen deshalb Ärzte und betreuendes Personal, aber auch Mütter bzw. Eltern zum Stillen motiviert und möglichst viele Mütter zu einem langfristigen Stillerfolg geführt werden. In Anlehnung an das WHO-Programm wurden von der Nationalen Stillkommission Deutschlands Empfehlungen zur Stillförderung in deutschen Krankenhäusern formuliert.

Folgende Fragen wurden unter anderem untersucht:
Wie sind die Stillbedingungen in deutschen Geburtskliniken? Dabei dienten die Empfehlungen der Weltgesundheitsorganisation (WHO) und der Nationalen Stillkommission (NSK) als Beurteilungskriterien.

Wie lange stillen Frauen in Deutschland, und welche Faktoren beeinflussen das Stillverhalten?

Wie werden Säuglinge im Verlauf des ersten Lebensjahres ernährt?

Stillinformation und -beratung für Mütter
Empfehlung:

Die Frauen sollen bereits bei der Schwangerschaftsvorsorge und ggf. bei der Geburtsanmeldung in der Klinik über die gesundheitlichen Vorteile und die Praxis des Stillens informiert werden; die Entstehung von Stillgruppen soll gefördert werden; bei der Entlassung aus der Klinik sind die Mütter auf weitere Möglichkeiten der Stillberatung hinzuweisen.

Ergebnisse:

In den untersuchten Kliniken erhielten die zur Entbindung kommenden Mütter die Informationen zum Stillen am häufigsten beim Geburtsvorbereitungskurs (86,9 %) und/oder bei einem Stillgespräch nach der Geburt (78,9 %).

Schriftliches Informationsmaterial zum Stillen lag für die Mütter in 78,3 % der Kliniken aus.

Bei Stillfragen nach der Entbindung standen in den Kliniken meist Hebammen (75,9 %) und/oder Stillschwestern (57,6 %) zur Verfügung.

Laktationsberaterinnen und/oder Stillgruppen gab es dagegen nur in 23,4 % der Kliniken.

Als Hilfsangebote bei Stillproblemen nach der Entlassung informierten die meisten Kliniken über Adressen von Hebammen (93,1 %) und/oder boten (telefonische) Beratung durch Mitarbeiterinnen der Wochenstation an (90,8 %).

Praxis des Stillens

Empfehlung:

Das Neugeborene soll möglichst in der ersten Lebensstunde angelegt werden, und den Müttern soll das korrekte Anlegen gezeigt werden; das Stillen nach Bedarf soll ermöglicht und gefördert werden.

Die Mutter-Kind-Einheit soll durch Tag-und-Nacht-Rooming-in gefördert werden, und Sauger, Stillhilfsmittel wie Brusthütchen oder Schnuller sollen in den ersten Lebenswochen bei gestillten Kindern möglichst vermieden werden.

Ergebnisse:

In 93,7 % der untersuchten Kliniken wurde das erste Anlegen des Neugeborenen innerhalb der ersten Stunde nach der Geburt ermöglicht.

In allen Kliniken war eine Anleitung der Mütter beim ersten Anlegen vorgesehen. Aber nur in der Hälfte der Kliniken (54,3 %) war eine Dokumentation der erfolgten Anleitung in der Patientenakte vorgesehen.

99,4 % der Kliniken gaben als Stillregelung an, dass das Anlegen nach den Bedürfnissen des Kindes und der Mutter erfolge.

In 66,7 % der Kliniken war ein Voll-Rooming-in möglich, d.h. das Kind konnte auf Wunsch der Mutter Tag und Nacht bei ihr sein.

Diese Möglichkeit wurde nach Einschätzung des Klinikpersonals aber nur von 10,0 % der Mütter wahrgenommen.

Zufüttern bei Neugeborenen

Empfehlung:

Beim gesunden, reifen Neugeborenen, das nach Bedarf gestillt wird, besteht keine Notwendigkeit, Flüssigkeiten oder Nahrung zuzufüttern; die Indikation für eine ausnahmsweise Ergänzung der Muttermilch durch andere Flüssigkeit oder Nahrung ist durch den behandelnden Arzt zu stellen; wird eine Zufütterung nötig, sollen zur Vermeidung von Saugproblemen alternative Fütterungsmethoden (Becher-, Löffel-, Fingerfütterung) anstelle von Flaschenfütterung gewählt werden.

Gesunde Säuglinge sollen täglich nur einmal morgens gewogen werden.

Ergebnisse:

In 78,1 % der untersuchten Kliniken waren Richtlinien für die Zufütterung von Flüssigkeit und Säuglingsanfangsnahrung in den ersten drei Lebenstagen bei gesunden, gestillten Neugeborenen vorhanden.

In 58,9 % der Kliniken wurde nicht routinemäßig zugefüttert, sondern nur bei speziellen Indikationen.

Als Ergänzung zur Muttermilch in den ersten drei Tagen standen in 73,1 % der Kliniken Flüssigkeiten mit Kohlenhydratzusatz (z. B. Instant-Tee, gezuckerter Tee, Maltodextrin-Glukose-Lösungen) an erster Stelle,

in 24,4 % der Kliniken Flüssigkeiten ohne Kohlenhydratzusatz (z. B. ungezuckerter Tee, Wasser).

Nur in 2,5 % der Kliniken wurde Säuglingsanfangsnahrung (z. B. Pre- oder HA-Nahrungen) gegeben.

Die Entscheidung über das – relativ selten vorkommende – Zufüttern einer Säuglingsanfangsnahrung in den ersten drei Lebenstagen wurde – entgegen den Empfehlungen – meist aufgrund des Wunsches der Mutter (70,3 %) getroffen, seltener aufgrund einer Anordnung des behandelnden Arztes (33,3 %) oder der betreuenden Schwester (30,4 %).

Die Neugeborenen wurden in 66,3 % der Kliniken routinemäßig einmal täglich gewogen, in 33,7 % der Kliniken häufiger bzw. vor und nach dem Stillen (sog. Stillproben).

Beurteilung der Stillfördermaßnahmen in den Geburtskliniken
Zur Gesamtbeurteilung der Stillfördermaßnahmen in den einzelnen Geburtskliniken wurden zwölf stillfördernde Kriterien pro Klinik zusammengefasst und gemeinsam als »Stillförderung« betrachtet.

(Die Einhaltung der jeweiligen Stillempfehlung = 1 Punkt,
Nichteinhaltung der jeweiligen Stillempfehlung = 0 Punkte).

Die Kliniken erreichten Werte für die Stillförderung zwischen 2 und 12 Punkten.

Weniger als 4 Punkte erreichten 10,8 % der Kliniken,
auf 4 bis 6 Punkte kamen 56,4 % der Kliniken
7 bis 9 Punkte erreichten 29,4 % und
mehr als 10 Punkte 3,4 % der Kliniken.

»Wenig« Stillförderung (2–6 Punkte) wurde in 67,2 % der Kliniken, »viel« Stillförderung (7–12 Punkte) in 32,8 % der Kliniken praktiziert.

Stillinformation, Stillbedingungen und Stillpraxis der Mütter während des Klinikaufenthaltes
Was die Mütter sich vor der Entbindung vornahmen:

Während der Schwangerschaft hatten sich 54,1 % der Mütter über Säuglingsernährung informiert, 12,4 % hatten sich nicht informiert; 33,5 % der Mütter hielten eine Beschäftigung mit dem Thema nicht für erforderlich, weil sie über einschlägige berufliche oder persönliche Erfahrung verfügten.

Von den Müttern, die sich vor der Geburt über Säuglingsernährung informiert hatten, hatten sich 80,9 % speziell über das Stillen informiert.

Bücher und Zeitschriften sowie der Geburtsvorbereitungskurs waren die wichtigsten Informationsquellen zum Stillen.

Von den Müttern, die sich über das Stillen informiert hatten, waren 66,0 % mit der Information über das Stillen voll zufrieden, 31,3 % teilweise zufrieden und 2,5 % nicht zufrieden.

64,0 % der Mütter wollten Ihr Kind bis zu sechs Monate voll stillen.

88,3 % der Väter hatten eine positive Einstellung zum Stillen.

Ergebnis nach der Entbindung:

Innerhalb der ersten Stunde wurden 65,4 % der Neugeborenen stillwilliger Mütter erstmals an die Brust gelegt, 34,6 % wurden erst später erstmals angelegt.

72,3 % der Mütter wurden beim Stillen angeleitet, in der Mehrzahl von einer Schwester (81,6 %), in selteneren Fällen von einer Hebamme (16,4 %) oder einer Stillberaterin (2,0 %).

Den Müttern, die beim Stillen angeleitet wurden, wurden in 65,0 % der Fälle verschiedene Stillpositionen gezeigt.

Mit der Stillbetreuung in der Klinik waren 76,2 % der Mütter voll zufrieden, 20,4 % teilweise zufrieden und 3,4 % nicht zufrieden.

Nach der Entbindung hatten 90,8 % der Mütter versucht zu stillen. 9,2 % der Mütter hatten nicht versucht zu stillen.

Zum Zeitpunkt der Entlassung aus der Geburtsklinik lag der Anteil ausschließlich gestillter Säuglinge bei 72,8 %.

Schließlich ging der Anteil an ausschließlich gestillten Säuglingen von 60 % 14 Tage nach der Geburt über 41,7 % am Ende des zweiten Monats zurück.

9,8 % waren es noch am Ende des sechsten Monats.

Einflussfaktoren für primäres Nichtstillen und eine kurze Stilldauer

Für wesentliches Nichtstillen wurden aus den Befragungen der Mütter folgende Einflussfaktoren in absteigender Reihenfolge ihrer Signifikanz identifiziert:

Keine bzw. unklare Stillabsicht der Mutter,
fehlendes Interesse des Partners an der Säuglingsernährung,
Aufwachsen der Mutter in den alten Ländern,
Vorhandensein eigener Kinder,
Alter der Mutter unter 25 Jahre,
fehlende Stillerfahrung der Mutter.

Mit einer kurzen Stilldauer (weniger als vier Monate) waren folgende Einflussfaktoren in absteigender Reihenfolge ihrer Signifikanz assoziiert:

Niedriger Ausbildungsabschluss der Mutter,
Vorhandensein eigener Kinder,
Alter der Mutter unter 25 Jahre,
fehlende Stillerfahrung der Mutter,
Zusatzfütterung des Säuglings innerhalb der ersten drei Lebenstage,
allein erziehende Mutter,

Stillprobleme innerhalb der ersten 14 Tage nach der Geburt,
Tages-Rooming-in während des Klinikaufenthaltes,
erstes Anlegen des Kindes später als eine Stunde nach der Geburt.

Von den Müttern genannte Gründe für primäres Nichtstillen und für das Abstillen

Die von den Müttern genannten Hauptgründe für primäres Nichtstillen waren in absteigender Reihenfolge:

Überbeanspruchung durch die Familie
keine Zeit
Rauchen
Probleme mit der Brust/den Brustwarzen
Frühere Probleme beim Stillen
Keine Lust zum Stillen
und bevorstehende Erwerbstätigkeit.

Bei der Analyse der Abstillgründe zeigte sich eine Abhängigkeit von der Stilldauer.

Als Hauptgrund für das Abstillen nannten Mütter, die kürzer als 14 Tage gestillt hatten, »Probleme mit der Brust oder den Brustwarzen«.

Mütter, die länger als 14 Tage, aber kürzer als vier Monate gestillt hatten, nannten eine »unzureichende Muttermilchmenge«, und Mütter, die länger als vier Monate gestillt hatten, gaben an, dass der »Zeitpunkt des Abstillens sowohl für das Kind als auch für die Mutter« stimmte.

Häufigste Still- und Ernährungsprobleme im 1. Lebensjahr

Während des Aufenthaltes in der Entbindungsklinik hatten 40,3 % der Mütter Stillprobleme. Die von den Müttern am häufigsten genannten Probleme waren

wunde Brustwarzen (33,9 %),
zu wenig Muttermilch (27,2 %),
Milchstau (18,3 %),
Schwierigkeiten des Kindes beim Trinken (17,6 %),
und Brustentzündung (10,5 %).
Seltener wurden
»Flach- und Hohlwarzen« (7 %),
zu viel Muttermilch (4,6 %)

und schmerzhafte Nachwehen bzw. schmerzhafter Milcheinschuss (0,9 %) genannt.

Die Betreuung bei den Stillproblemen erlebten 80,0 % der Mütter als »gut«. Mütter von primär gestillten Säuglingen, die zum Zeitpunkt des Interviews 14 Tage nach der Geburt Säuglingsmilchnahrung zufütterten, nannten als häufigste Gründe für das frühe Zufüttern

zu wenig Muttermilch (54,6 %),
das Kind wurde nicht satt (19,8 %)
und Probleme beim Stillen (15,0 %).

Im Zeitraum zwischen Entlassung aus der Klinik und dem Interview 14 Tage nach der Geburt hatten 59,7 % der Mütter Stillprobleme. Die Mehrzahl dieser Mütter hatte sich Hilfe bei einer Hebamme oder einer Stillberaterin geholt (67,6 %);

Familienangehörige, Bekannte oder Freunde wurden seltener gefragt (18,1 %);

4,3 % der Mütter hatten sich in Stillbüchern Rat geholt; nur wenige hatten einen Arzt (1,2 %) bzw. eine Klinik (1,1 %) oder die örtliche Stillgruppe (<1 %) um Hilfe gebeten; 7,4 % der Mütter waren allein mit den Stillschwierigkeiten fertig geworden.

Im Laufe des 1. Lebensjahres wurden die Mütter im Rahmen der Ernährungsprotokolle gefragt, ob und, wenn ja, wie sie sich jeweils zwischenzeitlich über Säuglingsernährung informiert hatten.

Am Ende des 2., 4. und 6. Monats gaben jeweils etwa 70 % der Mütter an, dass sie sich seit der letzten Befragung über Säuglingsernährung informiert hatten.

Am Ende des 9. bzw. des 12. Monats waren es nur noch zwischen 50 und 60 %.

Am häufigsten hatten sich die Mütter an den Haus- bzw. Kinderarzt gewandt und/oder sich aus schriftlichen Unterlagen informiert (40 bis 60 %).

Im 2. Lebenshalbjahr erlangten Freunde oder Verwandte (etwa 40 %) und Mutter-Kind-Gruppen (17 %) als Informationsquelle zunehmend Bedeutung.

Beratungsstellen und andere medizinische Fachkräfte wie Hebammen, Stillberaterinnen oder Stillgruppen wurden lediglich in 1 bis 3 % der Fälle aufgesucht.

Schlussfolgerungen und Empfehlungen

Stillförderung in der Klinik

Die Befunde der SuSe-Studie zeigen, dass bei der Anwendung stillfördernder Maßnahmen in deutschen Geburtskliniken noch zahlreiche Verbesserungen im Sinne der aktuellen Stillempfehlungen vorzunehmen sind. Hierzu zählt insbesondere, dass die Richtlinien für die Stillförderung für das betreuende Personal durch schriftliche Festlegung verbindlich und durch regelmäßige Schulung verständlich gemacht werden, dass die Mutter-Kind-Einheit durch Tag-und-Nacht-Rooming-in gefördert wird, dass die Zufütterung von Flüssigkeit oder Nahrung bei gesunden, gestillten Säuglingen in den ersten 3 Tagen nach der Geburt auf ärztliche Anordnung beschränkt wird und dass, wenn möglich, alternative Zufütterungsmethoden eingesetzt werden.

Vergleichsuntersuchungen aus der Vergangenheit liegen in Deutschland nicht vor.

Knappe Zeit- und Personalressourcen in den Kliniken sowie kürzer werdende Klinikaufenthalte der Mütter nach der Entbindung machen u. U. eine Umstrukturierung der Kreißsaalroutine und meistens Änderungen verschiedener Abläufe im Stations- bzw. Kinderzimmer erforderlich, um die personalintensiven Stillfördermaßnahmen in die Pflegeroutine zu integrieren.

Auf die Stillförderung sollte insbesondere in kleineren Kliniken verstärkt geachtet werden.

Stillen und Stillberatung im 1. Lebensjahr

Die Stillquoten im 1. Lebensjahr sind in Deutschland nach einem historischen Tief in den 70er Jahren stetig angestiegen, wie Daten von einzelnen lokalen prospektiven Studien und von retrospektiven Marktforschungsstudien zeigen.

In der SuSe-Studie entsprechen die primären Stillquoten sowie Stillquoten im Verlauf der 1. Lebensmonate etwa der Stillsituation in anderen mitteleuropäischen Ländern, z. B. der Schweiz, bleiben aber insbesondere nach den ersten 4 Lebensmonaten hinter den Stillquoten in skandinavischen Ländern weit zurück.

So werden z. B. in Schweden im Alter von 6 Monaten noch etwa 75 % der Säuglinge teilgestillt.

In Anbetracht des rapiden Abfalls der Quote für ausschließliches Stillen innerhalb weniger Tage nach der Klinikentlassung sowie des hohen Anteils an Müttern mit Stillproblemen innerhalb der ersten 14 Tage nach der Entbindung in der SuSe-Studie wurde deutlich, dass die stillfördernden Maßnahmen in diesem, für den langfristigen Stillerfolg besonders bedeutsamen Zeitraum verstärkt werden müssen.

Offensichtlich fehlt es den Müttern an Information bzw. beratender Unterstützung.

Dies zeigte sich beispielsweise darin, dass die Mütter als Stillprobleme am häufigsten Probleme mit der Brust bzw. Mangel an Muttermilch nannten, obwohl diese vermeintlichen Probleme bei guter Unterrichtung und kompetenter Beratung in aller Regel vermieden bzw. behoben werden können.

Stillwillige Mütter benötigen ein effektives Betreuungsnetz, beginnend in der Klinik und weitergeführt von Hebammen bzw. professionellen Laktationsberaterinnen, Stillgruppen und dem öffentlichen Gesundheitswesen.

Hierzu sollte professionelle Stillberatung als primärpräventive Aufgabe wieder in den Leistungskatalog der gesetzlichen Krankenversicherung (SGBV§20), vormals § 20 des GESUNDHEITSFÖRDERUNGSGESETZES RVO) aufgenommen werden.

Dazu zählt sowohl die stationäre als auch die ambulante, aufsuchende Stillberatung.

Zur Verwirklichung der weltweit geltenden Forderung nach einer 4- bis 6-monatigen Dauer des vollen Stillens ist qualifizierte Stillbetreuung über das Wochenbett hinaus auch im weiteren Verlauf des 1. Lebensjahres erforderlich, sinnvollerweise kombiniert mit einer weiterführenden Ernährungsberatung insbesondere im Hinblick auf eine eventuelle Ergänzung durch Säuglingsmilch und die Einführung von Beikost.

Ausblick

Wichtige Zielgruppen für Stillförderung und weitere Informationen über richtige Säuglingsernährung sind nach den Befunden der SuSe-Studie in Übereinstimmung mit der Literatur besonders junge Frauen, Frauen aus den unteren Sozialschichten und Frauen, die schon ein Kind haben.

Insbesondere ihnen sollten die wissenschaftlichen Erkenntnisse zum Stillen und zur Säuglingsernährung über verschiedene Medien in geeigneter Form praxisnah vermittelt werden.

Dabei sollten auch die Väter angesprochen werden, um die Stillabsicht und die Stilldauer der Mütter durch eine positive Einstellung der Väter zu fördern.

Um auch in Deutschland die nötigen gesellschaftlichen Voraussetzungen für eine Stillkultur nach dem Vorbild der skandinavischen Länder zu fördern, müsste auch auf politischer Ebene Überzeugungsarbeit geleistet werden, damit sich ein gesellschaftlicher Konsens hinsichtlich der Vorteile des Stillens entwickeln kann und Stillen auch nach dem Wochenbett und in der Öffentlichkeit als selbstverständlich angesehen wird.

Ausführliche Zusammenfassung der Studie über das Vivantes Humboldt Klinikum Berlin

seit 1997 als »Stillfreundliches Krankenhaus« ausgezeichnet.

Von Dr. Michael Abou-Dakn
und Professor Jürgen R. Strecker

Seit den fünfziger Jahren des letzten Jahrhunderts ist weltweit ein Rückgang der Stillkultur zu verzeichnen. Dies führte, da die Vorteile des Stillens für Mutter und Kind bewiesen sind, in den 80er Jahren zu einem verstärkten Engagement von Weltgesundheitsorganisation WHO und UNICEF. 1990 hat die UNICEF in den »Zehn Schritten zum erfolgreichen Stillen« den Entbindungskliniken weltweit Maßnahmen an die Hand gegeben, die einen erfolgreichen Start in eine problemlosere Stillbeziehung ermöglichen sollen. Die Punkte können als Maßnahmen zur Motivationsförderung, Schulung und Instruktion des Personals und als Maßnahmen zur Motivation und der Unterstützung der Eltern zusammengefasst werden.

Die weiteren Punkte befassen sich mit dem optimalen Stillbeginn, die Einflussfaktoren des Zufütterns werden dargestellt. Die Zertifizierung der Geburtskliniken durch international anerkannte externe Gutachter stellt eine Möglichkeit dar, die hohe Qualität der Stillförderung zu sichern und den Prozess in den Klinken zu fördern.

Der positive Effekt der Maßnahmen auf die Stillquote und auf die Gesundheit der Kinder konnte in randomisierten Studien nachgewiesen werden. Die Erfahrungen der Klinik für Gynäkologie und Geburtsmedizin des Vivantes Humboldt Klinikums in Berlin werden dargestellt.

Eine Schlüsselrolle in der Stillförderung muss den Entbindungseinrichtungen zugeschrieben werden.

Eine Studie von Schetling (1979) zeigte, dass 1975 lediglich 22 % der Frauen die Klinik voll stillend verließen. Müller bestätigte 1980 immer noch eine niedrige Frequenz, da waren es 31 % voll stillende Mütter bei Entlassung. Die Untersuchungen in der ehemaligen

DDR zeigten etwas höhere Stillfrequenzen. So zeigte Plesse für 1975 eine Vollstillfrequenz bei Entlassung von 48,5 % gegenüber 22 % in der ehemaligen BRD

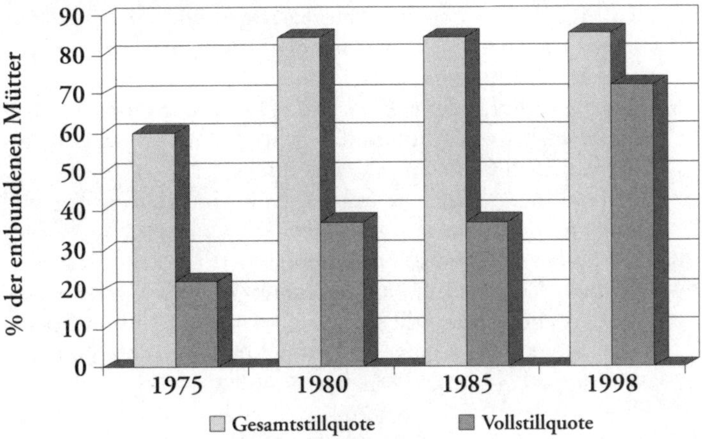

Stillfrequenz zur Zeit der stationären Entlassung. Daten nach Melchert (1990 und Dulon (2000)

Die »Zehn Schritte zum erfolgreichen Stillen« wurden 1990 als Empfehlungen an die Entbindungskliniken auf dem Weltgipfel für Kinder in Florenz in der so genannten Innocenti-Declaration verabschiedet. Die Unterzeichnerstaaten verpflichteten sich, die zehn Schritte in den Entbindungsstationen zu etablieren und in ihren Heimatländern Komitees zur Stillförderung einzurichten. In der Bundesrepublik wurde hierauf 1994 die Nationale Stillkommission gegründet, die in enger Anlehnung an das WHO/UNICEF-Programm die »Empfehlungen zur Stillförderung in deutschen Krankenhäusern« formuliert hat.

1. Es liegen schriftliche Richtlinien zur Stillförderung vor, die dem gesamten Personal in regelmäßigen Abständen nahe gebracht werden.
2. Das gesamte Mitarbeiterteam wird in Theorie und Praxis so geschult, dass es die Richtlinien zur Stillförderung mit Leben erfüllen kann.

3. Alle schwangeren Frauen über die Vorteile und die Praxis des Stillens informieren.
4. Es Müttern ermöglichen, ihr Kind innerhalb der ersten halben Stunde nach der Geburt anzulegen.
5. Den Müttern das korrekte Anlegen zeigen und ihnen erklären, wie sie ihre Milchproduktion, auch im Falle einer Trennung von ihrem Kind, aufrechterhalten können.
6. Neugeborenen Kindern weder Flüssigkeiten noch sonstige Nahrung zusätzlich zur Muttermilch geben, wenn es nicht aus gesundheitlichen Gründen angezeigt erscheint.
7. Rooming-in praktizieren; Mutter und Kind dürfen Tag und Nacht zusammenbleiben.
8. Zum Stillen nach Bedarf ermuntern.
9. Gestillten Kindern keine Gummisauger oder Schnuller geben.
10. Die Entstehung von Stillgruppen fördern und Mütter bei der Entlassung aus der Klinik der Entbindungseinrichtung mit diesen Gruppen in Kontakt bringen.

Wir möchten zum besseren Verständnis in der folgenden Arbeit die »Zehn Schritte zum erfolgreichem Stillen« nach dem Vorschlag von Huch (1996) in Kategorien unterteilen, deren Wert anhand der aktuellen Literatur untersuchen und deren erfolgreiche Umsetzung im Vivantes Humboldt Klinikum darstellen.

Zitiert werden jeweils exemplarisch die Studien, die auf einem hohen Niveau basieren, also meist ein prospektiv randomisiertes Studiendesign zur Grundlage haben.

Maßnahmen zur Motivationsförderung, Schulung und Instruktion des Personals

Die Schritte

1: Schriftliche Richtlinien zur Stillförderung, zum Pflegestandard Stillen erstellen,

2: Schulung des Teams in Theorie und Praxis und

5: Müttern das korrekte Anlegen zeigen und ihnen erklären, wie sie die Milchproduktion aufrechterhalten können, dienen der Personalschulung und Motivierung des Personals, sich für das Stillen zu engagieren.

Durch diese Maßnahmen wächst die Sicherheit des gesamten Personals hinsichtlich der auftretenden Fragen und Probleme, und es kommt zu einer nachweisbaren Kompetenzsteigerung. Durch die erarbeiteten Pflegestandards können neue Mitarbeiter leichter und effizienter eingearbeitet werden. Ein zusätzlich günstiger Effekt entsteht dadurch, dass das »althergebrachte« und oft über Generationen unreflektiert weitergegebene Wissen hinterfragt und Arbeitsabläufe aktualisiert werden. So konnte Rea (1998) in einer prospektiv randomisierten Studie zeigen, dass Personal, welches in einem Vierzig-Stunden-Kurs über die Stillpraxis zusätzlich geschult wurde, einen signifikanten und vor allem nachhaltigen Wissenszuwachs im Testverfahren gegenüber nicht zusätzlich geschultem Personal zeigte. Avoa (1990) konnte aufzeigen, dass bei geschulten und durch das Personal unterstützten Müttern eine signifikant geringere Gewichtsabnahme bei den Kindern in den ersten Lebenstagen zu vermerken war.

Im Vivantes Humboldt Klinikum in Berlin Reinickendorf wurde die theoretische und praktische Ausbildung durch Laktationsberaterinnen und Hebammen durchgeführt. Das gesamte Personal wurde in einem speziellen Achtzehn-Stunden-Kurs in Theorie und Praxis geschult. Da der Schulungsbedarf jedoch größer war, wurden in der Abteilung regelmäßig wiederkehrende Fortbildungen zu den diversen Themen rund um das Stillen angeboten. Neues Personal wird durch die schriftlichen Stillhinweise über die Leitlinie der Abteilung informiert, und es ist verpflichtet, sich an diese zu halten. Da Richtlinien auf Grund neuer Erkenntnisse verändert werden können, werden diese regelmäßig diskutiert und im Bedarfsfall angepasst. Der Achtzehn-Stunden-Kurs wird in ca. zweijährigen Abständen für die neuen Mitarbeiter wiederholt.

Motivation und Unterstützung der Eltern.

Die Schritte

3: Alle schwangeren Frauen über die Vorteile und die Praxis des Stillens informieren und

10: Stillgruppen fördern und den Kontakt zu diesen herstellen, dienen der Unterstützung und der Motivationssteigerung der Eltern. So konnte Pugin (1996) zeigen, dass durch entsprechende Stillvorbereitung in Geburtsvorbereitungsgruppen signifikant mehr Mütter nach 6 Monaten stillen. Dieser Effekt ist auch bei Müttern zu bemerken, die bereits ein oder mehrere Kinder geboren und gestillt haben.

In unserer Klinik wurden diese Schritte mit der Einführung kostenloser Stillinformationsabende umgesetzt. In speziellen Stillkursen bzw. in den üblichen Geburtsvorbereitungskursen wird ausführlich auf das Stillen eingegangen. Es wurde ein kostenloses, für alle Mütter offenes Stillcafé eröffnet und eine 24-Stunden-Stillhotline organisiert. Zusätzlich werden in der Schwangerenberatung in den Mutterpass kleine plakative Informationen zum Stillen eingelegt, auf denen lediglich schlagwortartig besondere Vorteile des Stillens für Mutter und Kind genannt werden. Diese »werbespotartigen Zusammenfassungen« der weniger bekannten Vorteile des Stillens hängen zusätzlich als Plakate in der Schwangeren-Ambulanz und auf der Wochenbettstation aus.

Voraussetzung zum Stillen und den Stillbeginn optimieren

Die Schritte

4: Es allen Müttern ermöglichen, ihr Kind innerhalb der ersten halben Stunde nach der Geburt anzulegen,

7: Das 24-Stunden-Rooming-in ermöglichen und

8: Zum Stillen nach Bedarf ermuntern,

sollen die Voraussetzung zum Stillen und den Stillbeginn optimieren.

Die Wichtigkeit des Anlegens bereits im Kreißsaal wird durch diverse Studien unterstrichen. So konnte Righard (1990) in einer Studie zeigen, dass die Unterbrechung des Kontakts innerhalb der ersten Lebensstunde zu einer signifikanten Verschlechterung des korrekten Saugens an der Brust führte. Perez-Escamilla (1994) stellte dar, dass höhere Stillquoten nach 2–3 Monaten nachweisbar sind, wenn das Kind innerhalb der ersten Stunde bei der Mutter bleibt und das Stillen bereits im Kreißsaal gefördert wird.

Durch Anleitung des Teams, für mehr Ruhe im Kreißsaal zu sorgen und das Stillen im Kreißsaal zu ermöglichen, wird die Prozessqualität in der Klinik hinterfragt und deutlich gefördert. So müssen sich die Arbeitsabläufe des gesamten geburtshilflichen Teams hinsichtlich der Bedürfnisse und Wünsche von Mutter und Kind (Kundenorientierung) verändern: Die Geburt, die Mutter-Vater-Kind-Beziehung wird in den Vordergrund gerückt. Die medizinischen Arbeitsabläufe bekommen hingegen einen anderen Stellenwert. Wir konnten in unserem Kollektiv keine Veränderung der Wundheilung der Geburtsverletzungen durch ein entsprechendes Abwarten nachweisen, jedoch einen deutlichen Zuwachs an Zufriedenheit seitens der Eltern, der vom Team sehr positiv aufgenommen wird.

Das 24-Stunden-Rooming-in zu ermöglichen (Schritt 7) ist ein entscheidender, aber auch schwieriger Schritt auf dem Weg zum Stillfreundlichen Krankenhaus. Bei der Umsetzung dieses Schrittes sind erfahrungsgemäss die größten Widerstände innerhalb der Klinik zu erwarten. Dies hängt sicher auch mit der starken Verunsicherung des Personals hinsichtlich seiner neuen Aufgabe und seines neuen Stellenwertes zusammen. Insbesondere die Kinderkrankenschwestern, die nachts auf der Wochenbettstation arbeiten, leisten anfangs zum Teil erheblichen Widerstand gegen die Einführung des Rooming-in. Die nächtliche Versorgung der gesunden Neugeborenen stellte bisher einen wesentlichen Teil ihrer Arbeit dar. Die emotionale Befriedigung durch diese Arbeit führt zu dem Gefühl der »zeitweiligen Adoption der Neugeborenen«. Auch die stetige Erfahrung, dass die schreienden, unruhigen Kinder bei ihnen ruhig werden, stellt oft auf Seiten der Schwester einen Teil der Zufriedenheit bei der Arbeit dar.

Wichtig ist es daher, hier ein neues Aufgabengebiet zu schaffen und die Professionalität der Krankenschwestern hinsichtlich der Patientenbegleitung zu unterstreichen. Die Schwestern verändern ihr Tätigkeitsfeld weg von der Kinderbetreuung gesunder Neugeborener hin zur »Akzeptanz und Förderung mütterlicher Eigenverantwortung«, wie es Schiemann (1993) formulierte. Die kompetente Anleitung der jungen Familie hinsichtlich der Versorgung des Neugeborenen wird Ziel und Aufgabe der Schwester, nicht mehr die persönliche Versorgung des gesunden Neugeborenen.

Diverse Studien weisen einen sehr deutlichen Einfluss des Rooming-in auf das Stillverhalten nach. So konnte Keefe (1987/1988) nachweisen, dass die Kinder, die nachts in das Kinderzimmer verlegt wurden, signifikant mehr Licht und Lärm ausgesetzt waren als in den Mütterzimmern. Blutdruck und Pulsfrequenz waren bei diesen Kindern nachweislich erhöht. Bei den Müttern, die ihre Kinder nachts abgaben, konnte kein positiver Einfluss auf die Schlafstunden oder die Qualität des Schlafes im Vergleich zu den Müttern, die Rooming-in durchführten, nachgewiesen werden. Das 24-Stunden-Rooming-in fördert jedoch signifikant den Milcheinschuss und hat ebenfalls einen signifikanten Einfluss auf die Stilldauer nach dem ersten und vierten Lebensmonat.

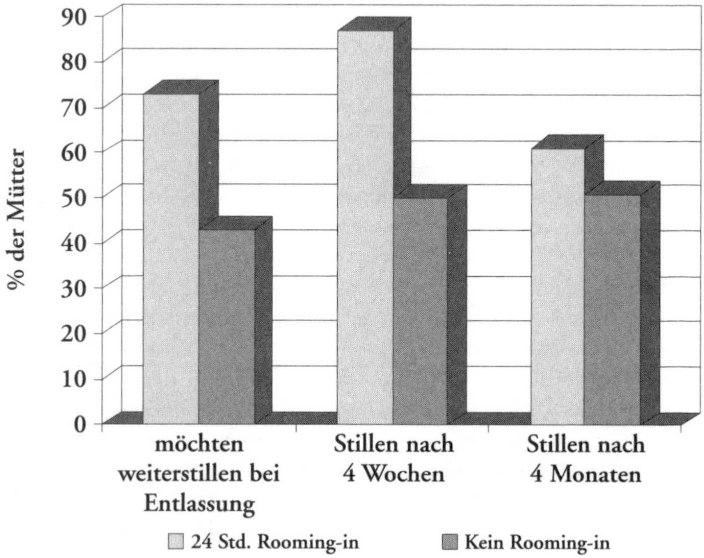

Effekt des Rooming-in

Das Rooming-in fördert dementsprechend den Stillprozess und durchbricht die Krankenhausroutine. Die Stillhäufigkeit wird höher, es wird länger gestillt, und die Mütter können in der Regel entspannter schlafen. Auch die Zimmergröße und Anzahl der Mütter pro Zimmer spielten interessanter Weise keine Rolle für den Erfolg des Rooming-in.

Die Mütter nahmen ihre eigenen Kinder selektiv wahr (Schiemann 1994)! Der Wert der weiter gehenden Empfehlung, Neugeborene nicht nur im Zimmer, sondern ggf. auch im Bett der Mutter schlafen zu lassen (»Bedding-in«), muss in der Zukunft durch Studien geprüft werden. Aus ersten Berichten und unseren eigenen Erfahrungen sind auch hier positive Effekte zu erwarten (Young 2001, Schiemann 1994). So empfehlen wir bei unruhigen Kindern, diese mit in das Bett der Mutter zu nehmen. Wir haben gemeinsam mit unseren Müttern die Erfahrung gemacht, dass die Kinder dadurch entspannter und ruhiger werden. Die Mütter reagieren hierauf sehr positiv.

Probleme oder Gefahren durch die »Enge« im Bett haben wir nicht bemerkt. Wir empfehlen jedoch, das Bedding-in nicht bei sehr erschöpften Müttern anzuwenden. Auch Drogenkonsum oder Alkoholmissbrauch sind für uns Kontraindikationen zum Bedding-in. Die Mütter sollten zu Hause keine dicken Decken oder größere Kissen benutzen und das Kind nicht im elterlichen Bett alleine lassen.

Vermeidung von »fremden Nahrungsmitteln und Materialien«
Der Schritt
9: Gestillten Kindern keinen Gummisauger oder Schnuller geben.

Vogel (2001) zeigte, dass der Schnuller häufiger bei stillunsicheren Frauen und Raucherinnen gegeben wurde. Die tägliche Benutzung des Schnullers ging mit einer hoch signifikanten früheren Beendigung des Stillens und früherem Zufüttern Hand in Hand. Auch Victora (1997)) konnte zeigen, dass ein hoch signifikanter Zusammenhang zwischen der Schnullerbenutzung und frühzeitigem Abstillen besteht.

Die durch den frühzeitigen Gebrauch von Stillsaugern zu befürchtende Saugverwirrung bleibt in der wissenschaftlichen Literatur sehr umstritten.

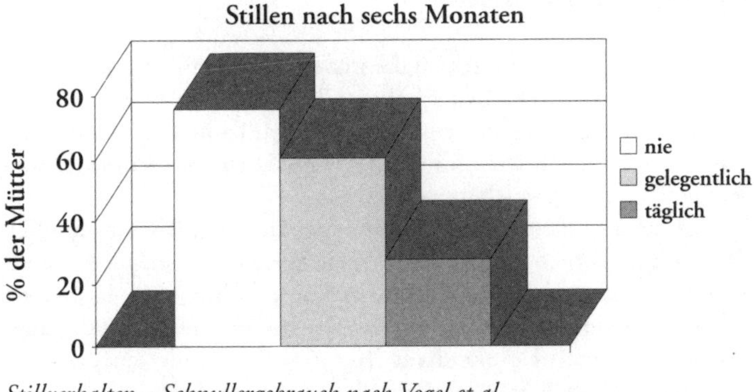

Stillverhalten – Schnullergebrauch nach Vogel et al.

Der Schritt

6: Neugeborenen weder Flüssigkeit noch sonstige Nahrung zusätzlich zur Muttermilch geben, wenn es nicht aus gesundheitlichen Gründen angezeigt erscheint,

wurde ebenfalls in prospektiven randomisierten Studien überprüft.

So konnte Martin-Calama (1997) zeigen, dass Kinder, die Glucose zusätzlich gefüttert bekamen, nach 12 und 20 Wochen signifikant seltener gestillt wurden.

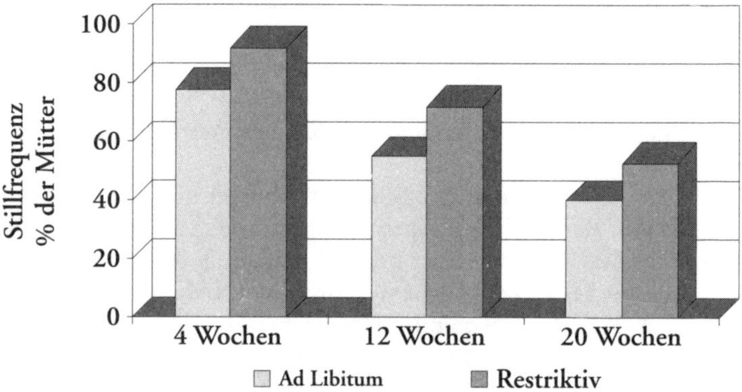

Vergleich der Stillquote nach unterschiedlichen Zufüttertechniken von Glucose Martin-Calma (1997)

Soll eine Zertifizierung zum »Stillfreundlichen Krankenhaus (BFHI)« angestrebt werden?

Aus diesem Querschnitt durch die in den letzten Jahren publizierten Studien, die sich mit dem Effekt und Nutzen der »Zehn Schritte zum erfolgreichen Stillen« beschäftigt haben, kann der positive Einfluss der »Zehn Schritte« auf den Stillbeginn und die Stilldauer wissenschaftlich unterstrichen werden.

Für die Kliniken stellt sich nunmehr die Frage, ob sie lediglich die »Zehn Schritte zum erfolgreichen Stillen« umsetzen wollen – dies entspräche dem Wunsch und der Empfehlung der Nationalen Stillkommission –, oder ob sie zusätzlich eine Zertifizierung zum »Stillfreundlichen Krankenhaus (BFHI, baby friendly hospital initiative)« i. S. der WHO/UNICEF-Initiative anstreben sollen.

Qualitätssichernde Maßnahmen in der Krankenversorgung werden den Krankenhäusern vonseiten der Bundesregierung und den Standesorganisationen zunehmend nahe gelegt. Eine Selbstkontrolle ist in der Regel nicht der Weg, Veränderungen nachhaltig zu etablieren.

Eine Zertifizierung anzustreben ist nach unserer Erfahrung eine sehr gute Möglichkeit, die Mitarbeiter im Krankenhaus aus der Reserve zu locken und selbst bei einer in der Regel auftretenden anfänglichen Unruhe intensive Diskussionen in Gang zu setzen, die bei einer schlichten Übernahme von Leit- oder Richtlinien zumeist nicht stattfinden. Sie können Ressourcen und Fähigkeiten freisetzen und auf das gemeinsames Ziel gerichtet werden.

Durch die externe Qualitätskontrolle wird der Teamgeist innerhalb der Abteilung auch nach unserer Erfahrung nachhaltig gefördert.

Der Wert der WHO/UNICEF-Initiative »Stillfreundliche Krankenhäuser« wurde auch in der einzigartigen Studie von Kramer et al. (2000) bestätigt.

Die Gruppe hatte die Chance, in der ehemaligen UDSSR – Republik Belarus – 31 Entbindungskliniken prospektiv zu randomisieren und in 16 Kliniken das BFHI-Programm einzuführen. Es konnte gezeigt werden, dass in den BFHI-Kliniken signifikant mehr voll stillende Mütter entlassen wurden und dieser Effekt auch nach 6 Monaten noch deutlich war. Auch der Wert des BFHI Programms für die Kinder konnte durch diese Studie nochmals bestätigt werden. So traten deutlich weniger gastrointestinale Infektionen und Erkrankungen der Atemwege auf. Auch atopische Ekzeme waren signifikant seltener bei der Gruppe der BFHI-betreuten Entbindungen festzustellen. Es konnten signifikant weniger plötzliche Kindstode nachwiesen werden.

Schlussfolgerungen:

Die Schulung im Rahmen der WHO/UNICEF-Initiative überzeugte das gesamte Personal des Vivantes Humboldt Klinikums in Berlin-Reinickendorf von der Notwendigkeit und dem Sinn der Stillförderung. Durch die aktive Beschäftigung mit der Thematik erweiterten die Mitarbeiter ihre Fachkompetenz. Die Erstellung eigener Stillrichtlinien führte zu einer hohen Identifikation mit dem Projekt.

Die Frage nach dem praktischen Nutzen der Zertifizierung zum Stillfreundlichen Krankenhaus können wir deshalb wie folgt beantworten:

Nutzen für die Kinder: In diversen Studien konnte gezeigt werden, dass für ein halbes Jahr voll gestillte Kinder einen hohen gesundheitlichen Nutzen haben. Der Wert des Stillens für die physische aber auch psychische Entwicklung des Kindes ist unbestritten.

Nutzen für die Mütter: Sie erhalten eine effiziente Betreuung mit hoher Kompetenz, eine intensive Anleitung für das Stillen, Sicherheit und Zuverlässigkeit sowie einen guten Service. Unsicherheiten in der Betreuung werden durch standardisierte Richtlinien des Personals und dementsprechend einheitliche Informationen an die Mütter vermieden.

Nutzen für die Mitarbeiter: Die Fachkompetenz des Personals wird durch die Fortbildungen zu den »Zehn Schritten zum erfolgreichen Stillen« gesteigert. Ein einheitliches Vorgehen in Diagnostik und Therapie erleichtert die fachliche und kollegiale Einarbeitung der neuen Mitarbeiter. Durch die Beteiligung der Mitarbeiter am gesamten Konzept erhöht sich deren Motivation, Engagement und Zufriedenheit. Es entwickelt sich eine Corporate Identity – ein »Wir-Gefühl« mit der Abteilung und mit den anderen zertifizierten Häusern.

Nutzen für das Krankenhaus: Motivierte Mitarbeiter haben eine niedrigere Ausfallquote. Kooperatives Personal ist eher dazu bereit,

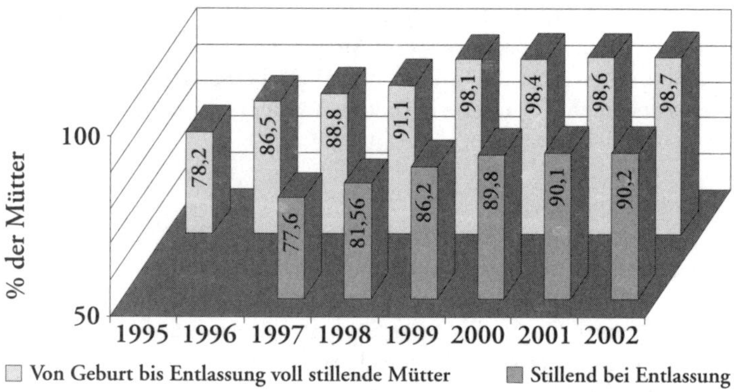

Erfolg der Stillförderung im Humboldt Klinikum

neue Tätigkeitsmerkmale am Arbeitsplatz zu akzeptieren. Eine effektive Medizin trägt zur Kosteneinsparung bei, sie führt zu zufriedenen Patientinnen, zu guter Bettenauslastung und zu einem guten Ruf.

Wir konnten in unserer Klinik den Erfolg der Maßnahmen bereits an den deutlich steigenden Zahlen der Vollstill- und der Gesamtstillquote aufzeigen. Im Rahmen einer prospektiven Untersuchung überprüfen wir den Langzeiterfolg nach einem halben Jahr.

In Zeiten sinkender Geburtenraten und konkurrierender Einrichtungen ist das WHO/UNICEF-Programm somit eine hervorragende Möglichkeit für Krankenhäuser, ihre Leistung in der Öffentlichkeit darzustellen.

Nach dem Motto »Tue Gutes und rede darüber« bietet die erfolgreiche Zertifizierung und die damit verbundene Überreichung der »Stillplakette«, zumeist durch prominente Vertreter der UNICEF, die Möglichkeit, eine effiziente Öffentlichkeitsarbeit durchzuführen.

Literaturangaben

1 Montagu, Ashley, *Körperkontakt*, Stuttgart 1974
2 Solter, Aletha J., *Warum Babys weinen*, Kösel-Verlag München 8. Aufl. 1998
3 Liedloff, Jean, *Auf der Suche nach dem verlorenen Glück,* München 1996
4 Kast-Zahn, Annette/Morgenroth, Hartmut, *Jedes Kind kann schlafen lernen*, Ratingen 2002
5 Großmann, Karin/Großmann, Klaus, *Regensburger Längsschnittstudie*
6 Haug-Schnabel, Gabriele, *Prävention und Förderung – im Spannungsfeld von evolutionärer Ausstattung und kultureller Anforderung*: In: Alt, K.W.; Kemkes-Grottenthaler, A. (Hrsg.), Kinderwelten. Anthropologie – Geschichte – Kulturvergleich. Böhlau, Köln 2002
7 Barnard, K. E./Brazelton, T. Barry., *Touch: The Foundation of Experience,* Madison 1990
8 Spitz, René A., *Die Urhöhle,* in: Psyche, 9. Jhg. Heft 11, 1956
9 Borgdorf-Albers, Gabriele, *Über die Bedeutung des Stillens in der frühen Mutter-Kind-Interaktion,* Dipl. Arbeit Uni Bremen 1991
10 Miller, Alice, *Das Drama des begabten Kindes*, Frankfurt 1983
11 Haug-Schnabel, Gabriele, *Frühe Suchtprophylaxe – das Angebot des Originals, bevor die Suche nach Ersatz beginnt.* Springer, S. (Hrsg.) Leipziger Universitätsverlag, Leipzig 2001
12 Haug-Schnabel, Gabriele; Schmidt-Steinbrunner, B., *Wie man Kinder von Anfang an stark macht. So können Sie ihr Kind erfolgreich schützen – vor der Flucht in Angst, Gewalt und Sucht.* Oberste Brink, Ratingen 2002
13 Olbricht, Ingrid, *Verborgene Quellen der Weiblichkeit. Die Brust – das enteignete Organ*, Stuttgart 1985
14 Dörpinghaus, Eva, *Stillen*, München 1990
15 Sichtermann, Barbara, *Weiblichkeit. Zur Politik des Privaten*, Berlin 1984
16 Lawrence, Ruth, *Breastfeeding: A Guide for the Medical Profession*, St. Louis: Mosby 1994
17 Bensel, Joachim, *Was sagt mir ein Baby, wenn es schreit?*, Ratingen 2003
18 Palmer, Gabrielle, *The Politics of Breastfeeding*, englische Studie, London 1988
19 Baatsch, Franziska, *Entwicklungslinien und Anpassungsprozesse des Kindes und seiner Eltern von der Schwangerschaft bis zum ersten Lebensjahr,* (Lizentiatsarbeit der Philosophischen Fakultät der Uni Zürich) Zürich 1995
20 Aichinger-Ehardt, Maria, *Langes Stillen und dessen Akzeptanz durch die Umgebung*, in: Infobrief, LLL Österreich, Bad Ischl 2001

21 Stern, Daniel N., *Die Mutterschaftskonstellation*, Stuttgart 1998
22 Schön, Bärbel, *Mütterlichkeit als Tabu,* in: Emanzipation und Mutterschaft, Weinheim/München 1989
23 Muller, Mike, *The Baby Killer, War on Want Report,* London 1974
24 Launer, Ekkehard, *Nestlé Milupa*, Göttingen 1991
25 Koletzko, Professor Berthold, *Ökotest Ratgeber Kleinkinder 1997*
26 Krebs, U., *Das Säuglingsalter in traditionellen Kulturen. Ein Vergleich anhand alter völkerkundlicher Monographien.* In: Kinderwelten, Köln 2002
27 Callensee, Wolfgang, *Frühe Kindheit,* Curare Sonderband 9/1996: Ethnomedizinische Perspektiven zur frühen Kindheit
28 Schmelter, Andrea, *Muttermilch – Lebenselixier unserer Gene?* In: Kinderwelten, Köln 2002
29 Harz, Katrin, ehem. Kruspe, *Die Bedeutung des Stillens für die Beziehung zwischen Mutter und Kind unter besonderer Berücksichtigung der Stillförderung in der DDR,* Dipl.-Arbeit, Pädagogische Hochschule Erfurt 1997
30 Adamson, Peter, *Facts for Life*, New York, 1993
31 Brand-Schenk, Iris-Susanne, *Stillen,* München 1998
32 Piovanetti, Yvette, *Breastfeeding beyond 12 Months,* in: Pediatric Clinics of North America, Febr. 2001
33 Bumgarner, Norma Jane, *Wir stillen noch,* LLL International, München 1980
34 Goodall, Jane, *Ein Herz für Schimpansen,* Reinbek 1991

Adressen

Dr. Michael Abou-Dakn
Ltd. Oberarzt, Mitglied der Nationalen Stillkommission,
Vorsitzender des Vereins zur Förderung der WHO/UNICEF-Initiative
Stillfreundliche Krankenhäuser (BFHI).

Vivantes Humboldt Klinikum
Klinik für Gynäkologie und Geburtsmedizin
Am Nordgraben 2, 13503 Berlin.
Telefon: 0049 30 41941252
Fax: 0049 30 41941262

La Leche Liga Deutschland e. V., Dannenkamp 25, 32479 Hille, Tel. 0571–489

Nationale Stillkommission, Geschäftsstelle BgVV, Thielallee 88–92, 14195 Berlin, www.bgvv.de

Verein zur Unterstützung der WHO/UNICEF-Initiative »Stillfreundliches Krankenhaus« (BFHI) e.V., Homburger Str. 22, 50969 Köln, www.stillfreundlich.de

Arbeitsgemeinschaft Freier Stillgruppen e.V. Bundesverband – AFS, Rüngsdorfer Straße 17, 53173 Bonn, www.afs.stillen.de

Berufverband Deutscher Laktationsberaterinnen – BDL – *Stillberatung*, Postfach 61 1225, 22438 Hamburg, www.bdl-stillen.de

Broschüren über Mutterschutzgesetz, Erziehungsgeld und -urlaub, staatl. Hilfen, Bundesministerium für Familien, Senioren, Frauen und Jugend – BMFSJ, Rochusstr. 8–10, 53123 Bonn, www.bmfsfj.de

Info-Pakete für junge Eltern, Deutsche Liga für das Kind in Familie und Gesellschaft e.V., Chausseestr. 17, 10115 Berlin, www.liga-kind.de

Bezug von Elternbriefen, Arbeitskreis Neue Erziehung e.V. für Familie, Schule und Gesellschaft, Boppstr. 10, 10967 Berlin, www.arbeitskreis-neue-erziehung.de

Informationsmaterial zur Förderung des Stillens, Arbeitsgruppe Babynahrung e.V.-AGB, Untere Maschstr. 21, 37073 Göttingen, www.babynahrung.org

Abteilung für Psychiatrie und Psychotherapie des Kindes- und Jugendalters
Universitätsklinikum Hamburg-Eppendorf
Martinistr. 52
20246 Hamburg
E-Mail: riedesser@uke.uni-hamburg.de

»Stillfreundliches Krankenhaus« St. Elisabethen-Krankenhaus
Feldbergstr. 15
79539 Lörrach
www.elikh.de

Forschungsgruppe Verhaltensbiologie des Menschen
Obere Dorfstr. 7
79400 Kandern